D1664612

Hans Jürgen Witthöft

Hamburg Süd
Eine illustrierte Chronik
der Ereignisse

Bibliografische Information der Deutschen Nationalbibliothek
Die Deutsche Nationalbibliothek verzeichnet diese Publikation in der
Deutschen Nationalbibliografie; detaillierte bibliografische Daten sind im
Internet über http://dnb.d-nb.de abrufbar.

Ein Gesamtverzeichnis der lieferbaren Titel der Verlagsgruppe
Koehler/Mittler schicken wir Ihnen gern zu. Senden Sie eine
E-Mail mit Ihrer Adresse an: vertrieb@koehler-mittler.de
Sie finden uns auch im Internet unter: www.koehler-mittler.de

ISBN 978-3-7822-0993-9

© 2009 by Koehlers Verlagsgesellschaft mbH, Hamburg

Alle Rechte – insbesondere das der Übersetzung – vorbehalten

Gestaltung und Layout:
Karl-Heinz Westerholt

Druck und Weiterverarbeitung:
DZA Druckerei zu Altenburg GmbH, Altenburg

Printed in Germany

Hans Jürgen Witthöft

Eine illustrierte Chronik der Ereignisse

Koehlers Verlagsgesellschaft mbH · Hamburg

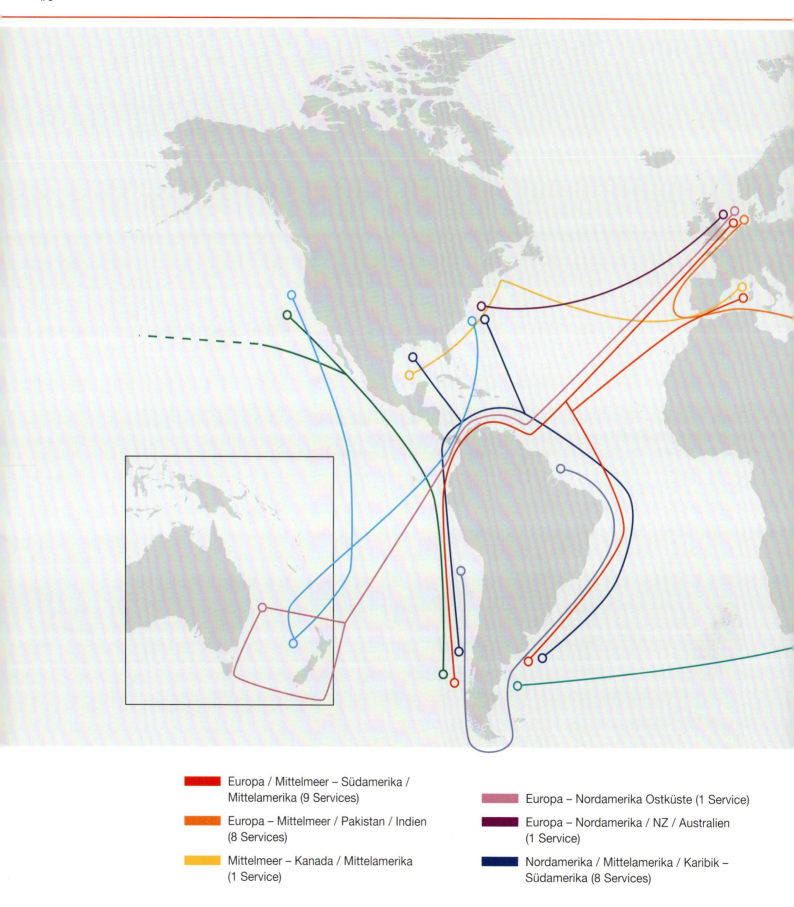

Europa / Mittelmeer – Südamerika / Mittelamerika (9 Services)

Europa – Mittelmeer / Pakistan / Indien (8 Services)

Mittelmeer – Kanada / Mittelamerika (1 Service)

Europa – Nordamerika Ostküste (1 Service)

Europa – Nordamerika / NZ / Australien (1 Service)

Nordamerika / Mittelamerika / Karibik – Südamerika (8 Services)

HAMBURG SÜD

ALIANÇA

Intra Südamerika (7 Services)	Asien – Südafrika / Südamerika (5 Services)
Nordamerika – Australien / NZ / Paz. Inseln (7 Services)	Asien – Indien / Pakistan (2 Services)
Asien – Mittelamerika / Nordamerika / Südamerika (3 Services)	Asien – Australien / Neuseeland (5 Services)
	Intra Asien (1 Service)

Inhalt

Ein Wort zuvor

Die Schifffahrt gilt seit jeher als zyklisches Geschäft, das einen Großteil seiner Faszination aus dem sich stetig im Wandel befindlichen Zusammenspiel von wirtschaftlichen und technischen Faktoren bezieht. Mein Vater formulierte es einmal so: »Eine Reederei ist weniger ein Geschäft, als eine Faszination.«

Für mich ist die Geschichte der Hamburg Süd – und damit die Entwicklung von einer konventionellen Reederei zu einer weltweit operierenden Logistik-Organisation – eine einzigartige Synthese aus Wirtschafts- und Kulturgeschichte, bei der stets der Mensch im Mittelpunkt steht. Denn immer waren es mutige und engagierte Menschen, die – zu weiten Teilen auch im übertragenen Sinne – das Ruder in die Hand genommen und den Kurs der Hamburg Süd bestimmt haben.

Die ersten von ihnen sorgten im November 1871 dafür, dass eine Aktiengesellschaft unter dem Namen Hamburg-Südamerikanische Dampfschifffahrts-Gesellschaft gegründet wurde, die wenig später mit drei Dampfern ihren ersten monatlichen Dienst von Hamburg zur Südamerika-Ostküste eröffnete. Weitere – unter ihnen auch mein Großvater und mein Vater – waren im Verlauf des 20. Jahrhunderts Garanten dafür, dass die Hamburg Süd nach zwei Weltkriegen, sowie nach Inflation und Wirtschaftskrise, nicht von den Weltmeeren verschwand, sondern stattdessen weiterhin eine wichtige wirtschaftliche Rolle in der Schifffahrt spielte.

Für eine besondere Dynamik sorgten die Menschen, die in den letzten zwanzig Jahren für den Kurs der Hamburg Süd verantwortlich waren. Mit einer gezielten Expansionsstrategie und der Akquisition zahlreicher Reedereien bzw. Linienaktivitäten stellten sie die Weichen dafür, dass sich die Hamburg Süd unter den 20 größten Containerreedereien der Welt etablieren konnte. Voraussetzung dafür war, dass meine Familie bei aller notwendigen Beachtung wirtschaftlicher Erfordernisse, nie den kurzfristigen Erfolg, sondern stets die langfristige Perspektive in den Mittelpunkt gestellt hat. So wuchs das Ladungsvolumen der Reedereigruppe von rund 100.000 TEU in 1988 auf rund 2,8 Millionen TEU in 2008 an. Eine beeindruckende Bilanz in 20 Jahren.

Gut ausgebildete, motivierte Mitarbeiter sorgen dafür, dass man mit dem Namen Hamburg Süd eine Summe positiver Attribute, wie zum Beispiel erstklassiger Service, hohe technische Standards und eine effiziente Kostenstruktur verbindet. Oder, um es anschaulicher zu machen: Ihnen verdanken wir, dass wir täglich den Geruch von Kaffee sowie den Geschmack von saftigem Rindfleisch und frischem Obst genießen dürfen. Nicht zu vergessen, die neuesten Technologien, wie bei Bildschirmen oder in der Auto-Industrie, die sie aus allen Winkeln der Welt innerhalb kürzester Zeit zu uns bringen.

Diese Chronik erzählt die Geschichte der Hamburg Süd und der Menschen, die das Schicksal des Unternehmens in den zurückliegenden 137 Jahren aktiv mit geprägt haben. Ich hoffe, Sie können meine Begeisterung teilen, wenn Sie einen Blick in dieses Buch werfen und haben ebenso viel Spaß daran wie ich. Beim Lesen ist mir jedoch aufgefallen, dass man im Eifer des Tagesgeschäfts gerne mal das eine oder andere der Vergangenheit aus den Augen verliert. Aber das ist jetzt ja nicht mehr ganz so schlimm – wenn man auf dieses hervorragende Nachschlagewerk zurückgreifen kann.

Ihr

August Oetker

Die Hamburg-Südamerikanische
Dampfschifffahrts-Gesellschaft

HAMBURG
HOLZBRÜCKE 8

Eine Chronik der Ereignisse

Die Vorgeschichte

Obwohl sie nie irgendwelche international besonders prestigeträchtigen Spitzenattribute für sich in Anspruch nehmen konnte, etwa das weltweit größte oder schnellste Schiff zu besitzen oder gar selbst, wenigstens zeitweise, die größte Reederei der Welt zu sein oder zu den ganz Großen zu zählen, erfreut sich die Hamburg-Südamerikanische DampfschifffahrtsGesellschaft – H.S.D.G. oder ebenso schlicht wie einprägsam Hamburg Süd – international eines Bekanntheitsgrades, ja vielfach einer Popularität, die erstaunen lässt.

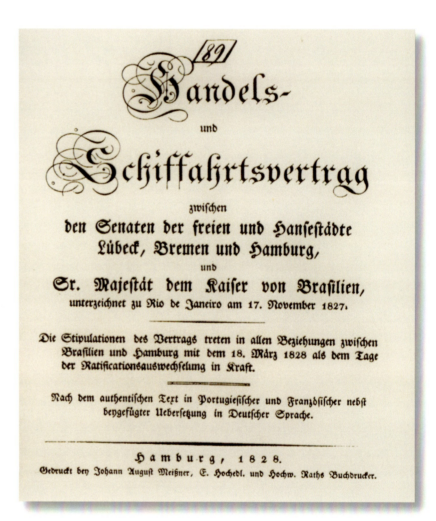

Zuzuschreiben ist dies wohl in erster Linie ihren vielen außergewöhnlichen Schiffen – außergewöhnlich, was die schiffbaulichen Linien und die Eleganz der Einrichtungen betrifft – und der Tatsache, dass sie durch alle die wechselvollen Zeiten mit ihren bekannten Höhen und Tiefen hindurch immer ein gediegenes hanseatisches Schifffahrtsunternehmen geblieben ist. Sie hatte dabei das Glück, stets ebenso gediegene hanseatische Kaufleute an ihrer Spitze zu haben, die nicht nur in ihrer Zeit die Geschicke der Reederei zu lenken verstanden, sondern dauerhaft prägend den Unternehmenscharakter beeinflussten. Und noch etwas, was heute bereits weitgehend in Vergessenheit geraten ist, die Hamburg Süd hat eine große Vergangenheit auch als Passagierschiffsreederei. Nicht zuletzt mit diesem sorgfältig aufgebauten und gepflegten Engagement hat sie ihre internationale Reputation erworben. Hamburg Süd, das war eben immer irgendwie etwas Besonderes. So ist es bis heute, und bis heute fahren die Schiffe dieser Reederei in ungebrochener Tradition unter ihrer eigenen Flagge in den Farben Weiß und Rot.

— 7 —

Artikel 1.

Alle Häfen und Ankerplätze der gedachten Staaten, welche den Schiffen irgend einer andern Nation offen sind, sollen es auch respective den Brasilischen und Hanseatischen Schiffen seyn.

Artikel 2.

Jedes Schiff unter Lübecker, Bremer oder Hamburger Flagge, welches ausschließlich Bürgern eines dieser Freistaaten gehört und dessen Capitain ebenfalls Bürger eines derselben ist, soll hinsichtlich aller diese Convention betreffenden Gegenstände als ein Lübecker, Bremer oder Hamburger Schiff betrachtet werden. Genau dasselbe gilt umgekehrt in Betreff der Brasilischen Schiffe. Die regelmäßig ausgefertigten Seepässe sollen unter den hohen Contrahenten als Beweis der Nationalität Brasilischer und Hanseatischer Schiffe gelten.

Artikel 3.

Die Lübecker, Bremer und Hamburger Schiffe, welche in Brasilische Häfen einlaufen oder von da auslaufen, so wie die in die

die

Erste Seiten des von den Abgesandten der Hansestädte ausgehandelten Vertrages mit dem Kaiser von Brasilien, Dom Pedro I.

Wo die Anfänge eines Geschäftes, eines geschichtlichen Ereignisses oder einer entsprechenden Entwicklung zu suchen sind und wie sie datiert werden, darüber lässt sich fast immer trefflich debattieren. Was aber die Hamburg Süd betrifft, so ist es sicher nicht ganz falsch, wenn dafür das Jahr 1827 gewählt wird, denn in diesem Jahr begaben sich der »Syndicus und Außerordentliche Gesandte« der freien Hansestadt Hamburg Karl Sieveking und der Bremer Senator Johann Karl Friedrich Gildemeister als Vertreter der Hansestädte Lübeck, Bremen und Hamburg an Bord des britischen Packetbootes MARCHIONESS OF SALISBURY auf die Reise nach Brasilien, das gerade von seinem Mutterland Portugal unabhängig geworden war, um mit dem Kaiser dieses neuen Riesenreiches einen Vertrag abzuschließen, der »den Schiffen der drei Hansestädte alle Häfen und Ankerplätze Brasiliens und den brasilianischen Schiffen die Häfen und die Ankerplätze der Hansestädte öffnet«.

Sieveking war von dem, was er im Lande vorfand, außerordentlich begeistert, und zwar nicht nur, was die landschaftlichen Schönheiten betraf, sondern auch von den aus seiner Sicht guten wirtschaftlichen Möglichkeiten. Schließlich war das herauszufinden eine weitere Aufgabe, die ihm aufgegeben war. Er hatte, gemeinsam mit Senator Gildemeister innerhalb von sechs Monaten seinen Auftrag voll erfüllen können. In dem von ihnen ausgehandelten und von Kaiser Dom Pedro I. am 17. November 1827 unterzeichneten Vertrag heißt es unter anderem: »Die Lübecker, Bremer und Hamburger Schiffe, welche in Brasilischen Häfen einlaufen, oder von da auslaufen, sowie die in die Häfen der Hansestädte einlaufenden oder von da auslaufenden Brasilischen Schiffe sind keinen anderen oder höheren auf den Fahrzeugen, abgesehen von ihren Ladungen, ruhenden Abgaben an Hafen-, Fracht-, Anker-, Leucht-, Tonnen-, Visitations-, Lootsen-Geld, oder unter welchen anderen Benennungen es sey, unterworfen, als solchen, die jetzt oder in Zukunft von nationalen Fahrzeugen erhoben werden.« An anderer Stelle heißt es sinngemäß, dass »Handel und Schiffahrt in den Staaten beider Kontrahenten alle Privilegien und Vorzüge genießen, die irgendeiner anderen begünstigten Nation eingeräumt sind oder werden«. Dieses und noch viele weitere Artikel wurden »Im Namen der heiligen und unteilbaren Dreieinigkeit« festgelegt und besiegelt.

Aber trotz dieses unzweifelhaften Erfolges schlug dem Außerordentlichen Gesandten Sieveking nach seiner Rückkehr an die Elbe überwiegend Skepsis entgegen. Die hanseatische

In dieser romantischen Bucht vor Rio de Janeiro landeten die beiden Abgesandten der Hansestädte 1872.

Kaufmannschaft zeigte kaum Interesse an den sich bietenden Chancen eines aufzubauenden Südamerikageschäftes. Zwar wurden in der Folgezeit immer mal wieder Schiffe dorthin expediert und sogar vereinzelt Versuche unternommen, eine Linienverbindung einzurichten, aber dies geschah alles mehr oder weniger ohne wirklich zielgerichtetes, längerfristig angelegtes Engagement.

In den dreißiger Jahren des 19. Jahrhunderts regte sogar der Hamburger Generalkonsul in Rio de Janeiro die Errichtung einer regelmäßigen Packetfahrt, das heißt eines Liniendienstes zwischen Hamburg und Brasilien an. Wiederum mehr oder weniger ergebnislos. Erst als die Kaffeeausfuhr, die später lange das Basisgut für die gesamte Brasilfahrt bildete, rasch wuchs und

ausgehend auch die Auswanderungsbewegung nach Südamerika immer umfangreicher wurde, kam in den hanseatischen Kontoren an der Elbe etwas mehr Bewegung in diese Angelegenheit. Die Aufmerksamkeit nahm noch weiter zu, als 1850 die britische Royal Mail Steam Packet Co. von Southampton aus eine Brasillinie eingerichtet hatte. Aber auch in diesen Jahren blieben die Hamburger Anläufe in Richtung Südamerika-Ostküste ziemlich erfolglos, weil sie doch wahrscheinlich immer noch eher zu halbherzig und zu zaghaft betrieben wurden: Es waren beispielhaft die 1852 gegründete Hamburg-Brasilianische Packetschifffahrt-Gesellschaft, der Versuch der Firma Hansing & Co., die noch im gleichen Jahr eine Konkurrenzlinie nach Rio de Janeiro einrichtete, die Hamburg-Brasilianische

Dampfschifffahrts-Gesellschaft, die 1855 ihre Tätigkeit aufnahm oder die Versuche einiger anderer Gesellschaften, die entweder nach Montevideo und/oder Buenos Aires fuhren – alles blieb, trotz der sich bietenden Chancen mehr oder weniger kurzlebig.

Erst der rührige August Bolten, der das Fahrtgebiet aus seiner Tätigkeit als Makler für die Seglerlinie Hamburg-Brasilianische Packet-schiffahrt gut kannte und von den sich dort bietenden Möglichkeiten überzeugt war, gab dann endgültig den Anstoß zu einem dauerhaften Hamburger Engagement in diesem bisher von den Elbhanseaten sträflich vernachlässigten Fahrtgebiet.

August Bolten, einer der großen Vorwärts-bringer und Impulsgeber im hamburgischen Schifffahrtsgeschehen, schuf letztlich die offen-sichtlich doch erst notwendigen Fakten. Er setzte sich mit zwei englischen Unternehmen, der Schiffswerft Charles Mitchell & Co. und der Reederei Watts Milburne & Co., in Verbin-dung und gründete mit ihnen im Juni 1869 die Hamburg-Brazilian Steamship Company, die in Hamburg als Brasilian'sche Dampfschiffahrts-Gesellschaft registriert wurde. Von Watts Mil-burne charterte Bolten zwei kleinere Dampfer, die BRAZILIAN (1315 BRT) und die CRITERION (1688 BRT), und bei der Charles Mitchell-Werft gab er gleichzeitig die mit 961 BRT noch kleinere SANTOS als ersten Neubau in Auftrag. Sie trat am 16. Juni 1869 ihre erste Reise nach Brasilien an. Die BRAZILIAN (Bj. 1869/1315 BRT) und die in RIO umgetaufte CRITERIAN (Bj. 1889/1650 BRT) folg-ten in monatlichem Abstand.

Zwei Jahre lang wurden die drei klei-nen Dampfer, die etwa zehn bis elf Knoten Fahrt machten, über den Südatlantik geschickt und mit ihnen bewies Bolten, dass sich diese Fahrten lohnten. Andere Hamburger Häuser, Amsinck, Laeisz und Woermann etwa, wurden aufmerksam. Die Brasilian'sche Dampfschif-fahrtsgesellschaft ist, um das so festzuhalten, der unmittelbare Vorläufer der Hamburg-

Heinrich Amsinck, Senior-Teilhaber der Firma Johan-nes Schuback & Söhne, wird erster Vorsitzender des Verwaltungsrats.

August Bolten Am 23. Januar 1812 auf Gut Kloddram in Mecklenburg geboren. Kommt bereits im August 1830, finanziell gut ausgestattet, nach Ham-burg und tritt als Com-mis in das seit langem bestehende Schiffsmak-lergeschäft von William Miller ein. Schon nach zwei Jahren wird er des-sen Teilhaber und nach Millers Tod führt er das Geschäft gemeinsam mit dessen Witwe fort. Als diese im Januar 1845 stirbt, übernimmt er es für eigene Rechnung und firmiert seitdem als August Bolten Wm. Mil-lers Nachfolger. Am 27. April 1840 war er als Schiffsmakler vereidigt worden.

Bolten ist unermüdlich tätig und wird bald zu einem der einflussreichsten Hambur-ger Schiffsmakler. Ab 1860 erwirbt er auch eigene Schiffe oder nennenswerte Schiffs-parten. Er initiiert Reedereigründungen und beteiligt sich an ihnen. Entscheidenden Anteil hat er beispielsweise auch an der Gründung der Hamburg-Amerika Linie, auf deren wei-tere Entwicklung er als ihr Makler zunächst maßgeblichen Einfluss ausübt. Bolten vertritt zahlreiche in- und ausländische Reedereien. Er verstirbt am 19. Juli 1887.

Südamerikanischen Dampfschifffahrts-Gesell-schaft. Ihr Erfolg ermutigte, bzw. veranlasste dann doch weitere Hamburger Kaufleute, sich nun auch in größerem Stil diesem Fahrtgebiet zuzuwenden, aber, wie es nun einmal gepflegter hanseatisch-kaufmännischer Stil war, zunächst einmal recht vorsichtig, um das Risiko über-schaubar zu halten.

1871 Am Sonnabend, dem 4. November 1871, vormittags elf ½ Uhr«, so heißt es in der Gründungsurkunde der neuen Reederei, »erschienen in Hamburg vor den beeidigten Notaren Heinrich Ludwig Wilhelm Asher und Ferdinand Gobert in der Großen Johannisstr. No. 13 einige Herren. Sie erklärten einstimmig, daß sie eine Aktiengesellschaft unter der Bezeichnung Hamburg-Südamerikanische Dampfschifffahrts-Gesellschaft errichten und die vorgeschriebene notarielle Urkunde vollziehen wollten. Das in § 3 der Statuten verzeichnete Grundkapital von 1 ¼ Mio. Taler, verteilt über 5000 Aktien á 250 Taler, sei von den Comprahenten wie folgt übernommen worden:

	Aktien	Taler
Johannes Schuback & Söhne	60	15 000
C. Woermann	40	10 000
August Bolten Wm. Millers Nachf.	840	210 000
Joh. Berenberg-Gossler & Co.	100	25 000
F. W. Burchard	40	10 000
Berkefeld & Michahelles	40	10 000
Hundeiker & Abegg	40	10 000
F. Laeisz	60	15 000
Ross, Vidal & Co.	30	7 500
A. Tesdorpf & Co.	40	10 000
Commerz- u. Disconto-Bank	3 260	815 000
Mitchell & Co.	225	56 250
Watts Milburne & Co.	225	56 250
Total	5 000	1 250 000

Weiter heißt es, dass die Comprahenten ferner erklärten, dass sie die Übernahme der Dampfboote RIO, BRAZILIAN (Anm.: dann umgetauft in BRASILIEN) und SANTOS genehmigt und das Grundkapital voll gezeichnet hätten. Die Einzahlung von zehn Prozent auf jede Aktie sei nach Maßgabe der Vorschrift des Handels-Gesetz-Buches erfolgt.

Diesem Protokoll sind Ergänzungen beigegeben, die die schon auf den ersten Blick auffallende und überraschende Verteilung der Aktien erklären. Die Commerz- und Disconto-Bank

Der Gründungsvertrag: Die Seiten 1 (oben) und 6 mit der Aufstellung der Einlagen.

»Ziel ist die Herstellung einer regelmäßigen Schiffsverbindung zwischen Hamburg und Brasilien sowie den La Plata-Staaten«

hatte 62,2 Prozent der Aktien übernommen, die sie anschließend schnell an der Börse unterbrachte. August Bolten übernahm einschließlich der mit ihm verbundenen englischen Firmen 25,8 Prozent, so dass für die übrigen Gründer nur noch zusammen neun Prozent übrig blieben. In Wirklichkeit aber zahlte Bolten von den insgesamt auf ihn entfallenen Aktien nur 224 in bar, also 4,5 Prozent. Für den Wert der übrigen Aktien gaben er und seine englischen Partner die drei genannten kleinen Dampfer der »Versuchslinie« in Zahlung. Ihr Übernahmepreis war auf 68 477 englische Pfund festgesetzt worden. Damit hatte sich Bolten, der gleichzeitig als Makler der neuen Gesellschaft vorgesehen war, einen entscheidenden Einfluss gesichert.

Am 23. November hält die junge Reederei ihre konstituierende Generalversammlung ab. An ihre Spitze tritt ein »Verwaltungsrat«, der, so war es üblich, nicht aus Einzelpersonen, sondern in diesem Fall aus sieben Firmen besteht. Die restlichen Firmen bilden den »Aufsichtsrat«. Hierbei sei angemerkt, dass der genannte »Verwaltungsrat« in etwa dem heutigen »Aufsichtsrat« entspricht, während der damalige »Aufsichtsrat« etwa die Aufgaben hatte, die später den Revisoren zufielen. Erster Vorsitzender des Verwaltungsrates wird Heinrich Amsinck, dessen Familie in den nächsten hundert Jahren großen Einfluss auf die Entwicklung der Gesellschaft insgesamt nimmt.

Ziel und Zweck der neuen Gesellschaft soll »die Herstellung einer regelmäßigen Schiffsverbindung zwischen Hamburg und Brasilien sowie den La Plata-Staaten sein«. Die Hamburg Süd, so lautet bald die gebräuchliche Kurzform des Firmennamens, beginnt also ihre Geschichte, nach Regelung aller gesetzlichen und kaufmännischen Erfordernisse, mit den schon erwähnten drei kleinen Dampfern von zusammen gerade einmal gut 4000 BRT. Das erste Büro der neuen Reederei am Rödingsmarkt 21 ist ebenso klein und bescheiden wie ihr Schiffspark, woran sich auch nichts ändert, als die notwendigen

Räumlichkeiten, weiterhin ebenso bescheiden, in das Haus der Firma Johannes Schuback & Söhne Ecke Cremon und Holzbrücke verlegt werden. Angelaufen werden zunächst nur die Häfen Bahia, Rio de Janeiro und Santos in Brasilien.

1871

Nach dem Sieg über Frankreich wird am 18. Januar in Versailles das Deutsche Reich gegründet, es zählt 41 Mio. Einwohner.

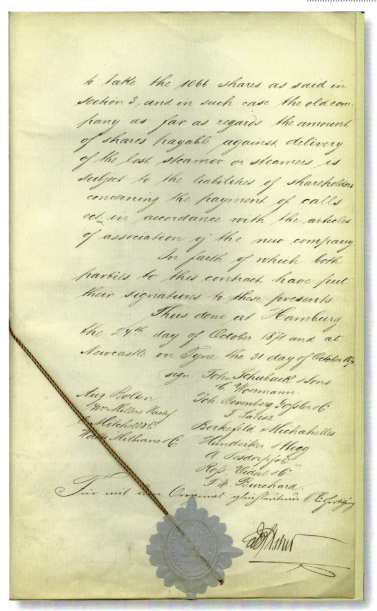

Der Gründungsvertrag: Die letzte Seite (16) des zweisprachig abgefassten Textes mit den Unterschriften der Gründungsmitglieder.

Dampfer SANTOS, gebaut 1869

Noch unter Dampf und Segeln

Dampfer MONTEVIDEO, gebaut 1873

Dampfer BUENOS AIRES, gebaut 1872

Die Generalversammlung beschließt eine erste Kapitalerhöhung um 625 000 Taler für den dringend nötigen Flottenausbau

1872 Zur Verdichtung des Dienstes werden erstmals ein Dampfer in Charter genommen und gleichfalls ein bereits bei der Werft J. Laing in Sunderland im Bau befindlicher Neubau von 1983 BRT angekauft. Er erhält den Namen BAHIA und tritt am 6. Mai seine Jungfernreise nach Buenos Aires an. Die BAHIA ist damit das erste Schiff der Reederei, das den Hafen der argentinischen Metropole anläuft. Es macht dort am 14. Juni fest. Ein durchaus denkwürdiges Ereignis.

Die Generalversammlung genehmigt im Juni 1872 eine Kapitalerhöhung um 625 000 Taler. Damit kann die Gesellschaft daran gehen, den bereits jetzt als dringend erforderlich erachteten Ausbau der Flotte einzuleiten, um teure Charterschiffe weitgehend überflüssig zu machen und sie durch eigene Tonnage zu ersetzen. Bei J. Laing wird ein weiterer, ebenfalls bereits im Bau befindlicher Dampfer angekauft, die mit 2438 BRT vermessene BUENOS AIRES, Mitchell in Newcastle erhält darüber hinaus den Auftrag zum Bau von zwei 2200 BRT großen Dampfern – es sind die im nächsten Jahr in Dienst kommenden ARGENTINA und MONTEVIDEO – und sogar auf einer deutschen Werft, der Reiherstiegwerft in Hamburg, wird ein Auftrag platziert, was durchaus noch als ein gewisses Risiko angesehen wird, da sich die deutsche Schiffbauindustrie erst noch im Aufbau befindet und ihre inzwischen vorangebrachten Fähigkeiten noch nicht so richtig unter Beweis stellen konnte.

1873 In der Generalversammlung am 17. März regen einige Aktionäre an, »die Fahrten nach Rio Grande do Sul auszudehnen, um dieses Terrain der Linie zu erschließen.« Jedoch sind die daraufhin eingeleiteten Bemühungen nicht vom Glück begünstigt, der Reederei damit auch südbrasilianische Häfen zu erschließen. Es gibt nicht genug Ladung und zudem erschwert eine vor dem Hafen Rio Grande gelegene Sandbarre die Weiterfahrt der Schiffe durch die Lagoa dos Patos nach Porto Alegre. Die Entwicklung der Linie stagniert lange Zeit und wird zeitweise sogar eingestellt.

Die Reiherstiegwerft in Hamburg liefert am 10. Oktober den D. VALPARAISO (2247 BRT) als ersten von der Hamburg Süd in Deutschland georderten Neubau ab. Entgegen anfangs gehegter Bedenken, was die Leistungsfähigkeit des erst noch in seinen Anfängen steckenden deutschen Schiffbaus allgemein betrifft, legt dieses Schiff ein über jeden Zweifel erhabenes Zeugnis für dessen Können ab: Es fährt zwanzig Jahre im Dienst der Hamburg Süd, wird 1893 verkauft und dient anschließend noch wechselnden Eignern, bis es 1908 durch Kollision in Verlust gerät. Die Reiherstiegwerft wird in den kommenden Jahrzehnten zu einer der »Hauswerften« der Reederei.

Nach der Infahrtsetzung der genannten Schiffe können nun zwei Abfahrten im Monat geboten werden. Während der Erntesaison in Brasilien wird sogar La Coruna, der Haupthafen für die Einschiffung der spanischen Auswanderer und Erntearbeiter, in den Fahrplan einbezogen. Dennoch bleibt die Flottengröße weiter unzureichend, so dass in jedem dritten Monat die zweite Abfahrt ausfallen muss.

Gegen Jahresende fahren sechs eigene Dampfer mit zusammen 12 574 BRT. Die beiden ältesten Dampfer, die SANTOS und BRASILIEN, sind inzwischen verkauft worden, da sie den gestiegenen Anforderungen nicht mehr genügten.

1872–1873

1872 Gründung der Dresdner Bank.

In Glasgow wird das erste Länderspiel in der Geschichte des Fußballsports ausgetragen. England und Schottland trennen sich 0 : 0.

1873 Deutschland, Österreich-Ungarn und Russland schließen das Drei-Kaiser-Bündnis.

Heinrich Schliemann entdeckt den Goldschatz des Priamos.

Die Generalversammlung zieht stolze Bilanz für das vergangene Geschäftsjahr

1874 Während der zum 30. März einberufenen Generalversammlung macht der Verwaltungsrat einige interessante statistische Angaben über das vorangegangene Geschäftsjahr: »Bei fünfzehn regelmässigen Expeditionen wurde mit den Schiffen der Gesellschaft ein Gesammtquantum von 903,593 Kubikfuss Ladung befördert. Dies ergiebt im Durchschnitt etwas über 60,000 Kubikfuss für jede Reise, während im Jahre 1871 – wie aus dem bei der Gründung der Gesellschaft verfassten Prospect ersichtlich ist – die hier von den Böten eingenommene Ladung bei monatlichen Expeditionen ein durchschnittliches Quantum von nur ungefähr 34,000 Kubikfuss für jede Reise und ein Gesammtquantum von 410,000 Kubikfuss erreichte. Dieses stieg im Jahre 1872 auf 720,757 Kubikfuss.

Der Totalbetrag der für Ladung von Hamburg und Lissabon erzielten Bruttofrachten belief sich bei 15 Expeditionen im Jahre 1873 auf £ 63,838 gegenüber £ 50,972 bei 12 Expeditionen im Jahre 1872.

Durch die Rückreisen der Schiffe von Südamerika wurde im Jahre 1873 eine Brutto-Fracht im Gesammtbetrage von £ 50,760 – gegen £ 34,486 im voraufgegangenen Jahre – erzielt.

Die Gesammtzahl der auf den Fahrten nach und von Südamerika während des Jahres 1873 durch unsere Schiffe beförderten Passagiere betrug 785 für die Kajüte und 2242 für das Zwischendeck. Die Letzteren reisten hauptsächlich von Lissabon. An Passagegeldern wurde eine Brutto-Einnahme von £ 28,620 erzielt.«

1875 Der am 11. März vorgelegte Bericht für das vorangegangene Geschäftsjahr nennt erstmals den »mehr und mehr an Umfang« zunehmenden Postverkehr. »Es wurden 37 173 Briefe

Zusammenarbeit mit der Hapag,
Konkurrenz durch den Norddeutschen Lloyd

und 1242 Kilog. Drucksachen befördert. Die Einnahme ist jedoch eine geringe.«

An anderer Stelle heißt es: »Häufig sich wiederholende Achsenbrüche, welchen indess durch die an Bord befindlichen Reserve-Maschinentheile abgeholfen werden konnte, so dass nur in einem Fall eine Unregelmäßigkeit im Abgangstage verursacht wurde, haben uns veranlasst, zu der nicht unerheblichen Ausgabe zu schreiten, Reserve-Kurbel-Wellen von dem bewährten Krupp'schen Gussstahl anfertigen zu lassen.«

1875/76 Wegen zu geringer Tonnage werden Schiffe der Hapag, die nach der Fusion mit der Adler-Linie diese im Überfluss hat, in die Linie eingestellt. Sie fahren dort allerdings allein auf Rechnung der Hapag. Nach dem Verlust ihrer Dampfer GERMANIA (Bj. 1870,

2876 BRT) am 10. August 1876 und GOETHE (Bj. 1873, 3408 BRT) am 23. Dezember 1876 gibt die Hapag diese, die Hamburg Süd-Aktivitäten ergänzende Beschäftigung jedoch wieder auf.

1876 Ab März richtet der Norddeutsche Lloyd eine Linie via Antwerpen und Lissabon nach Brasilien und den La Plata-Staaten ein, was zunächst zu einem heftigen Konkurrenzkampf führt, der jedoch bald durch ein Agreement gemildert werden kann. Eine gute Konjunktur hilft dabei mit, dass beide Seiten ihr Auskommen finden, wenn auch der Norddeutsche Lloyd in der Passagierbeförderung in den kommenden Jahren deutlich an der Hamburg Süd vorbeizieht. Diese sieht das zunächst sehr gelassen, da das Ladungsaufkommen in dieser Zeit zu guten Ergebnissen führt

1874–1876

1874 Obligatorische Einführung der Zivilehe in Deutschland.

1875 Uraufführung der Oper »Carmen« von Georges Bizet.

1876 Der Schotte Alexander Graham Bell stellt den ersten brauchbaren Fernsprechapparat vor, der deutsche Ingenieur Carl Linde erhält das Patent für den weltersten Kühlschrank, der mit Ammoniak als Kühlmittel arbeitet und der Ingenieur Nikolaus August Otto lässt sich den 4-Takt-Benzinmotor patentieren.

Rege Betriebsamkeit im Schatten des Michel: Der Hamburger Hafen Mitte der 1870er Jahre.

Prosaische Ruhe: Eine Fotografie des Hamburger Hafens Mitte der 1870er Jahre. Im Hintergrund St. Katharinen, eine der Hauptkirchen der Hansestadt.

Gefrierfleischtransport – eine Herausforderung

Das Bestreben, Wege zu finden, um durch den Transport von gefrorenem Fleisch die Versorgung europäischer Länder mit diesem wichtigen Lebensmittel zu verbessern, bedeutete eine große Herausforderung sowohl für Erfinder und Ingenieure als auch für wagemutige Kaufleute und Reeder. Anstöße dazu gab es bereits in der ersten Hälfte des 19. Jahrhunderts. In England bildete sich ein Komitee, das nach entsprechenden Möglichkeiten suchen sollte. Trotz eingehender Prüfung vieler eingereichter Vorschläge blieb der Erfolg aus. Ebenso erging es dem australischen Fleischhändler Thomas Sutcliffe Mort, der ab 1843 die Idee einer »Eisbrücke über den Ozean« kreierte, nach rund dreißigjährigem Kampf jedoch entnervt aufgab, als das von ihm gemeinsam mit dem Franzosen Nicolle entwickelte Kühlsystem versagte.

Einen ersten echten Meilenstein setzte dann Charles Tellier, ebenfalls Franzose, mit dem Bau des von ihm konzipierten 63 Meter langen Dampfers LE FRIGORIFIQUE, auf dem das Fleisch mit einer Temperatur von null Grad transportiert werden konnte. Über das Ergebnis der ersten Reise 1876 von Rouen nach Buenos Aires und zurück gibt es widersprüchliche Berichte. Die potenziellen Abnehmer standen der Sache insgesamt aber doch noch weitgehend ablehnend gegenüber, so dass der Markt wohl einfach noch nicht reif war, wie es später heißen würde. Dennoch war die Reise der LE FRIGORIFIQUE für die Fachwelt so etwas wie eine Revolution, die der Suche nach weiteren technischen Möglichkeiten auf diesem Feld starken Auftrieb gab.

Den ersten wirklich einwandfreien Transport von Gefrierfleisch schaffte dann nur ein Jahr später die 1100 BRT große PARAGUAY auf einer Reise von Buenos Aires nach Le Havre. Die an Bord befindlichen achtzig Tonnen Fleisch konnten mit Kältemaschinen von Carré bis auf minus dreißig Grad eingefroren werden.

Nun war der Weg bereitet. Wenige Jahre später wurde in Buenos Aires ein erstes Großkühlhaus errichtet. Die Entwicklung Argentiniens zum weltgrößten Fleischexporteur begann, und für die Reedereien bot sich ein zunehmend ladungsträchtiges Aufkommen, das allerdings mehr und mehr spezielle Kenntnisse und hohe Investitionen erforderte. Nicht gleich nahm die Hamburg Süd, die ja noch mit ganz anderen Anfangsschwierigkeiten fertig werden musste, an dieser Entwicklung teil, aber im Laufe späterer Jahrzehnte gewann der Transport von Gefrierfleisch für sie mehr und mehr an Bedeutung und beeinflusste auch die technische Entwicklung ihrer Schiffe, die dann mit ihren Einrichtungen für die speziellen Anforderungen dieses wachsenden Ladungsangebotes nicht mehr zu übertreffen waren.

Wegen der dortigen guten Entwicklung wird eine eigene Linie ins La-Plata-Gebiet eingerichtet

1877 In Hamburg wird die Werft von Blohm & Voss gegründet. Sie entwickelt sich in relativ kurzer Zeit zu einem der größten Schiffbauunternehmen der Welt. Die Hamburg Süd wird bald ein guter Kunde, was zu einer jahrzehntelangen vertrauensvollen Zusammenarbeit führt.

Mit der Infahrtsetzung des bei C. Mitchell & Co. in Newcastle gebauten D. SANTOS (2273 BRT) können erstmals mit eigener Tonnage ganzjährig vierzehntägliche Abfahrten geboten werden.

1878 Wegen der vielversprechenden wirtschaftlichen Entwicklung, die im La Plata-Gebiet einsetzt, trennt die Hamburg Süd die Bedienung Brasiliens und des La Plata und richtet nach dort eine eigene Linie mit monatlich zunächst einer Abfahrt ein. Eingesetzt werden auch die Neubauten D. HAMBURG (1644 BRT) und D. PARANAGUA (1655 BRT), die wiederum von Mitchell & Co. geliefert werden und in ihrer Größe und Fahrgasteinrichtungen mehr den Gegebenheiten des Fahrtgebietes entsprechen, als die ersten Schiffe der Flotte. Sie bieten Platz für 20 Passagiere in der I. Klasse und für 100 im Zwischendeck. Trotz nicht gleich zufrieden stellender Ergebnisse werden ab 1882 zum La Plata wie im Brasildienst jeweils zwei Abfahrten monatlich geboten. Um die Risiken im La Plata-Dienst zu minimieren, bedienen die Schiffe heimkehrend zusätzlich brasilianische Häfen, so dass monatlich nun vier Schiffe Ladung nach Hamburg bringen.

1877–1878

1877 Zum Schutz seiner eigenen Industriegüter führt Großbritannien die von nun an obligatorische Bezeichnung »Made in« ein. Für Deutschland entwickelt sich daraufhin die Marke »Made in Germany« zu einem anhaltenden Erfolg.

1878 Der »Berliner Kongress« führt nach deutscher Vermittlung zu einer Neuordnung des Balkans.

Dampfer BAHIA, eines der Schiffe, das von August Bolten auf dem Fahrplan (links) für die Fahrt von Hamburg nach Brasilien angekündigt wird.

Montevideo, eine Perle im Mündungsgebiet des Rio de la Plata.

1880 sind 4403 Segler unter deutscher Flagge registriert

1879 Um den Aufbau der Werftindustrie in Deutschland zu unterstützen, wird die zollfreie Einführung von Schiffbaumaterial gestattet, da die deutsche Industrie noch nicht in der Lage ist, dies in ausreichendem Maße zu liefern.

Durch die inzwischen zugelaufenen Neubauten kann die Zahl der Rundreisen im Jahr von 25 auf 34 erhöht werden.

1880 Höhepunkt der deutschen Segelschiff-fahrt. Insgesamt sind unter der deutschen Flagge 4403 Segler mit 974 943 BRT registriert.

Der 1869 gebaute D. RIO (1650 BRT) wird um sechs Meter verlängert. Dadurch wird nicht nur die Ladekapazität gesteigert, sondern es können darüber hinaus 46 zusätzliche Zwischendecks-passagiere befördert werden.

Die Aktionärsversamm-lung genehmigt den Neu-bau von drei weiteren Dampfern, die etwas grö-ßer sein sollen als die vor-angegangenen und als Antwort auf die NDL-Kon-kurrenz auch mehr Pas-sagierplätze bieten sollen. Die Hamburg Süd dispo-niert zu diesem Zeitpunkt eine Flotte von neun Schiffen mit zusammen 18 210 BRT.

Mit der Übernahme des zunächst auf eigene Rechnung gebauten D. ROSARIO beginnt eine langjährige enge Zusammenarbeit mit der Werft Blohm & Voss.

Der D. PETROPOLIS wird von der Hamburger Reiherstiegwerft geliefert, die über eine lange Zeit enge Geschäftsbeziehungen mit der Hamburg Süd pflegt.

1879–1882

1879 Im sog. Salpeter-
krieg, der erst 1883 endet,
erobert Chile im Kampf
gegen eine peruanisch-
bolivianische Allianz die in
der Atacama-Wüste gele-
genen reichsten Natursal-
peter-Vorkommen der Welt.

1880 Mit dem Amtsantritt
von Präsident Julio Argen-
tino Roca beginnt in Argentinien die politische Kon-
solidierung und der wirt-
schaftliche Aufschwung.

1881 Nach Jahren eher mageren oder gar keinen Dividenden können erstmals 18 Prozent
ausgeschüttet werden. Zehn Jahre solider Auf-
bauarbeit beginnen sich auszuzahlen.

Mit den Neubauten ROSARIO (1824 BRT) von
Blohm & Voss, CORRIENTES (1938 BRT) von
Mitchell & Co. und im folgenden Jahr PETRO-
POLIS (1989 BRT) von der Reiherstiegwerft soll
zum einen eine vierte Abfahrt im Monat ermög-
licht und zum anderen mit deutlich verbesserten
Fahrgasteinrichtungen dem Norddeutschen Lloyd
Paroli geboten werden, der auf diesem Gebiet
die Hamburg Süd hinter sich gelassen hatte. Die
drei rund 1900 BRT großen Schiffe können 20
bis 30 Erste-Klasse-Passagiere und bis zu 300
Zwischendecker aufnehmen. Mit ihnen kann die
Hamburg Süd allmählich wieder auch auf diesem
Gebiet die Führungsposition übernehmen und sie
gibt sie fortan nicht mehr ab.

Die ROSARIO, eigentlich ein Spekulationsbau von
Blohm & Voss, mit dem besonders den immer
noch zurückhaltenden Hamburger Reedern
bewiesen werden sollte, dass die Werft in der
Lage sei, auch für den Überseeverkehr geeignete
Schiffe zu bauen, bewährt sich so ausgezeichnet,

dass die Hamburg Süd später weitere Neubauten
dieses Typs in Auftrag gibt.

An der Spitze der Gesellschaft gibt es eine
bedeutsame Veränderung: Heinrich Amsinck legt
aus gesundheitlichen Gründen den Vorsitz des
Aufsichtsrates nieder. An seine Stelle tritt Ferdinand Laeisz.

1882 Mitte des Jahres werden drei Schiffe –
HAMBURG (Bj. 1878, 2750 tdw), ROSARIO
(Bj. 1881, 2070 tdw) und PARANAGUA (Bj. 1878,
2750 tdw) – an die Deutsche Levante-Linie (DLL)
verkauft. Sie erhalten dort die Namen NAXOS,
ANDROS und EURIPOS. Später veräußert die
Hamburg Süd noch weitere Schiffe an die DLL.

Einmal monatlich wird jetzt eine Abfahrt den
Parana hinauf bis Rosario geboten.

Ferdinand Laeisz übernimmt den Vorsitz des Aufsichtsrats

Nach Heinrich Amsincks Tod tritt der Reeder Martin Garlieb Amsinck als Aufsichtsrat in die Gesellschaft ein

Martin Garlieb Amsinck Der am 23. September 1831 geborene Martin Garlieb Amsinck ist von Haus aus Schiffbauer und besitzt eine eigene Werft in Hamburg, auf der er in Zeiten, in denen es an Aufträgen fehlt, für eigene Rechnung Schiffe baut, um den Stamm von den für den damaligen Schiffbau wichtigen Schiffszimmerleuten zu halten. So ist er 1859 Eigner von zwei Schiffen, 1870 sind es bereits elf und 1881 erreicht seine Reederei mit 17 Schiffen und 12 207 NRT ihren höchsten Stand. Als dann, etwa um diese Zeit der Bau eiserner Schiffe immer mehr in den Vordergrund tritt, gibt Amsinck seine Werft auf und widmet sich fortan ausschließlich dem Reedereigeschäft. Unter seiner Leitung entwickelt sich die Hamburg Süd zu einer der führenden Südatlantikreedereien. Martin Garlieb Amsinck tritt 1901 aus Altersgründen zurück und verstirbt am 10. April 1905.

1883 Nach Heinrich Amsincks Tod scheidet die Firma Schuback & Söhne, der er angehört hatte, als Aktionär aus. Für sie tritt der Reeder Martin Garlieb Amsinck, Bruder von Heinrich Amsinck, in die Gesellschaft ein und wird auch in den Aufsichtsrat gewählt.

1884 Die Flotte wird im Januar mit dem von Armstrong, Mitchell & Co. aus Newcastle gelieferten D. URUGUAY (1977 BRT) weiter vergrößert. Der Neubau kann bei 40 Mann Besatzung 30 Passagiere in der I. Klasse befördern und 260 im Zwischendeck.

Mit monatlich einer Abfahrt nach Pará, Maranhao, Ceará und Pernambuco wird, beginnend mit der Abfahrt des D. CEARÁ (Bj 1882, 1990 BRT) am 27. Februar, auch die Nordbrasilfahrt aufgenommen. Die in sie gesetzten Erwartungen erfüllen sich jedoch nicht, so dass sie schon nach neun Abfahrten wieder aufgegeben wird, allerdings mit der Maßgabe, darauf zurückzukommen »sobald sich die Verhältnisse im Norden Brasiliens einigermaßen consolidirt haben«.

D. PERNAMBUCO, gebaut 1883, inmitten lebhaften südamerikanischen Treibens.

Das zunehmende Geschäft verlangt einen weiteren Ausbau der Flotte

1885 Nach der Übernahme des Neubaus DESTERRO (2011 BRT) von Blohm & Voss, die dafür die alte BAHIA (Bj. 1872, 1983 BRT) in Zahlung genommen hat, besitzt die Hamburg Süd nunmehr eine Flotte von 16 Dampfern, die allerdings alle noch recht klein sind, aber dennoch ein gutes, solides Fundament für die weitere Entwicklung darstellen. Diese wird entschlossen angegangen mit der Ende des Jahres beschlossenen Prioritätsanleihe in Höhe von 2,5 Mio. Mark, der weitere folgen. Sie sollen einen weiteren, den Verhältnissen entsprechenden großzügigeren Ausbau der Flotte ermöglichen. Unter Berücksichtigung der bisher gesammelten Erfahrungen wird ein Schiffstyp entwickelt, von dem bis 1894 fast zwanzig Dampfer bei Blohm & Voss, der Reiherstiegwerft sowie den beiden in Newcastle ansässigen Werften Armstrong, Mitchell & Co. und Edwards gebaut werden. Zwar gibt es Unterschiede und Weiterentwicklungen, auch was die Größe betrifft, aber von der Grundidee her kann von einem Schiffstyp gesprochen werden. Erstmals erhalten diese Hamburg Süd-Schiffe Dreifach-Expansionsmaschinen als Antrieb. Sie sollen eine Geschwindigkeit von 11,5 Knoten gewährleisten.

In dem am 29. März 1886 vorgelegten Bericht für das Geschäftsjahr heißt es dazu stolz und selbstbewusst: »Angesichts des zunehmenden Geschäfts haben wir es für unsere Pflicht gehalten, auf eine weitere Ausdehnung unserer Flotte Bedacht zu nehmen, und zwar glaubten wir den gestiegenen Anforderungen der Neuzeit in Bezug auf Comfort und Schnelligkeit Rechnung tragen zu sollen, um jeder Concurrenz gewachsen zu sein. Wir contrahirten demnach drei neue Stahl-Dampfer mit allen Verbesserungen der Neuzeit, eleganten Cajüten und vorzüglich starken Maschinen, welche Schiffe unsern übrigen an Grösse und Schnelligkeit überlegen sein werden. Mit diesen ausgezeichneten Böten, welche die Namen BAHIA, CAMPINAS und MONTEVIDEO führen sollen, und deren zwei bei Sir W. G. Armstrong, Mitchell & Co. in Newcastle und

Mit Carl Laeisz, der 1885 die Position seines Vaters als Vorsitzender des Aufsichtsrates übernimmt, engagiert sich eine weitere bedeutende Persönlichkeit der Hamburger Reederschaft für die Hamburg Süd.

eins bei der hiesigen Reiherstieg Schiffswerfte & Maschinenfabrik gebaut werden, hoffen wir sowohl die Verlader besonders zu befriedigen als auch immer mehr von Passagieren bevorzugt zu werden. Wir werden damit in der Lage sein, monatlich sechs Dampfer nach Südamerika zu expedieren. Verhehlen können wir uns nicht, dass diese Art Schiffe im Betrieb ungleich kostspieliger sein werden, als gewöhnliche Frachtdampfer, wir hoffen jedoch damit die Gunst und das Interesse des Publikums an unserer Linie zu fesseln und derselben dadurch eine so viel sichere Stellung für die Zukunft zu geben. Theilweise compensirt wird übrigens die Mehrausgabe durch die Kohlenersparnis, welche heutzutage mit den dreicylindrischen Maschinen erzielt wird.«

1883–1885

1883 Einweihung der Brooklyn Bridge in New York.

1884 Lewis Waterman erfindet den Füllfederhalter.

1885 Die deutschen Brüder Reinhard und Max Mannesmann melden ein Patent zum nahtlosen Walzen von Stahlrohren an und revolutionieren damit die Stahlverarbeitung.

Rio de Janeiro, das Herz Brasiliens, hier der Place Dom Pedro II.

Verbesserte Passagierbeförderung und
erste Schiffe mit Doppelboden und elektrischem Licht

Der D. BAHIA und seine Schwestern bieten weiter verbesserte Passagiereinrichtungen.

1886 Mit Dampfern BAHIA, TIJUCA (sollte ursprünglich MONTEVIDEO heißen) und CAMPINAS kommen die ersten Schiffe der bereits im Vorjahr angesprochenen neuen Serie mit verbesserten Passagiereinrichtungen in Fahrt. Die 2200 BRT großen Neubauten bieten jeweils 40 Passagieren in der I. Klasse und 280 im Zwischendeck Platz. Die Besatzung besteht aus 47 Mann. Es sind die ersten Neubauten, die anstatt der bisherigen Compound-Maschinen nun Dreifach-Expansions-Maschinen als Antrieb erhalten. Diese erst seit kurzem serienreifen Dampfmaschinen führen zu einer deutlichen Senkung des Kohlenverbrauchs, was sich positiv auf die Betriebskosten auswirkt und mehr Platz für die zahlende Ladung schafft.

Da die neuen Schiffe sowohl bei den Verladern als auch bei den Passagieren sofort gut angenommen werden, erfolgt umgehend die Bestellung von zwei weiteren Neubauten dieses Typs,

die allerdings die drei ersten »an Grösse und Geschwindigkeit noch übertreffen«, kündigt der Verwaltungsrat an. Platziert werden die Aufträge wiederum jeweils in Hamburg und England.

1887 Die vom Verwaltungsrat im Vorjahr angekündigten Neubauten kommen als OLINDA (2516 BRT) von Armstrong, Mitchell & Co. und CURITYBA (2430 BRT) von der Reiherstiegwerft in Fahrt und haben tatsächlich eine etwas größere Vermessung von rund 2500 BRT. Was aber die Geschwindigkeit betrifft, so ist diese jedoch mit 11,5 Knoten die gleiche wie die der Vorbauten. Neu an diesen beiden Schiffen ist, dass es die ersten der Reederei mit Doppelboden und elektrischem Licht sind.

Nach dem La Plata werden jetzt wöchentliche Abfahrten eingerichtet, die in der Folgezeit sogar noch mit »Extradampfern« ergänzt werden müssen.

Kaiser Dom Pedro II. genehmigt noch einmal ausdrücklich die Tätigkeit der Hamburg Süd in Brasilien

1888 Mittlerweile hat die Hamburg Süd für die brasilianische Wirtschaft eine derartige Bedeutung erreicht, dass es am 28. September zum Abschluss eines Sondervertrages kommt, mit dem der Reederei die Ausübung ihrer Tätigkeit noch einmal ausdrücklich bestätigt und genehmigt wird. Es heißt: »Pedro II., durch Gottes Gnaden und einstimmigen Wunsch des Volkes konstitutioneller Kaiser und ewiger Verteidiger Brasiliens, gibt allen bekannt, dass die Hamburg-Südamerikanische Dampfschifffahrts-Gesellschaft berechtigt ist, im Kaiserreich Brasilien ihre Tätigkeit auszuüben. Um das zu bestätigen, habe ich dieses Schriftstück ausfertigen lassen und mit dem Kaiserlichen Siegel versehen … !«

Am 15. Oktober schließt sich die bisherige Freihafenstadt Hamburg nach langen kontrovers geführten Diskussionen offiziell dem deutschen Zollgebiet an. Der neue Freihafenbezirk in der Hansestadt wird daraufhin am 29. Oktober mit der Schlusssteinlegung für die neue Speicherstadtbrücke durch den jungen Kaiser Wilhelm II. eröffnet.

Für das Geschäftsjahr hält der Verwaltungsrat fest, dass es »seine Vorgänger an Lebhaftigkeit des Handelsverkehrs im Allgemeinen und der Verbindung Deutschlands mit Brasilien und den La Plata-Ländern im Besonderen noch weit übertroffen (hat).« Weiter heißt es: »Um so mehr müssen wir darauf bedacht sein, unser eigenes Material an Schiffen ferner zu vermehren und hierbei mit dem rasch wachsenden Verkehr einigermassen Schritt zu halten. Nachdem wir schon im Laufe des Sommers mit Herren Blohm & Voss die CINTRA, ein Schwesterschiff der auf der gleichen Werft im Bau begriffenen Dampfer PORTO ALEGRE und MONTEVIDEO contrahirt hatten, und nachdem inzwischen die letztgenannten beiden Schiffe, sowie die auf der Reiherstieg-Schiffswerfte erbaute SAN NICOLAS abgeliefert waren und sich vorzüglich bewährt hatten, entschlossen wir uns, zwei weitere Schiffe dieser Classe bauen zu lassen, die ITAPARICA und die PARAGUASSÚ, deren erstere mit Sir W.G.Armstrong Mitchell & Co. in Newcastle, die andere mit der hiesigen Reiherstieg-Schiffswerfte und Maschinenfabrik contrahirt ist. Leider sind nicht nur die Forderungen der Schiffbauer bedeutend gestiegen, sondern auch die Lieferfristen sind, wenigstens bei allen Deutschen Werften, ausserordentlich lange und kaum noch einzugehende.«

1886–1888

1886 Carl Friedrich Benz erhält das erste Patent für ein benzingetriebenes vierräderiges Kraftfahrzeug.

1887 Bismarck schließt mit Russland den geheimen »Rückversicherungsvertrag«.

1888 Das Drei-Kaiser-Jahr in Deutschland: Nach dem Tod Kaiser Wilhelms I. besteigt dessen schwerkranker Sohn als Kaiser Friedrich III. den Thron und nach seinem Tod drei Monate später folgt sein Sohn als Kaiser Wilhelm II.

Kaiser Wilhelm II. weiht den Hamburger Freihafen ein.

Der mit 2516 BRT vermessene D. OLINDA verstärkt 1887 die Flotte.

Die Zahl der beförderten Passagiere wird erstmals fünfstellig

Hamburg-Südamerikanische Dampfschifffahrts-Gesellschaft.

Brasilien und La Plata.

Regelmässige Post-Dampfschifffahrt

Nach **Bahia, Rio de Janeiro** und **Santos**
18. Aug., Abends, via Lissabon: Dampfschiff **Santos**, Capt. J. Poschmann.

Nach **Pernambuco, Rio de Janeiro** und **Santos**
25. Aug., Abends: Dampfschiff **Pernambuco**, Capt. L. Scharfe.

Nach **Bahia, Rio de Janeiro** und **Santos**
4. Sept., Abends: Dampfschiff **Porto Alegre**, Capt. H. E. Kier.

Nach **Pernambuco, Rio de Janeiro** und **Santos**
11. Sept., Abends: Dampfschiff **Montevideo**, Capt. Ch. Bole.

☞ Sämmtliche nach **Brasilien** gehende Dampfer nehmen Güter in Durchfracht via **Rio de Janeiro** für **Paranagua, Santa Catharina, Antonina, Rio Grande do Sul** und **Porto Alegre**.

Nach **Montevideo, Buenos Aires, Rosario** und **San Nicolas**
21. Aug., Abends, via Madeira: Dampfschiff **Hamburg**, Capt. E. Jaegermann.
28. Aug., Abends, via Madeira: Dampfschiff **Rosario** Capt. C. Evers.
4. Sept., Abends, via Madeira: Dampfschiff **Rio**, Capt. A. Siepermann.
11. Sept., Abends, via Madeira: Dampfschiff **Cintra**, Capt. Th. Sauberlich.

Nähere Auskunft ertheilt **August Bolten**, Wm. Millers Nachfolger.

Aus »Hamburgische Börsenhalle«, 1890

1889 Mit dem Einsatz von 25 Schiffen überschreitet die Tonnage der Reederei erstmals die 50 000-BRT-Grenze. 107 Rundreisen werden im Jahr durchgeführt, davon 19 mit gecharterten Dampfern. Die Zahl der beförderten Passagiere wird mit 13 838 erstmals fünfstellig. Als Dividende werden 14 Prozent ausgeschüttet und eine weitere Vorrechtsanleihe über 8 Mio. Mark für den weiteren Flottenausbau genehmigt.

1890 Zum ersten Mal im Verlauf ihrer bisherigen Geschichte hat die Reederei ernste Unglücksfälle auf See zu beklagen, wobei Menschen glücklicherweise nicht zu Schaden gekommen sind: Am 29. April stößt der D. CORRIENTES (Bj. 1881, 1939 BRT) auf der Reede von Montevideo auf eine Klippe, von der die darauf ausgelegte Boje vertrieben war, D. BUENOS AIRES (Bj. 1872, 2438 BRT) strandet auf Rosa Island nahe Rio de Janeiro.

Die Passage-Annahme wird der Hamburg-Amerika Linie übertragen, die über eine gut eingespielte entsprechende Organisation verfügt.

Die AMAZONAS wird 1890 von Blohm & Voss geliefert.

Gelbfieber und Cholera – schlimme Auswüchse dieser Zeit

1889–1892

1889 Die französische Panamakanalgesellschaft muss wegen grober Unterschätzung der Baukosten und schleppenden Fortgangs der Arbeiten Konkurs anmelden.

1890 Reichskanzler Otto von Bismarck tritt zurück.

1892 In Hamburg beginnt im August die Cholera zu wüten.

Der 1892 in England gebaute D. RIO ist der zweite Träger dieses Namens.

1891 Im Zuge der konsequenten Flottenerneuerung wird als letztes der drei ersten Schiffe der Flotte, der D. RIO (Bj. 1870, 1650 BRT, nach Verlängerung 1880 1688 BRT), nach Dänemark verkauft.

1892 Schlimme Auswirkungen auf das Geschäft der Hamburg Süd hat die im August einsetzende schwere Cholera-Epidemie im Heimathafen Hamburg. Sie fordert nicht nur über achttausend Todesopfer unter der Stadtbevölkerung, sondern wirkt sich auch überaus negativ auf das gesamte Wirtschaftsleben aus. Für die Hamburg Süd bedeutet dies, dass man ihren aus Hamburg kommenden Dampfern das Anlaufen von Häfen verwehrt, ihre Besatzungen in Quarantäne schickt sowie den Import vieler Güter und die über Hamburg laufende Auswanderung untersagt. So darf beispielsweise kein über Hamburg kommendes Mineralwasser mehr eingeführt werden, ein herber Verlust angesichts der Bedeutung dieses Ladungsgutes. Auch noch ein Jahr nach dem Abklingen der Epidemie haben die Schiffe weiterhin etliche Auflagen zu erfüllen.

Dank der peinlichen Sorgfalt, mit der die sanitären Vorsichtsmaßnahmen an Bord beachtet und durchgeführt worden sind, ist glücklicherweise auf keinem der Hamburg Süd-Schiffe ein Fall von Cholera vorgekommen.

Aber noch ein weiterer Umstand hat dazu beigetragen, die Schiffsbesatzungen der Hamburg Süd vor der gefährlichen Seuche zu schützen. Die Reederei hatte nämlich ihre von Brasilien mit Kaffee heimkehrenden Schiffe nicht das verseuchte Hamburg anlaufen lassen, sondern dirigierte sie nach Rotterdam um, womit sie gleich zwei Fliegen mit einer Klappe schlug: Einmal hat sie die Seeleute vor der Gefahr der Ansteckung bewahrt und zum anderen entsprach sie damit dem immer dringender gewordenen Wunsch holländischer Kaffeeimporteure nach einer regelmäßigen Verbindung zwischen Holland und den brasilianischen Kaffeehäfen. Das allerdings passte wiederum den Hamburger Kaffee-Importhäusern überhaupt nicht. Sie sahen in dieser Entscheidung eine empfindliche Schädigung ihrer Interessen, so dass es zu einem regelrechten »Kaffee-Krieg« zwischen der Hamburg Süd und den elbhanseatischen Importeuren kam. Er

Gelbfieber und Cholera

Gängeviertel in Hamburg: Dunkle, feuchte Wohnungen und enge Gassen begünstigen Krankheit und Ansteckung.

Über das Gelbfieber heißt es noch in »Meyers Lexikon« von 1926 u.a. »Ansteckende Krankheit, fast nur auf heiße Länder beschränkt… Der Erreger ist noch unbekannt. Als Überträger gilt eine Mückenart (Stegomyia fasciata), in welcher er erst nach mindestens 12 Tagen infektionsfähig wird… Vorbeugung: Soll ein Gelbfieberherd ausgerottet werden, so sind die Maßregeln gegen die Moskitos wie gegen die Kranken gleich streng zu handhaben: Vernichtung der Larven in allen stehenden Gewässern, der ausgewachsenen Stegomyia in den Wohnungen durch Schwefeldämpfe und Schutzvorrichtungen gegen deren Eindringen, besonders bei Nacht; strenge Abtrennung der Kranken in mückensicheren Räumen. Gilt es, Einschleppung in bisher verschonte Gegenden zu verhüten, so sind die von Gelbfieberherden Kommenden 13 Tage streng zu überwachen; bei der geringsten Fiebererscheinung sind sie in mückensicheren Häusern an Land zu behandeln. Aus Gelbfieberherden kommende Schiffe müssen in den Tropen und Subtropen gründlich auf Stegomyia untersucht werden.«

In Brasilien hatte man die Seuche gegen Ende des 19., Anfang des 20. Jahrhunderts auf Anordnung des Präsidenten Rodrigues Alves durch energische hygienische Maßnahmen, die, basierend auf den Forschungen des kubanischen Mediziners Carlos Finlay von dessen Schüler Osvaldo Cruz geleitet wurden, allmählich in den Griff bekommen. Erstmals 1909 traten dann im Lande keine Todesfälle mehr durch Gelbfieber auf.

Auch die Cholera-Epidemie in Hamburg hatte ihre Ursache in katastrophalen hygienischen Verhältnissen, die vor allem in den ärmeren Wohnvierteln der Altstadt herrschten. Trink- und Kochwasser entnahmen die Menschen aus den Fleeten und der Elbe, in die gleichzeitig alle Abwässer geleitet wurden. Überall konnten sich die Erreger ausbreiten: In den engen Gassen mit ihren einfach in die Gosse gekippten Schmutzwasser, in den feuchten Kellern oder in der Kanalisation. Am 24. August 1892 wurde die Seuche festgestellt, drei Tage später waren bereits 1105 Erkrankungen und 445 Todesfälle zu beklagen, 8605 wurden es insgesamt. Es dauerte zwei Monate, bis es gelang, die Seuche unter Kontrolle zu bekommen.

Entscheidend dazu beigetragen hat Geheimrat Robert Koch, der Entdecker des Cholerabazillus. Als er nach Hamburg kam, war er entsetzt über die Zustände, die er in der immer als »reich« beschriebenen Hansestadt vorfand, und er fand deutliche Worte dafür vor dem verantwortlichen Senat. Sein unverzüglich durchgesetztes Vorgehen entsprach dann in etwa dem des Osvaldo Cruz Jahre später in Brasilien. Vielleicht hat dieser sich ja auch davon leiten lassen. Unerbittlich räumten Kochs »Desinfektionstrupps« mit den erkannten und vermuteten Seuchenherden auf. Dieses, und die anschließend ergriffenen Maßnahmen sorgten dafür, dass sich eine derartige Katastrophe in Hamburg nicht wiederholen konnte.

Nachdem es am La Plata seit 1886 immer wieder Bedrohungen durch die Cholera und in Brasilien über Jahre hinweg durch Gelbfieber gegeben hat, was auch zahlreiche Opfer unter den Besatzungen der Hamburg Süd-Schiffe gefordert hat, mietet die Reederei die vor Santos in gesunder Luft gelegene Palmeninsel Ilha das Palmas, um dort ihren Seeleuten während der langen Liegezeiten, die das Laden und Löschen erfordert, Schutz zu bieten. Als Bleibe für sie wird auf der Insel das reedereieigene »Columbus«-Heim gebaut und im folgenden Jahr eingeweiht. Es wird später noch weiter ausgebaut. Die kleine Insel, die sich so vorzüglich bewährt hat, wird 1906 durch Ankauf ganz übernommen.

Die europäische Auswanderung nach Brasilien konzentriert sich immer mehr auf den Süden des Landes

endete allerdings bald mit einem »Ausgleich«, wie es sich unter vernünftigen Kaufleuten gehört. Die Reederei ließ zwar weiterhin zweimal im Monat heimkehrende Schiffe Rotterdam anlaufen, erklärte zugleich aber, dass sie ungeachtet dessen nicht aufhören würde, den Wünschen des Hamburger Kaffeehandels entgegenzukommen, soweit es in ihren Kräften stehe. Fortan herrschte wieder bestes Einvernehmen.

Heimkehrend von Brasilien sinkt der D. DESTERRO (Bj. 1885, 2011 BRT) am 24. März bei Terschelling nach einer Kollision mit dem britischen D. INDRA (3582 BRT).

Da sich die europäische Auswanderung nach Südamerika immer mehr auf die südbrasilianischen Staaten Santa Catarina und Rio Grande do Sul konzentriert und um weiteren Kundenwünschen nachzukommen, wird, nachdem sich auch die navigatorischen Verhältnisse vor Rio Grande und dem riesigen Süßwasserhaff Lagoa dos Patos einigermaßen verbessert haben, nach dort wieder eine regelmäßige Fahrt aufgenommen, zunächst mit gecharterter Tonnage. Gleichzeitig werden drei Neubauten mit besonders geringem Tiefgang in Auftrag gegeben. Für die Beförderung von Ladung und Passagieren zwischen Rio Grande und Porto Alegre wird außerdem die Einrichtung eines Schlepp- und Leichterdienstes als notwendig erachtet. Für diesen werden bei Werften in Hamburg zunächst der Zweischrauben-Schleppdampfer SAO PEDRO und vier eiserne Leichter bestellt.

Auswanderer aus dem alten Europa in die neue Welt, nach Nord- und auch Südamerika sind für viele Reedereien eine besondere Zielgruppe – auch für die Hamburg Süd.

Drei spezielle Neubauten für die Südbrasilienfahrt werden 1893 in Dienst gestellt

Der D. ANTONINA ist speziell für die Südbrasilienfahrt konzipiert worden ...

... wie auch der D. BABITONGA.

1893 Mit den Dampfern PELOTAS, ANTONINA und BABITONGA kommen die ersten im Vorjahr bei Edwards Shipbuilding Co. Ltd. in Newcastle sowie Blohm & Voss und der Reiherstiegweft in Hamburg speziell für die Südbrasilfahrt georderten Schiffe in Fahrt. Sie haben bei einer Vermessung von 2400 BRT, 85,5 Metern Länge und 8,1 Metern Breite einen Tiefgang von nur 8,1 Metern. Es gibt Einrichtungen für jeweils zwölf I.-Klasse-Passagiere an Bord. Auch der Schlepp- und Leichterdienst zwischen Rio Grande und Porto Alegre nimmt in diesem Jahr seinen Betrieb auf.

1893/94 Während des in der brasilianischen Provinz Rio Grande wütenden Bürgerkrieges schützen die Kreuzerkorvetten ARCONA und ALEXANDRINE der Kaiserlichen Marine deutsche Interessen, u. a., als am 3. November 1893 Aufständische etliche beladene Leichter der

Die Kaiserliche Marine gewährt in Brasilien notwendigen Schutz

1893–1894

1893 Der deutsche Ingenieur Rudolf Diesel erhält das Patent auf einen Verbrennungsmotor.

1894 Beginn des Chinesisch-Japanischen Krieges um den Einfluss in Korea.

Die Anwesenheit der Kreuzerkorvette ALEXANDRINE setzt ein deutliches Zeichen, dass sie jederzeit eingreifen wird, um europäische Bürger zu schützen.

Hamburg Süd beschlagnahmen. Als die Dampfpinasse der ARCONA mit dem Kommandanten, Kapitän z. S. Hofmeier, an Bord einschreitet, wird die Angelegenheit bereinigt.

1894 Mit der überraschend in der Südamerikafahrt auftretenden Hamburger Reederei A.C. de Freitas kann zunächst eine Verständigung erreicht werden.

Beginn der Verbindung mit dem Hause des in Buenos Aires ansässigen Antonio Delfino, der über ausgezeichnete Verbindungen im Lande verfügt. Antonio Delfino übernimmt zunächst die Vertretung des defizitären La Plata-Dienstes und bringt ihn bereits nach einem Jahr in die Gewinnzone. Er entwickelt sich innerhalb der nächsten Jahre sogar zum wichtigsten Dienst der Reederei. Antonio Delfino betreffend, ist es der Beginn einer überaus engen

freundschaftlichen Verbindung und geschäftlich außergewöhnlich erfolgreichen Zusammenarbeit mit ihm und seinen Nachfolgern.

Auf Wunsch dänischer Kaufleute wird eine monatliche Verbindung zwischen Kopenhagen und Brasilien eingerichtet. Sie wird jedoch wegen zu geringen Zuspruchs bereits im folgenden Jahr wieder eingestellt.

Für die prosperierende Südbrasil-Linie werden drei weiter Frachtdampfer, ein Schlepper und zwei eiserne Leichter bestellt.

Eine außerordentliche Generalversammlung bewilligt die Verdoppelung des Aktienkapitals auf 7 500 000 Mark. Die neuen Mittel werden größtenteils für die fortlaufende Modernisierung der Flotte verwendet.

Der D. DESTERRO
(2543 BRT) kommt 1895
in Fahrt ...

Um der wachsenden Konkurrenz zu begegnen
werden weitere Neubauten geordert

... ebenso die
PARANAGUA (2803 BRT) ...

... und die GUAHYBA
(2756 BRT).

1895 Der Jahresbericht vom 30. März betont: »Es ist uns eine besondere Freude gewesen, all diese (Neubau) Aufträge, wie auch die in unserem letzten Berichte schon erwähnten, dem Deutschen Schiffbau zuwenden zu können, dessen Vorzüge uns nun aus vielfachen Erfahrungen bekannt sind, dessen Vortrefflichkeit wir aber auch ganz erheblich theuer zu bezahlen uns entschließen mussten, als bei renommirten ausländischen Werften anzukommen gewesen wäre. Niemals sind deutsche Werften von einer Rhederei, welche freie Verfügungen über ihre Handlungen hat, in so kurzem Zeitraum Aufträge von annähernd so großem Umfange (bedacht) geworden. Wir glauben damit um so mehr Anspruch auf Beachtung als ein Unternehmen von nationaler Bedeutung erworben zu haben, in dessen Prosperität einzugreifen weite Kreise des nationalen Wohlstandes in Mitleidenschaft ziehen würde.« Hintergrund dieser verklausulierten

Erklärung sind Bestrebungen innerhalb der deutschen Agrarwirtschaft, die umfangreichen Getreideimporte aus Argentinien, die gerade für die Hamburg Süd ein wesentliches Geschäft sind, durch erhöhte Importzölle zu drosseln.

Um der wachsenden Konkurrenz in der Südamerikafahrt besser begegnen zu können, wird eine Neubauserie geordert, deren Schiffe nicht nur wieder deutlich größer sind als die vorangegangenen, sondern auch mit den neuartigen, ökonomischer arbeitenden Vierfach-Expansionsmaschinen für eine Geschwindigkeit von 10,5 Knoten ausgerüstet sind. Als erste kommen die ASUNCION (4663 BRT) und TUCUMAN (4661 BRT) von Blohm & Voss sowie CORDOBA (4873 BRT) von der Reiherstiegwerft in Fahrt. Sie haben Einrichtungen für die Beförderung von 24 Passagieren in der I. Klasse und 440 im Zwischendeck. Diese Schiffe sind die ersten, auf denen den

1895

Der Frieden von Schimonoseki beendet den Japanisch-Chinesischen Krieg. Japan diktiert überaus harte Friedensbedingungen.

Eröffnung des Kaiser-Wilhelm-Kanals als Verbindung zwischen Nord- und Ostsee.

Der Experimentalphysiker Wilhelm Conrad Röntgen beschreibt erstmals unsichtbare elektromagnetische Strahlen, die er als X-Strahlen bezeichnet.

Der D. ASUCNCION gehört zu einer neuen Schiffsklasse, die erstmals Vierfach-Expansionsmaschinen als Antrieb erhält.

Erhöhte Geschwindigkeit und größerer Komfort sollen für mehr Passagiere sorgen

Fahrgästen der I. Klasse besondere Rauch- und Damensalons zur Verfügung stehen. Diesen drei ersten Schiffen folgt bis 1899 von den beiden Werften noch eine ganze Reihe weiterer Neubauten dieser Klasse, die sich als sehr robust und zuverlässig erweisen und es auf teilweise sehr lange Fahrenszeiten bringen.

Der D. URUQUAY (Bj. 1883, 1984 BRT) strandet in der Nacht vom 29. auf den 30. September bei stark nebligem Wetter auf der Reise von Santos nach Bahia bei Cap Frio. Das Schiff kann nicht wieder abgebracht werden und wird damit zum Totalverlust.

Santos – Blick über die Stadt zum Hafen.

Von Brasilien aus drängen »ungeheuere Mengen an Caffe« auf die Märkte

1896 Der bisherige Verwaltungsrat der Gesellschaft wird in Aufsichtsrat umbenannt. Der Vorstand besteht jetzt aus Ad. F. Bernitt, F. Franzen und Theodor Amsinck. Theodor Amsinck wird die Entwicklung der Reederei im Vorstand und später im Aufsichtsrat über fünf Jahrzehnte entscheidend mitprägen.

Nachdem die Reichsregierung am 13. November das »von der Hedtsche Rescript« aufgehoben hat, mit dem die Auswanderung nach Brasilien erheblich erschwert worden war, gründet die Hamburg Süd gemeinsam mit dem Norddeutschen Lloyd eine Hanseatische Kolonisations-Gesellschaft. Sie soll den Hanseatischen Kolonisationsverein von 1849 wiederbeleben und zur Förderung des Auswandererverkehrs nach Brasilien, vor allem in die südbrasilianischen Staaten Paraná, Santa Catarina und Rio Grande do Sul, beitragen. Außerdem wird auf diese Entwicklung mit der Bestellung weiterer Dampfer für die Brasilfahrt bei Blohm & Voss und der Reiherstiegwerft reagiert. Diese beiden Unternehmen sind inzwischen praktisch zu Hauswerften der Reederei geworden.

Im Jahresbericht wird darauf hingewiesen, dass die durch die Entwicklung des Verkehrs gebotene Umwandlung der Flotte weitere Fortschritte gemacht habe. Vier ältere kleinere Dampfer seien verkauft und dafür vier neue größere in Fahrt gebracht worden. »Wie nothwendig uns solche Schiffe sind«, heißt es weiter, »hat sich wieder augenfällig erwiesen, als in den letzten Monaten des Jahres ungeheure Mengen an Caffee von Brasilien zu gleichzeitiger Verschiffung in den Markt drängten. Auch von Argentinien fand sich meist volle Ladung ungeachtet des starken Rückgangs der Weizenausfuhr; Wolle, Häute, Mais und Saaten lieferten ein genügendes Aliment, freilich, mit Ausnahme einer vorübergehenden Conjunctur, zu äusserst niedrigen Frachten. Ausgehend hatten wir im Allgemeinen hinreichend Ladung und waren durch Ausdehnung der im La Plata-Geschäft schon bestehenden Vereinigung mit den übrigen von Nord-Europa ausgehenden Linien auf den Brasil-Verkehr in der Lage, die Frachtraten zu erhöhen. Eine solche Erhöhung war durchaus geboten im Hinblick auf die unlohnenden Rückfrachten vom La Plata und die sehr theuren Hafenkosten in Brasilien.« Hinzugefügt wird der Vermerk, dass die »in letzter Zeit leider ungünstigen financiellen Verhältnisse Brasiliens und die Folgen der Missernten in Argentinien ihren lähmenden Einfluss auf den Export von Europa nicht verfehlt, und an Rückfracht vom La Plata wird es nach Beendigung der Wollverschiffungszeit bald arg fehlen.«

Der Bericht schließt: »Angesichts so mannigfacher den Rhedereibetrieb beständig bedrohender Gefahren halten wir es für besonders geboten, durch sehr reichliche Rücklagen unsere financielle Stellung zu kräftigen, um auch in ungünstigen Zeiten mit unsern zweckmäßig und öconomisch arbeitenden Schiffen Geld zu verdienen und unsere Gesellschaft, welche am 4. November 1896 auf eine fünfundzwanzigjährige erfolgreiche Thätigkeit zurückblicken konnte, fernerer gedeihlicher Entwicklung entgegenzuführen.« Als Dividende werden ihn diesem Jahr 10 Prozent zur Ausschüttung bebracht.

Nach einer Bestimmung in der brasilianischen Verfassung, die bisher nicht befolgt worden ist, wird von nun an die heimische Küstenschifffahrt tatsächlich der eigenen Flagge vorbehalten. Für die Hamburg Süd bedeutet das, ihre gesamte in Südbrasilien beschäftigte Schlepper- und Leichterflotte »mit erheblichen Opfern« unter die Flagge Brasiliens zu bringen. Der Gipfel dabei ist, dass die brasilianischen Behörden auch noch verlangen, die Fahrzeuge sogar nachträglich zu verzollen, wofür nach Meinung der Reederei unverhältnismäßig hohe Werte zugrunde gelegt werden.

Zum 25-jährigen Jubiläum wird die bisherige Leistung der Gesellschaft gewürdigt

Anlässlich des 25-jährigen Jubiläums schreibt die Zeitschrift »Hamburgische Börsenhalle« am 4. November: »Die Gesellschaft hat es von Anfang an verstanden, den Bedürfnissen, denen sie ihren Ursprung verdankt, in vollem Maße zu entsprechen, indem sie ihnen zuvorkam. Ihr ist es zu verdanken, wenn sich das hamburgische Geschäft mit Brasilien und dem La Plata zu solchem Umfange ausdehnen konnte, wie es in diesem Vierteljahrhundert geschehen ist. In diesem Zeitraum ist von der Gesellschaft Großes geleistet worden. Das allmähliche Wachsen der Gesellschaft ist gleichbedeutend mit dem Wachsen des hiesigen Geschäfts mit Brasilien und dem La Plata. Die

gesunden Grundsätze und praktischen Maßnahmen der Leitung der Gesellschaft sind ebenso dem Platze wie den Aktionären zugute gekommen. Die Verwaltung hat stets auf der Höhe ihrer Aufgaben gestanden und eine weitsichtige Verkehrspolitik getrieben, die bei aller Vorsicht zur rechten Zeit kühn voranschritt, in festem Vertrauen auf die hamburgische Unternehmenslust. Durch stetes wohlwollendes Entgegenkommen gegen die Wünsche der betheiligten Kaufmannschaft, hat das Unternehmen allzeit sich der größten Beliebtheit und Anerkennung erfreut; deshalb nimmt ganz Hamburg an dem Fest- und Ehrentage der Gesellschaft den herzlichsten Antheil.«

1896

Die ersten Olympischen Spiele der Neuzeit finden in Athen statt.

Unter der Führung des legendären Paulus „Ohm" Krüger besiegen die südafrikanischen Buren die britischen Truppen, die in Transvaal eingefallen waren.

Der französische Physiker Antoine Becquerel berichtet erstmals über die von ihm entdeckte Eigenstrahlung von Uran.

Gratulationsurkunde des »Vereins Hamburger Rheder« zum 25-Jährigen Jubiläum.

Nach 25 Jahren Tätigkeit hat die Abfahrtsliste der Reederei schon sehr an Umfang gewonnen.

Linien nach Süd-Amerika.

Mit Post-Dampfern der Hamburg-Südamerikanischen Dampfschifffahrts-Gesellschaft.

1.) Hamburg — Brasilien:

Post-Dampfer	Kapitän	Von Hamburg	Von Cherbourg	Von Lissabon	nach	
„Rio"	W. Schweer	2. August	—	9. August	Pernambuco,	
„Pelotas"	W. Häveker	9. „	—	16. „	Bahia, Victoria,	
(Neu) „Tijuca"	A. Simonsen	16. „	18. August	23. „	Pernambuco,	
„Sao Paulo"	A. Siepermann	23. „	—	30 „	Bahia,	
„Tucuman"	H. Hanssen	30. „	1. Septbr.	6. Septbr.	Pernambuco,	
„Desterro"	A. Schulz	6. Septbr.	—	13. „	Bahia, Victoria,	
„Cordoba"	J. Kröger	13. „	15. Septbr.	20. „	Pernambuco,	Rio de
„Asuncion"	S. Bucka	20. „	—	27. „	Bahia,	Janeiro
„Amazonas"	J. Poschmann	27. „	29. Septbr.	4. October	Pernambuco,	und
„Itaparica"	A. Buuck	4. October	—	11. „	Bahia, Victoria,	Santos.
„Patagonia"	A. Barrelet	11. „	13. October	18. „	Pernambuco,	
„Paraguassú"	A. von Ehren	18. „	—	25. „	Bahia,	
„Antonina"	H. Schüttelow	25. „	27. October	1. Novbr.	Pernambuco,	
„Argentina"	L. Scharfe	1. Novmbr	—	8. „	Bahia, Victoria.	
„Sao Paulo"	A. Siepermann	8. „	10. Novbr.	15. „	Pernambuco,	
„Babitonga"	C. Toosbuy	15. „	—	22. „	Bahia,	
„Belgrano"	J. Schreiner	22. „	24. Novbr.	29. „	Pernambuco,	
„Desterro"	A. Schulz	29. „	—	6. Decbr.	Bahia, Victoria,	

Diese Dampfer laufen auch zeitweilig Leixoës (Oporto) an.

2.) Hamburg — Süd-Brasilien:

Post-Dampfer	Kapitän	Von Hamburg	über	nach
„Paranaguá"	H. Köhler	31. Juli	Leixoës u. Lissabon	Paranaguá, SaoFrancisco u.RioGrandedoSul
„Maceió"	R. Paetzelt	31. August	Leixoës u. Lissabon	Cabedello, Paranaguá, Sao Francisco und Rio Grande do Sul.
„Taquary"	H. Evers	30. Septbr.	Leixoës u. Lissabon	Paranaguá, SaoFrancisco u.RioGrandedoSul
„Guahyba"	P. Ohlerich	31. October	Leixoës u. Lissabon	Cabedello, Paranaguá, Sao Francisco und Rio Grande do Sul.
„Paranaguá"	H. Köhler	30. Novbr.	Leixoës u. Lissabon	Paranaguá, SaoFrancisco u.RioGrandedoSul

Für diese Dampfer werden deutsche Auswanderer nach Sao Francisco im südbrasilianischen Staate Sta. Catharina für die dortigen deutschen Colonien zu **Mk. 100.—** angenommen. Die Annahme zu diesem Fahrpreise bedarf jedoch besonderer Genehmigung.

3.) Hamburg — La Plata-Staaten:

Post-Dampfer	Kapitän	Von Hamburg	Von Cherbourg	über	nach
„San Nicolas"	H. Langerhannsz	1. August	—	Madeira	Montevideo und Buenos Aires.
„Babitonga"	C. Toosbuy	10. „	—	Coruña, Vigo und Madeira	Montevideo, Buenos Aires, Rosario und San Nicolas.
„Belgrano"	J. Schreiner	17. „	19. August		
„Mendoza"	J. Behrmann	24. „	—		
„Pernambuco"	H. Böge	31. „	2. Sept.	Madeira	Montevideo und Buenos Aires.
„Rosario"	J. Göttsche	7 Sept.	—	Coruña, Vigo und Madeira	Montevideo, Buenos Aires, Rosario und San Nicolas.
„Santos"	Commodore v.Holten	14. „	16. Sept.		
„Corrientes"	N. Meyer	22. „	—		
„Bahia"	J. Bruhn	30. „	2. Octbr.	Madeira	Montevideo und Buenos Aires.
„Buenos Aires"	F. Bode	7. Octbr.	—	Coruña, Vigo und Madeira	Montevideo, Buenos Aires, Rosario und San Nicolas.
„Petropolis"	J. E. Feldmann	14. „	16. Octbr.		
„Rio"	W. Schweer	21. „	—		
„Pelotas"	W. Häveker	31. „	2. Nov.	Madeira	Montevideo und Buenos Aires.
„Tijuca"	A. Simonsen	9 Nov.	—	Coruña, Vigo und Madeira	Montevideo, Buenos Aires, Rosario und San Nicolas.
„Tucuman"	H. Hanssen	16. „	18. Nov.		
„San Nicolas"	H. Langerhannsz	24. „	—		
„Cordoba"	J. Kröger	2 Dec.	4. Dec.	Madeira	Montevideo und Buenos Aires.

In Spanien wird auch zeitweilig Carril angelaufen.

Die in geraden Lettern gedruckten Dampfer führen eine Cajüteneinrichtung **erster Classe**, während solche bei *den Dampfern in schrägen Lettern als „zweite Classe"* bezeichnet wird. Alle Dampfer bieten ausserdem vorzügliche Gelegenheit für die Beförderung Reisender **dritter Classe**.

Eine Eingabe an das brasilianische Finanzministerium wegen zu entrichtenden Einfuhrzolls bleibt ohne Erfolg

1897 Im Laufe des Jahres werden sechs ältere Dampfer verkauft, darunter die seit 1877 in Dienst befindliche SANTOS (2273 BRT), und durch vier größere Neubauten ersetzt. Außerdem hält der am 30. März 1898 gegebene Jahresbericht fest: »Zur weiteren Completirung unserer Flotte contrahirten wir Mitte vorigen Jahres mit der hiesigen Reiherstieg-Schiffswerft den Bau eines Schwesterschiffs unseres Dampfers SAN NICOLAS, das den Namen BAHIA erhält: ferner bei derselben Werft einen neuen Dampfer PELOTAS und bei den Herren Blohm & Voss den Dampfer ANTONINA, letztere Beiden als Ersatz der bisher in unserer Süd-Brasilfahrt beschäftigt gewesenen und verkauften Dampfer gleichen Namens, jedoch grösseren Dimensionen, mit vermehrter Schnelligkeit und vorzüglicher Cajütseinrichtung versehen.« Aufsichtsrat und Vorstand weisen in ihrem Bericht darauf hin, dass »unser Streben in erster Linie darauf gerichtet war, unserer Flotte durch den Neubau grösserer Dampfer die den Bedürfnissen entsprechende Vervollkommnung zu geben.«

An das brasilianische Finanzministerium wird wegen des zu errichtenden Zolls auf die angeordnete Verbringung der in Rio Grande do Sul und in Porto Alegre stationierte Leichterflotte unter die brasilianische Flagge eine Eingabe gerichtet. Sie scheitert, um das vorweg zu nehmen. Dazu kommen weitere Misstöne: »Welch nachtheiligen Einfluss übrigens die gegenwärtigen ungünstigen finanziellen Verhältnisse Brasiliens auch in anderer Weise auf unsere Linie ausüben, erhellt aus der kürzlich abseiten der dortigen Regierung erlassenen Verfügung, nach der sämmtliche fremden Dampfschiffe fortan alle Leuchtfeuer- und Dock-Abgaben in Gold zu zahlen haben. Ferner ist allen Gesellschaften, die nicht ein eigenes Postbureau unter Leitung eines speciellen Beamten führen, die Entschädigung für die Beförderung der Post von Brasilien nach Europa entzogen, wodurch auch unsere Linie fernerhin einer nicht unbedeutenden Einnahmequelle entbehren wird. Auch die vor Kurzem von der brasilianischen Regierung verfügte Schliessung der Zollhäuser von Porto Alegre dürfte nicht zur Belebung des ausgehenden Verkehrs nach diesen Plätzen beitragen.«

1897

Dem deutschen Physiker Karl Ferdinand Braun gelingt die Sichtbarmachung elektrischen Stroms. Seine Braunsche Röhre ist der Vorläufer der Fernsehbildröhre.

Nach der Ermordung zweier Missionare besetzt ein Geschwader der Kaiserlichen Marine die chinesische Halbinsel Kiautschou, die von China für 99 Jahre an das Deutsche Reich verpachtet wird. Die Marine erhält damit einen Flottenstützpunkt in Fernost.

Reger Geschäftsverkehr im Hafen von Rio de Janeiro.

Es ging schon immer gut an Bord, das zeigt auch die Speisenkarte (Originalgröße), handgeschrieben, vom 13. Oktober 1897: »Bouillon mit Nudeln, Kalbsrouladen, Hammelbraten, Brechbohnen, Kartoffeln, gebr. Hühner, Salat, Compot, Backwerck, Käse & Butter, Eis, Frucht, Caffee« und »Zur gefl. Erinnerung mitzunehmen«. Folgt man dem Hinweise unten rechts: »Bitte wenden«, dann gelangt man auf eine Doppelseite mit Anzeigen von ›Sponsoren‹: also durchaus modern.

Die Rückseite der Speisenkarte und unten die Innendoppelseite, (verkleinert)

Das Heck des 1898 gebauten D. BAHIA (4763 BRT) – typisch für viele Frachtschiffe dieser Zeit.

Das Poolabkommen mit der Reederei de Freitas wird nicht erneuert

1898 Ab 1. August an bietet die Hamburg Süd erstmals eine II.-Passagierklasse an, und zwar durch Umwandlung der nicht mehr den Anforderungen entsprechenden I. Klasse auf den Dampfern ARGENTINA (Bj.1895, 3791 BRT), BUENOS AIRES, CORRIENTES (Bj.1894, 3720 BRT), DESTERRO (Bj. 1895, 2453 BRT), MENDOZA (Bj.1894, 3834 BRT), RIO (Bj. 1892, 3209 BRT) und ROSARIO (Bj.1893, 3195 BRT). Sie kann nun als II. Klasse entsprechend preisgünstiger gebucht werden.

1899 Die Generalversammlung genehmigt am 30. März die Erhöhung des Aktienkapitals um 3,75 Mio. Mark auf 11,25 Mio. Mark, vor allem zur Finanzierung eines weiteren Neubauprogramms.

Das Poolabkommen mit der Reederei A.C. de Freitas, die mit einer aggressiven Flottenpolitik zunehmend Druck ausgeübt hat, wird nicht erneuert. Dadurch kommt es zu einem bisher nicht erlebten Ratenkampf in diesem Fahrtgebiet. Die Frachten in der La Plata-Fahrt werden bis auf 5,- Mark, die auf den Brasil-Linien bis auf 7,50 Mark pro Tonne geworfen.

1898–1899

1898 Mit dem Frieden von Paris wird der Spanisch-Amerikanische Krieg beendet. Spanien tritt die Philippinen, Guam und Puerto Rico an die USA ab und verzichtet auf Kuba.

1899 Vertreter von 26 Staaten unterzeichnen auf der Ersten Haager Friedenskonferenz ein Abkommen zur Regelung internationaler Streitfälle.

Die La Plata-Häfen wachsen

Die Verbindungen mit den La Plata-Häfen gewinnen für die Hamburg Süd immer mehr an Bedeutung. Argentinien mit seinen Exportgütern Getreide, Leder, Wolle, Talg sowie Fleischextrakt und -konserven ist ausschlaggebend dafür. Vor allem die Weizenausfuhr nimmt rasch an Volumen zu. Hamburg Süd-Schiffe fahren den Paraná hinauf bis zu dem neu entstandenen Weizenzentrum Rosario. Bahia Blanca wird wegen der zunehmenden Wollverschiffungen in die Fahrpläne einbezogen. Trotz gelegentlicher finanzieller Schieflagen im Lande wächst auch der Bedarf an der Einfuhr industrieller Erzeugnisse und Luxusgüter aus Europa. Eingesetzt werden die größten Dampfer, »die nicht die geringste Schwierigkeit haben, volle Ladungen für die Rückreise zu erhalten.«

Rosario

Das erste Schiff der berühmten CAP-Schiffe wird als Express-Dampfer für den Auswandererverkehr in Dienst gestellt

1900 Im März tritt der von der Reiherstiegwerft gebaute D. CAP FRIO (5648 BRT) seine erste Ausreise nach Buenos Aires an. Die CAP FRIO ist das erste Schiff einer neuen Klasse, der später berühmt werdenden CAP-Schiffe. Sie stellen eine wesentliche Weiterentwicklung der vorangegangenen ASUNCION-Klasse dar, sind jedoch mit zunächst gut 5600 BRT nur um etwa 1000 BRT

Salon der CAP FRIO, des ersten Schiffes der neuen CAP-Klasse.

größer als die letzten Schiffe des Vorgängertyps. Die 12,5 Knoten schnellen Neubauten sollen als Express-Dampfer vor allem dem Auswandererverkehr dienen. Sie bieten deshalb neben 80 Passagieren in der I. Klasse Platz für rund 500 Zwischendecksreisende. In diesem Jahr folgen noch die CAP ROCA und die CAP VERDE. Ein deutlicher Zulauf an Passagieren zu diesen Schiffen beweist die Richtigkeit des Konzeptes. Ganz bewusst, um nämlich den besonderen Anspruch dieser Schiffsklasse zu demonstrieren, erhalten die Schiffe anstelle der sonst üblichen schwarzen Schlote gelbe Schornsteine. Ihn führen nur die CAP-Schiffe.

Eröffnung eines Dienstes zwischen Hamburg und dem östlichen Mittelmeer, der aber im folgenden Jahr bereits wieder aufgegeben wird.

Die Reederei A.C. de Freitas hat sich im Kampf mit der Hamburg Süd übernommen und verkauft ihre Dienste und die insgesamt im

Die CAP FRIO erhält als Express-Dampfer erstmals einen gelben Schornstein.

Um sie von den anderen Schiffen der Flotte
zu unterscheiden, erhalten die neuen
Schiffe der CAP-Klasse einen neuen Schornstein.

Statt de Freitas tritt nun die Hapag im Südamerikaverkehr in Konkurrenz zur Hamburg Süd

Südamerikaverkehr eingesetzten vierzehn Schiffe an die Hamburg-Amerika Linie. Die Situation hat sich dadurch für die Hamburg Süd zunächst aber keineswegs entspannt, denn bisher hat sich nur der Name des Konkurrenten geändert, der dazu sogar noch ungleich mächtiger ist als der bisherige.

Nach der Übernahme der de Freitas-Dienste durch die Hapag nimmt diese jedoch bald Verhandlungen mit der Hamburg Süd auf, als deren Ergebnis im November ein Betriebsgemeinschaftsvertrag zustande kommt, mit dem der Konkurrenzkampf beendet wird. Die Linien nach Brasilien und dem La Plata werden im Verhältnis 2/3 für die Hamburg Süd und 1/3 für die Hapag aufgeteilt, für die miteinbezogenen Dienste nach Nordbrasilien und von Genua nach dem La Plata in umgekehrtem Verhältnis.

Die Dampfer TUCUMAN (Bj.1895, 4661 BRT) und BAHIA (Bj.1898, 4763 BRT) werden für den Transport deutscher Truppen nach Ostasien gechartert, die dort im Rahmen eines internationalen Expeditionskorps gegen die revolutionäre und fremdenfeindliche Boxer-Bewegung in China eingesetzt werden.

1900

Das Bürgerliche Gesetzbuch (BGB) tritt für alle deutschen Länder in Kraft.

Mit dem ersten Start des Zeppelins »LZ 1« des Grafen Zeppelin beginnt die Ära der Luftschifffahrt.

Kisten, Kästen und Fässer, das Umschlaggut dieser Zeit, auch für die CAP ROCA.

Wegen schwieriger Geschäftsbedingungen werden nur vier Prozent Dividende ausgeschüttet

Richtige Hafenanlagen gibt es in Patagonien nicht. Deshalb muß die CHUBUT ihre Ladung vor der Küste umschlagen. Deutlich wird hier die ganze Kargheit dieser Landschaft.

1901 Da trotz des Poolabkommens mit der Hapag in den Südamerika-Diensten nur langsam wieder geordnete Verhältnisse eintreten und der Kampf mit de Freitas sichtlich auch an den Kräften der Hamburg Süd gezehrt hat, kann für das

Jahr nur eine Dividende von vier Prozent gezahlt werden. Im Vorjahr waren es noch zehn Prozent gewesen und auch davor niemals weniger, im Durchschnitt sogar 11,5 Prozent.

Auf Anregung der argentinischen Regierung wird gemeinsam mit der Hapag ein Patagonien-Dienst eingerichtet

Zur Förderung der wirtschaftlichen Entwicklung Südargentiniens wird gemeinsam mit der Hapag Mitte Oktober auf Anregung der argentinischen Regierung ein Patagonien-Dienst unter dem Namen Linea Nacional del Sud eingerichtet, in den die Hamburg Süd zwei Schiffe, die COMODORE RIVADAVIA ex PARAGUASSU (Bj.1890, 2668 BRT) und CHUBUT ex ITAPARICA (Bj.1889, 2544 BRT) einbringt. Die Linie wird unter argentinischer Flagge betrieben und zwar ohne irgendwelche Subventionen von Seiten der Regierung, so dass die ersten Betriebsjahre erwartungsgemäß ohne Gewinn abschließen. Sie dient vor allem dem Güterverkehr und führt damit auch den La Plata-Diensten nicht unbedeutende Ladungsmengen zu. In den Folgejahren wird die Verbindung in zunehmendem Maße aber auch von Passagieren genutzt, die immer wieder die für sie an Bord zur Verfügung stehenden Einrichtungen loben.

1901

Gründung des Bundesstaates Australien als Mitglied des British Empire (Dominium). Vorbild für den Bundesstaat ist die Verfassung der USA.

Theodore Roosevelt wird neuer US-Präsident.

In Stockholm und Oslo werden erstmals die vom Chemiker und Industriellen Alfred Nobel gestifteten Nobelpreise verliehen.

Die neue SANTA-Klasse ist besonders für die Aufnahme von Zwischendeckspassagieren ausgelegt

Auf der Reise von Rio Galegos in Patagonien nach Buenos Aires gerät der D. PARAGUASSU auf Grund, kann aber weitgehend unbeschadet wieder abgebracht werden.

1902 Als erstes Schiff einer neuen Schiffsklasse, der SANTA-Klasse, kommt die mit 4493 BRT vermessene SANTA FE in Fahrt. Diese Schiffe sind neben der Güterbeförderung besonders für die Aufnahme von Zwischendeckspassagieren ausgelegt. Die SANTA FE bietet dafür 800 Plätze. Das Anfang 1908 in Fahrt kommende letzte Schiff dieses Typs, die SANTA MARIA, hat bereits Platz für 1200, bei einer auf 7401 BRT gewachsenen Größe.

1903 Die See-Berufsgenossenschaft beschließt einstimmig die Einführung einer deutschen Tiefladelinie für alle deutschen Handelsschiffe. Vorausgegangen waren dreijährige Studien und heftige Diskussionen über Sinn oder Unsinn dieser Maßnahme. Einige deutsche Reedereien hatten bereits vorher freiwillig an ihren Schiffen eine Tiefladelinie anbringen lassen.

Am 21. Februar gerät die im Patagonien-Dienst eingesetzte COMODORO RIVADAVIA durch Strandung in Verlust. Alle Menschen können gerettet

werden. Als Ersatz wird die RIO GALEGOS (ex AMAZONAS (Bj.1890, 3075 BRT) in den Dienst eingestellt.

1904 Die Beteiligung an der mit der Hapag betriebenen Genua – La Plata-Fahrt wird aufgegeben. Im Gegenzug scheidet die Hapag aus dem Patagonien-Dienst aus, der nun allein von der Hamburg Süd durchgeführt wird.

Mit der von der Reiherstiegwerft gebauten CAP BLANCO (7523 BRT) und der wenig später von Blohm & Voss gelieferten CAP ORTEGAL

Die III. Klasse wird populärer

Für Reisen in der III. Klasse wirbt die Hamburg-Amerika Linie als Passage-Agent der Hamburg Süd gesondert: »Alle Dampfer haben vorzügliche Einrichtungen für die Beförderung von Reisenden III. Klasse. Die Aufenthaltsräume dieser Klasse befinden sich bei den meisten Dampfern auf dem Haupt- oder Oberdeck, d.h. also über dem Zwischendeck; dieselben werden durch zahlreiche Seitenfenster erhellt und durch diese, sowie auch durch starke Luftzieher (Ventilatoren) neuester Erfindung ausgezeichnet gelüftet. Gute, vollständige Beköstigung mit reichlichen Fleischspeisen, sowie Thee, Kaffee etc. sind in den Fahrpreisen inbegriffen; für Bier, Spirituosen und derlei Getränke ist natürlich besonders zu zahlen. Frisch gebackenes Weißbrod wird täglich verabfolgt. Zur Beköstigung wird eine große Anzahl der verschiedensten Nahrungsmittel nebst Zuthaten, Gewürzen etc. mitgenommen, welche den Passagieren für die festgesetzten Mahlzeiten in schmackhafter Weise zubereitet werden. Matratzen, Keilkissen, Decken sowie Eß- und Trinkgeschirr werden zur unentgeltlichen Benutzung an Bord geliefert.«

Mit den ersten Zweischraubenschiffen wird der Führungsanspruch in der Passagierbeförderung untermauert

1902–1904

1902 Bei einem Ausbruch der Vulkans Mont Pelée auf Martinique sterben etwa 40 000 Menschen.

CAP BLANCO, das erste Zweischraubenschiff der Reederei.

(7819 BRT) will die Hamburg Süd erneut ihren Führungsanspruch in der Passagierbeförderung in ihrem Fahrtgebiet untermauern. Es sind die ersten Zweischraubenschiffe der Reederei und die ersten, die eine Aufteilung der Passagiereinrichtungen in drei Klassen bieten. Auf der CAP BLANCO stehen 164 Plätze in der I. Klasse, 96 in der II. Klasse und 350 in der III. Klasse zur Verfügung. Ähnlich ist es bei der CAP ORTEGAL.

Anfang Dezember richten Hamburg Süd und Hapag gemeinsam unter dem Namen Companhia de Navegacao Cruzeiro do Sul eine Küstenverbindung unter brasilianischer Flagge zwischen Brasilien und Argentinien ein. Schon zuvor hatte es, dieses als Fußnote, Anzeichen dafür gegeben, denn nach einer im November vergangenen Jahres geschalteten Stellenanzeige sind bereits Kapitäne, Offiziere und I. Maschinisten für eine brasilianische Küstenfahrt gesucht worden. Verlangt wurde von den Bewerbern die Kenntnis der portugiesischen Sprache, die vor einer Kommission in Rio de Janeiro zu beweisen war.

Fünf auf deutschen Werften gebaute Dampfer werden in diesem neuen Dienst eingesetzt. Vier davon mit jeweils knapp 1900 BRT kommen auf den beiden Hauptlinien in Fahrt, der mit 916-BRT vermessene auf der Anschlusslinie. Als erster Neubau wird die bei Howaldt in Kiel gebaute SATURNO abgeliefert. Geboten werden auf den Neubauten auch Passagierplätze: Rund 60 in der I. Klasse sowie zwischen 10 und 150 in der III. Klasse. Da die brasilianische Staatsreederei Lloyd Brasileiro jedoch mit offenkundiger Unterstützung durch die Behörden viele bürokratische Erschwernisse aufbaut, wird die Linie nach einem Jahr wieder aufgegeben. Die Dampfer werden an den Lloyd Brasileiro verkauft, der auch die Kapitalanteile der beiden deutschen Reedereien übernimmt und die Linie anschließend weiter betreibt. Die brasilianische Küstenfahrt wäre an sich also für die beiden Reedereien ein durchaus gesundes und wirtschaftlich interessantes Geschäft gewesen.

Gute Sicht von der Brücke
der 1906 gebauten
RIO PARDO (4588 BRT).

Eine neue Schiffsklasse bringt Verbesserungen für die Nordbrasilienfahrt

1905 Mit dem 1731 BRT großen D. PRESIDENTE QUINTANA, gebaut bei Howaldt in Kiel, kommt erstmals ein Neubau für die Patagonienlinie in Fahrt. Außerdem laufen die Patagoniendampfer zum ersten Mal Häfen auf Feuerland an. Bis dorthin war der Dienst auf Wunsch der argentinischen Regierung ausgedehnt worden. Im folgenden Jahr steigt die Zahl der in diesem Dienst beschäftigten Dampfer auf fünf, 1911 auf sechs.

Mit dem auf der Tecklenborg Werft in Geestemünde gebauten D. RIO GRANDE (4556 BRT) als erstem Schiff kommt wieder eine neue Schiffsklasse in Fahrt, die eine wesentliche Verbesserung vor allem für die Nordbrasilfahrt bringen soll. Die 110,1 Meter lange und 14,3 Meter breite RIO GRANDE hat eine 2200 PS leistende Antriebsanlage für einen Geschwindigkeit von elf Knoten erhalten. Bei einer Besatzungsstärke von 66 Mann werden Passagemöglichkeiten für 50 Personen in der I. Klasse sowie für 230 Zwischendecker geboten.

Die Hamburg Süd beteiligt sich ihrer Tonnage entsprechend an der neu gegründeten Syndikats-Reederei, zu der sich die bedeutendsten Hamburger Linien zusammengeschlossen haben.

Zweck dieser Reederei ist Erwerbung einer Dampferflotte, »die in erster Linie der Abwehr fremder Angriffe dienen und in ruhigen Zeiten dagegen in freier Fahrt ihren Verdienst suchen und besonders auch den beteiligten Linien die häufig nötige Aushilfe gewähren soll«. Außerdem beteiligt sich die Hamburg Süd an den Chronometer-Werken, die zur Hebung der deutschen Chronometer-Fabrikation ins Leben gerufen worden sind.

1906 Mit der bei Blohm & Voss gebauten CAP VILANO (9467 BRT) erreicht die Schiffsgröße in der Hamburg Süd-Flotte erstmals fast die 10 000-BRT-Marke und gleichfalls erstmals eine Geschwindigkeit von 15 Knoten. Schiffe wie diese sind notwendig geworden und lohnen sich, weil der Passagierverkehr einen enormen Aufschwung genommen hat. Vor allem von Südamerika gibt es reichlich Zuwachs, da es in vielen begüterten Familien mehr oder weniger zum guten Ton gehört, im Frühjahr zum alten Kontinent zu reisen, um dann die Sommermonate in einer der europäischen Nobelgegenden zu verbringen. Das macht sich in den wachsenden Buchungszahlen bemerkbar. Gute Buchungszahlen gibt es aber nicht nur für die I., sondern auch für die anderen Klassen. Auf dem

D. RIO GRANDE

Um die Abfertigung in den argentinischen Häfen zu beschleunigen, wird ein Schlepper- und Leichterbetrieb gegründet

neuen Schiff stehen 200 Plätze in der I. Klasse,
98 in der II. Klasse und 302 in der III. Klasse zur
Verfügung. Die CAP VILANO ist außerdem das
erste Schiff der Reederei, das mit einem speziellen Laderaum für Kühlladung ausgestattet ist.

Wegen der immer unzureichender gewordenen Umschlagverhältnisse in den argentinischen Häfen, deren Anlagen mit der enormen
wirtschaftlichen Entwicklung des Landes nicht
Schritt gehalten haben, vor allem auch, was die
Verfügbarkeit von Schleppern und Leichtern
betrifft, wird gemeinsam mit Antonio Delfino und
der Hapag der Schlepper- und Leichterbetrieb
»La Portena« gegründet. Sein rasch zunehmen-
der Fahrzeugpark bewirkt nicht nur eine deutliche
Verbesserung bei der Abfertigung der eigenen,
sondern zunehmend auch anderer Schiffe.

John Eggert wird Mitglied des Vorstandes. Er
prägt in den nächsten Jahren gemeinsam mit
Theodor Amsinck die Geschicke der Reederei.

Die fünf Brasil- und drei La Plata-Linien der
Betriebsgemeinschaft von Hamburg Süd und
Hapag bieten jetzt monatlich bis zu zwanzig
Abfahrten.

Ein Lob der »Deutschen Zeitung« in Brasilien auf die Hamburg Süd

Die in Brasilien erscheinende
»Deutsche Zeitung« berichtet in
ihrer Ausgabe vom 22. Mai, teilweise bereits etwas in der Vor-
schau auf kommende Neubauten: »Die Flotte der Hamburg Süd
hat augenblicklich eine Größe
von 205 800 BRT. Ihrem Bau und
ihren Einrichtungen nach sind die
Schiffe den neuesten Errungenschaften moderner Schiffbautech-
nik angepasst. Diese Einrichtungen
tragen verwöhnten Ansprüchen
Rechnung. Auch die Verpflegung
dürfte alle Wünsche erfüllen.
Bemerkenswert ist das Vorhandensein einer ausgezeichneten Musik-
kapelle an Bord der Rio- und Cap-
Dampfer. Sie sorgt zusammen
mit vielen Möglichkeiten zu Spiel
und Sport sowie einer reichhalti-
gen Bibliothek für die Unterhaltung
der Passagiere. Das Vollendetste
in jeder Beziehung bieten aber die
neuen Doppelschrauben-Dampfer der Hamburg Süd. Es sind in
der Tat »schwimmende Paläste«,
die mit den letzten technischen
Errungenschaften, wie hydrau-
lisch-pneumatischen Schotten,
Unterwasser-Schallapparaten und
drahtloser Telegraphie, ausgerüstet sind. Außerdem haben sie
eine moderne Hauswäscherei und
einen Turnsaal mit vielen Sportge-
räten an Bord. Die Durchschnitts-
geschwindigkeit der schnellsten
dieser Doppelschrauben-Dampfer
beträgt 16 Seemeilen die Stunde.«

(Anm.: Das ist etwas zu enthusi-
astisch, 15 Knoten sind nach offi-
ziellen Angaben richtig, aber doch
durchaus auch zu bewundern).

Solider alter Schiffbau –
auf der Werft & Blohm
entsteht 1907 die SANTA
ELENA, vermessen mit
7415 BRT.

Beteiligung an einer Eisenbahngesellschaft in Brasilien zur Förderung des Verkehrs

1907 Nachdem die Hamburg-Amerika Linie im Frühjahr von der Dampfschiffs-Rhederei »Union«, Hamburg, die von der betriebenen New York, New Orleans, Brasilien-Line samt den vier dort beschäftigten Schiffe gekauft hat, versieht sie diesen Dienst laut Poolvertrag fortan gemeinsam mit der Hamburg Süd.

Erhöhung des Aktienkapitals um 3,75 Mio. Mark auf 15 Mio. Mark.

Mit der von Blohm & Voss abgelieferten CAP ARCONA (9832 BRT), einem nahezu baugleichen Schwesterschiff der CAP VILANO, sowie vor allem auch mit den letzten beiden Neubauten der SANTA-Klasse, SANTA ELENA (7415 BRT) und SANTA MARIA (7401 BRT), die neben jeweils elf Erster-Klasse-Passagieren 1200 Fahrgästen in der III. Klasse Platz bieten, erhöht sich die Passagierkapazität der Reederei erheblich.

Weitgespannte Aktivitäten: Im Verlauf der Generalversammlung erklärt der Vorstand der Reederei: »Wir haben uns an der Santa-Catarina-Eisenbahn-Aktiengesellschaft beteiligt. Diese Gesellschaft baut im Staate Santa Catarina in Südbrasilien eine Eisenbahn, die den Zweck hat, die im Inneren gelegenen deutschen Siedlungen in Verkehr mit der Küste zu bringen. Hierdurch ist ein wirtschaftlicher Aufschwung dieser Siedlungen zu erwarten, der indirekt unserer Linie zum Vorteil gereicht.«

Die Kaffeeverladungen aus Brasilien auf Schiffen der Hamburg Süd erreichen die Rekordmarke von 2 416 047 Sack.

Werbung für die CAP ARCONA auch in Russisch und Polnisch. Dort suchen viele Menschen günstige Überfahrtsmöglichkeiten nach Südamerika.

Die Entwicklung der Funktelegraphie schafft neue Kommunikationsmöglichkeiten über immer größere Entfernungen

1908 Am 27. März nehmen erstmals zwei Hamburg Süd-Schiffe auf hoher See per Funktelegraphie Verbindung miteinander auf. Die etwa 440 Seemeilen südwestlich von Madeira fahrende CAP FRIO tauscht mit der rund 220 Seemeilen nordöstlich von dieser Inselgruppe entfernt stehenden CAP VILANO die Position aus. Dies ergibt, dass sich die beiden Schiffe gut 1216 Kilometer voneinander entfernt bewegen. Das ist die größte Entfernung, die bisher mit einer drahtlosen Verbindung erreicht worden ist, und das trotz ungünstiger äußerer Einflüsse. Die CAP FRIO hatte nämlich, wie es in einem späteren Bericht heißt, gegen hohe nordöstliche See anzukämpfen, wodurch die Wirkung der Antenne sehr beeinträchtigt worden sei. Hinzu seien starke elektrische Störungen in der Atmosphäre gekommen. Wenige Tage später kann diese Leistung sogar noch übertroffen werden, als die CAP FRIO mit den beiden Schwesterschiffen CAP ARCONA und CAP ROCA über 1600 bzw. 1500 Kilometer Entfernung Verbindungen herstellen kann. Wie weiter berichtet, soll der sächsische König Friedrich August III., der gerade auf der CAP FRIO reiste, von diesen technischen Leistungen so beeindruckt gewesen sein, dass er probeweise etliche Telegramme an andere Schiffe absetzen ließ und ungeduldig auf Antworten als Bestätigung darauf wartete, ob diese auch angekommen seien.

Diese technischen Erfolge, die natürlich auch nach außen getragen wurden, sollen Brasilien einen wichtigen Anstoß zur Einführung dieses modernen Kommunikationssystems gegeben haben, insbesondere für den Ausbau von Küstenfunkstationen.

Rio de Janeiro wird in den Fahrplan der neuen Doppelschrauben-Dampfer, die bisher nur La Plata-Häfen angelaufen hatten, aufgenommen. Jetzt entsteht ein kombinierter Brasil-La Plata-Schnelldampferdienst, der sich bewährt und fortan beibehalten wird.

G. W. Hansen, Kapitän des D. CAP VILANO mit seinen leitenden Herren, Respektspersonen alle drei.

Der D. CAP FRIO (Bj. 1899, 5648 BRT) gerät am 30. August in der Nähe des Leuchtturms von Barra auf Grund und kann nicht wieder flottgemacht werden.

1909 Am 18. Februar gerät die im Patagonien-Dienst verkehrende PRESIDENTE ROCA (ex MACEIO, Bj. 1896, 2807 BRT) in Brand und geht verloren. An ihre Stelle tritt der D. MENDOZA

Neuer Schnelldampfer-Fahrplan mit nun wöchentlichen Abfahrten

D. CAP VILANO, gebaut 1906, 9467 BRT.

1908–1910

1908 In Detroit verlässt das erste Exemplar des Models »T« – Tin Lizzy – die Fordwerke und wird binnen kurzem bei einem Preis von 850 Dollar das meistverkaufte Auto in den USA.

1909 Dem französischen Flugpionier Louis Blériot gelingt als erstem der Überflug des 33 Kilometer breiten Ärmelkanals.

1910 Zwischen Irland und Kanada wird die erste ständige transatlantische Funk-Telegrafen-Verbindung aufgenommen.

(Bj. 1894, 3834 BRT). Gleichzeitig kommt als größtes Schiff auf dieser Route der D. TUCUMAN (Bj.1895, 4661 BRT) für drei Jahre unter die argentinische Flagge.

1910 Im März tritt ein neuer Schnelldampfer-Fahrplan in Kraft, nach dem nun wöchentliche Abfahrten von Hamburg nach Rio de Janeiro, Montevideo und Buenos Aires, den Haupthäfen an Südamerikas Ostküste, geboten werden. Ermöglicht wird dies durch die Fahrplangemeinschaft mit der Hamburg-Amerika Linie, die vier große Passagierdampfer in diese Linie einbringt. Damit hat dieser Dienst im Vergleich mit den Wettbewerbern eine absolute Spitzenstellung erreicht. In Anbetracht der erkennbaren Bemühungen der Konkurrenz entschließt sich die Hamburg Süd jedoch noch zu einem nächsten Schritt und bestellt bei Blohm & Voss einen weiteren Passagierdampfer, der das größte, schnellste und komfortabelste Schiff im Südatlantikverkehr werden soll. Eine Absicht, die zeigt, dass der bereits seit Jahrzehnten auf dem Nordatlantik herrschende heftige Konkurrenzkampf inzwischen auch auf den Südatlantik übergegriffen hat.

Die »Transatlantica« Rhederei A.G., hinter der die Hamburger Menzell-Gruppe steht, bietet erstmals Abfahrten über Antwerpen nach dem La Plata an, was zu einem heftigen Kampf mit der Hamburg Süd und der Hapag führt, die zur Abwehr dieses Konkurrenten auch Dampfer der Syndikats-Rhederei einsetzen.

Ein Hoch auf Argentinien

Nach seiner Rückkehr von den argentinischen Unabhängigkeitsfeiern schreibt Feldmarschall von der Goltz: »In Deutschland glaubt man vielfach, in Argentinien gehe es formlos zu, man trage einen Schlapphut und kleide sich, wie man wolle, und jeder tue, was er gerade Lust habe. Das ist vollkommen falsch. Ich habe in meinem Leben noch nie so viele Feiern, Paraden und Festveranstaltungen gesehen wie dort. Man befindet sich in Buenos Aires in einer sehr aristokratischen Gesellschaft und nicht in einer kolonialen Welt, wie man es von einem jungen Staat in Südamerika erwartet. Das Leben und Treiben der vornehmen und reichen Familien könnte ebenso gut in Paris oder London vor sich gehen. Buenos Aires ist eine Großstadt im wahrsten Sinne des Wortes geworden.«

Seefahrt mit Tiger: Zirkus Hagenbeck auf Weltreise

Aus Anlass der Jahrhundertfeier der argentinischen Unabhängigkeitsbewegung schifft sich
der berühmte Zirkus Hagenbeck in Hamburg für
die Überfahrt nach Argentinien ein. Damit geht
im Oktober erstmals ein europäischer Großzirkus
nach Übersee auf die Reise. Der Transport wird
der Hamburg Süd anvertraut, die bereits Erfahrungen mit Tiertransporten gesammelt hat. Während Lorenz Hagenbeck sich mit seiner Familie
auf der CAP ARCONA einschifft, werden alles Per-
sonal und Artisten, insgesamt über 200 Personen, gut 150 Tiere aller Art, Fahrzeuge und
sonstige Einrichtungen von der SANTA ELENA
übernommen. Allein rund zwanzig Zirkuswagen,
darunter solche von über zehn Metern Länge,
drei Metern Höhe und zweieinhalb Metern Breite
werden seefest an Deck des Dampfers verstaut.
Die kostbaren großen Tiere werden im Zwischendeck in besonderen Hängevorrichtungen untergebracht, damit sie während der Überreise nicht
stürzen und sich verletzen. Die übrigen Tiere
erhalten aus dem gleichen Grund Boxen, deren
Wände mit Matratzen gepolstert sind. Sogar eine
Art Reitbahn ist an Bord eingerichtet, um Elefanten und Pferde täglich bewegen zu können. Mit
ebenso großer Sorgfalt war die Ernährung der
Tiere bedacht worden. Hunderte Tonnen an Heu,
Stroh, Hafer und anderen Futtermitteln waren
verstaut worden, und für den besonderen Bedarf
der eingeschifften Raubtiere war sogar lebendes
Vieh an Bord, das bei deren eintretendem Hun-
ger geschlachtet wurde. Vier Wochen dauert die
Überfahrt der SANTA ELENA – alles geht gut, eine
Meisterleistung für alle Beteiligten, die aber auch
Zeichen setzt, denn später folgen noch mehrere
Reisen mit ähnlichen Herausforderungen.

Lorenz Hagenbeck berichtet in seinem
1955 erschienenen Buch »Den Tieren gehört
mein Herz«: »Im Herbst 1909 hieß es für mich
wieder Koffer packen. Der Direktor der argentinischen Staatseisenbahn, Dr. Schneidewind,
war an meinen Vater herangetreten und hatte
ihm den Vorschlag gemacht, einen zoologischen
Zirkus wie auf der Weltausstellung in St. Louis

auch in Buenos Aires zu errichten, wo man die Hundertjahrfeier der Republik festlich begehen wollte... Also auf nach Buenos Aires! Eine Konferenz jagte die andere. das Gelände der Ausstellung lag außerhalb der Stadt Palermo, heute ein Villenvorort von Buenos Aires, in dem damals aber noch befestigte Wege angelegt werden mussten. Diese pünktlich zu erbauen und für Wasserleitungen und Abfluss zu sorgen, versprach mir die Stadtverwaltung.

Kaum war ich vier Tage in der ›Stadt der guten Lüfte‹, rief mich mein Vater schon wieder telegrafisch zurück. Es ging dem alten Herrn alles nicht schnell genug, und er hatte noch nie etwas von ›manana‹ gehört, dem südamerikanischen ›Morgen bitte, nur nicht heute‹. Wenn wir in unserem gewohnten Tempo ans Werk gehen wollten, mussten wir uns von Hamburg Arbeiter und Zimmerleute gleich mitbringen.

Wieder daheim besuchte ich die große Zeltfabrik Stromeyer in Konstanz und bestellte ein freitragendes Hallenzelt von zweiundsiebzig Meter Länge und zweiunddreißig Meter Breite. Dazu wurde ein imponierender Fassadenvorbau in Auftrag gegeben. Während Vater und Heinrich schon die Schautiere und Dressurgruppen zusammenstellten, fuhr ich mit meiner Frau und meinem erst dreijährigen Sohn Carl-Lorenz an Bord der CAP ARCONA wieder zurück nach Buenos Aires. Das war meine erste Reise als Familienvater, und wenn ich früher darauf zu achten hatte, dass die Elefanten nicht an Kolik und die Dromedare nicht an Räude erkrankten, so war ich jetzt auf gänzlich andere Weise beschäftigt. Carlo, wie wir unseren Jungen abgekürzt nannten, schrie. Meine Frau war seekrank und Paula, unser Mädchen, leistete ihr dabei Gesellschaft. Also trabte ich mit der Nuckelflasche zwischen Kombüse und Kabine hin und her, um dem Schreihals wenigstens in der Nacht den Mund zu stopfen... Unsere Paula erholte sich schnell... Sie hatte einen gesunden Schlaf, den kein Babygeschrei zu stören vermochte... Diese Ruhe hatte ich nicht, denn hinter mir folgte schon mit vierzehn Tagen Abstand der Dampfer

Die Informationsbroschüre zur Ausstellung.

mit den Zimmerleuten und dem Baumaterial... Das einzige, was denn auch (später) pünktlich fertig wurde, war die ›Exposición Carlos Hagenbeck‹, und ebenso pünktlich traf die SANTA ELENA mit unseren damals schon in aller Welt bekannten Dompteuren und ihren Tieren ein.

Es waren Richard Sawade, der Lehrerssohn aus Drossen und hervorragendste Tigerdompteur seiner Zeit, Fritz Schilling mit seinen zwanzig Eisbären, der Italiener Corradi mit seinen Elefanten, Zebras, Pferden und Hunden, Kapitän Nansens Seelöwen bellten in ihrem Wasserwagen und Hans Schröders Schimpansen probten schon an Deck einige Runden auf ihren Fahrrädern. Unsere achtzehnköpfige Zirkuskapelle hatte auf dem Vorschiff Aufstellung genommen und intonierte die argentinische Nationalhymne. Da das Anlegemanöver des Dampfers aber etwas längere Zeit in Anspruch nahm, spielte der Kapellmeister mehr Strophen als die Hymne aufwies.

Nun ist es in Südamerika aber auch Sitte, den Hut abzunehmen, wenn die Hymne ertönt, und da die vielen Zuschauer sich schon übergenug die Sonne aufs Haupt brennen ließen, fühlten sie sich genarrt. Murren wurde laut, so dass ich, da die Musik und der Begeisterungstrubel meine Rufe übertönten, dem Kapellmeister erst vom Kai aus eine Banane an den Kopf werfen musste, bis er meine Zeichen verstand und mit dem Unfug aufhörte.«

Der Hagenbecksche Pavillon ist stets gut besucht.

Blohm & Voss baut für Hamburg Süd das Spitzenschiff für die Südatlantikroute

Sichtbarer Wille, auf der Südatlantikroute vorn zu bleiben, ist die CAP FINISTERRE, mit 14 503 BRT vermessen und 17 Knoten schnell.

1911 Wesentlich, um britischen Aktivitäten in ihrem Fahrtgebiet Paroli zu bieten, hatte die Hamburg Süd in vergangenen Jahr bei Blohm & Voss einen Passagierschiffsneubau bestellt, der das Spitzenschiff auf der Südatlantikroute werden sollte. Es wird den seinem Bau zugrunde gelegten Anforderungen in jeder Hinsicht gerecht und tatsächlich ein Spitzenschiff, und zwar nicht nur als größter auf dieser Route verkehrender Dampfer. Getauft auf den Namen CAP FINISTERRE

tritt der Zeichen setzende Neubau am 21. November von Cuxhaven aus seine Jungfernreise nach Südamerika an. Die 1350 Fahrgäste an Bord erleben die bis dahin schnellste Überfahrt auf dieser Route. Sie können nach nur 13 ½ Tagen in Buenos Aires an Land gehen. Auf rund 17 Knoten Geschwindigkeit haben die insgesamt 10 600 PSi leistenden beiden Vierfach-Expansionsmaschinen das mit 14 503 BRT vermessene, 170,7 Meter lange, 19,9 Meter

Schiff alle Passagiere in einer Sitzung speisen. Zwei Decks hoch ist der Speisesaal selbst. Darüber befindet sich der von einer riesigen Glaskuppel überwölbte Wintergarten. Weiter stehen den Passagieren ein Rauchsalon, eine Turnhalle, Schreibzimmer, Café, Kinderzimmer mit Spielplatz und sogar ein Fahrstuhl zur Verfügung. Ein absolutes Novum, auch bezogen auf die weltweite Passagierschifffahrt, ist das auf dem Bootsdeck angeordnete Freibad, das sich auf allen Reisen eines regen Zuspruchs erfreut.

Die SANTA CRUZ (Bj. 1905, 5824 BRT) befördert im Oktober Teilnehmer und Material für die von Wilhelm Filchner geleitete 2. deutsche Südpolarexpedition nach Buenos Aires, wo die Umladung auf ein besonderes Polarschiff erfolgt. Filchner soll in der Antarktis die Untersuchungs- und Vermessungsarbeiten fortsetzen, die Erich von Drygalski auf der 1. deutschen Südpolarexpedition begonnen hatte, und außerdem den Verlauf der bisher unerforschten Küste im Gebiet des Weddell-Meeres erkunden.

1911

In Hamburg wird der Elbtunnel eröffnet.

Der Norweger Roald Amundsen erreicht mit vier Begleitern als erster Mensch den Südpol.

Reedereieigene Betriebsfahrzeuge sind im Hafenverkehr eingesetzt.

breite und 10,6 Meter tiefgehende neue Schiff gebracht, das 297 Passagieren in der I., 222 in der II. und 870 in der III. Klasse Platz bietet. Die Besatzungsstärke beträgt 339 Mann.

Neben Größe, Geschwindigkeit und prächtiger Raumausstattung im Stil seiner Zeit bietet die CAP FINISTERRE aber noch einige andere Dinge, die auf der Südatlantikroute bis dahin nicht ihresgleichen haben. So können im Speisesaal der I. Klasse selbst bei ausgebuchtem

Ein wichtige Zielgruppe für das Zwischendeck sind Saisonarbeiter

Die Hamburg Süd befördert »Pendler« zwischen den Kontinenten

In den Zwischendecks der Hamburg Süd-Schiffe werden nicht nur Auswanderer befördert, sondern das allgemein günstige und in diesem Bereich durchaus komfortable Angebot wird auch von einer großen Zahl Saisonarbeiter gern genutzt. Sie kommen vor allem aus Spanien und Portugal, aber in zunehmendem Umfang auch aus Italien, Polen und Russland, um während der Erntezeiten auf den Plantagen oder anderweitig in der Land- und Viehwirtschaft Brasiliens und Argentiniens zu arbeiten. Nach Schluss der Saison kehren die meisten von ihnen wieder in ihre Heimatländer zurück, so dass ein regelrechter Pendelverkehr über den Südatlantik entsteht. »Golondrias« – Schwalben – nennt der Volksmund in Argentinien diese Saisonarbeiter, und bei diesen Zugvögeln erfreuen sich die Hamburg Süd-Schiffe wegen ihrer speziell auf deren Bedürfnisse zugeschnittenen Einrichtungen großer Beliebtheit.

1912 Es wird eine Kapitalerhöhung von 15 Mio. Mark auf 25 Mio. Mark vorgenommen. Die Aktien der Hamburg Süd werden erstmals an der Berliner Börse gehandelt.

Als erstes Schiff der BAHIA-Klasse kommt die von der Reiherstiegwerft gebaute BAHIA BLANCA in Fahrt. Sie hat bei einer Länge von 149,9 Metern, einer Breite von 18,1 Metern und einem Tiefgang von 11,7 Metern eine Vermessung von 9349 BRT und eine Tragfähigkeit von 11 506 tdw. Außer für die Ladung ist an Bord Platz für 108 Passagiere in der II. Klasse sowie für 2300 Zwischendecker vorhanden. Die Besatzung besteht aus 83 Mann. Die 4300 PS leistende Dreifach-Expansionsmaschine ermöglicht eine Geschwindigkeit von 12,5 Knoten.

Die Hamburg Süd übernimmt den zuvor mit der Hapag gemeinsam betriebenen New York-New Orleans-Brasilien-Dienst in alleinige Regie. Er kann trotz heftiger Konkurrenzkämpfe mit einigen britischen Linien und dem vom brasilianischen

Die CABO SANTA MARIA ist eines der im »Seebäderverkehr« zwischen Buenos Aires und Montevideo eingesetzten Schiffe.

Die MONTE PENEDO ist eines der ersten deutschen Motorschiffe

Staat subventionierten Lloyd Brasileiro bis zum Ausbruch des Krieges 1914 aufrechterhalten werden.

Um sich auf Anregung Antonio Delfinos in den zunehmenden »Seebäderverkehr« von Buenos Aires nach Montevideo einschalten zu können, werden die »La Argentina« Compania General de Navigacion gegründet und in Glasgow die beiden 2648 BRT bzw. 2627 BRT großen Raddampfer CABO SANTA MARIA und CABO CORRIENTES bestellt. Sie kommen nach ihrer Überführung 1913 bzw. 1914 unter argentinischer Flagge in Fahrt. Nach einem kurzen Konkurrenzkampf mit der in diesem Verkehr bereits tätigen argentinischen Mihanovich-Gesellschaft kommt es zu einer Einigung, nach der ein Passagepool gebildet wird, der den CABO-Dampfern 45 Prozent der Passageeinnahmen im Verkehr nach und von Montevideo sichert.

Mit der von den Howaldtswerken in Kiel gebauten MONTE PENEDO (3693 BRT) bringt die Hamburg Süd ihr erstes Motorschiff in Fahrt. Es wird als reines Frachtschiff mit 31 Mann Besatzung im Brasil-Dienst beschäftigt und erreicht mit seinen zwei Vierzylinder-Motoren, die zusammen 1600 PS leisten, eine Geschwindigkeit von zehn Knoten.

Als Antwort auf die Anstrengungen der britischen, französischen und holländischen Konkurrenz, mit dem Angebot der CAP FINISTERRE gleichzuziehen bzw. es zu übertreffen, werden zwei weitere, nochmals größere Neubauten mit ebenfalls weiter gesteigertem Anspruch im Passgierbereich in Auftrag gegeben: Bei der Hamburger Vulcan-Werft werden die mit 18 710 BRT vermessene spätere CAP TRAFALGAR und kurz darauf bei Blohm & Voss die CAP POLONIO geordert, mit der erstmals die Schiffsgröße von 20 000-BRT-Grenze überschritten wird.

Insgesamt bringt das Jahr ein »sehr günstiges Geschäftsergebnis«, das nicht zuletzt den weit über 80 000 beförderten Passagieren zuzuschreiben ist.

1912

Nach Kollision mit einem Eisberg vor Neufundland sinkt der 46 329 BRT große Passagierdampfer TITANIC. 1503 Menschen ertrinken.

Die Preußisch-Hessische Eisenbahn nimmt die weltweit erste Diesellok in Betrieb.

Auf der Höhe der technischen Entwicklung – die MONTE PENEDO ist das erste Motorschiff der Reederei und eines der ersten in der deutschen Handelsflotte.

Das Zentrum der brasilianischen Kautschukwirtschaft bricht zusammen

1913 Eine Übersicht über den Stand des weit verzweigten Unternehmens Mitte des Jahres, also etwa ein Jahr vor Beginn der ersten großen europäischen Katastrophe, gibt das Jahrbuch »Schiffahrt und Schiffbau 1914«: Vorstand: Th. Amsinck, J. Cropp, J. Eggert. Aufsichtsrat: Vorsitzender Oscar Ruperti, Hch. Freiherr v. Ohlendorff, Max Schinckel, Richd. G. Krogmann, J.S. Amsinck, Hamburg. Aktienkapital: 25 000 000 M in Aktien à 750 resp. 1000 resp. 1500 M. Ursprünglich 3 750 000 M, erhöht 1894 um 3 750 000 M, 1899 um 3 750 000 M, 1907 um 3 750 000 M, 1912 um 10 000 000 M.

Die brasilianische Kautschukwirtschaft bricht zusammen

Die brasilianische Kautschukwirtschaft, die vor allem ihrem Zentrum Manaos mehr als »Goldene Zeiten« beschert hat, bricht praktisch über Nacht zusammen, nachdem einerseits schlimmste Missstände über die Kautschukgewinnung im Lande international publik

Die Fahrt nach Manaus führt durch dichten Regenwald zu beiden Seiten des Amazonas, dessen Flussbett sich immer wieder verändert. Ein Abenteuer bis heute.

geworden sind und andererseits von britischer Seite der inzwischen in Plantagen gewonnene Rohstoff zu wesentlich günstigeren Preisen auf dem Weltmarkt angeboten wird. Für die Hamburg Süd geht dadurch ein wichtiges Ladungsgut in der Nordbrasilfahrt mehr oder weniger verloren.

In Gemeinschaft mit der Hamburg-Amerika Linie unterhält die Hamburg-Südamerikanische Dampfschifffahrts-Gesellschaft folgende regelmäßige Linien:

Brasil-Linie A.
Von Hamburg über Havre, Vigo, Leixoes, Lissabon und Madeira nach Pará und Manaus (einmal monatlich).
Von Hamburg über Antwerpen, Vigo, Leixoes, Lissabon und Madeira nach Pará und Manaus (einmal monatlich).

Brasil-Linie B.
Von Hamburg über Boulogne s.M. (nach Bedarf), Leixoes, Lissabon und Madeira nach Rio de Janeiro und Santos (wöchentlich). Die Dampfer laufen bei Bedarf abwechselnd Pernambuco und Bahia an, so daß diese Häfen vierzehntäglich bedient werden.

Brasil-Linie C.
Von Hamburg über Antwerpen, Leixoes und Lissbon nach Maronhao, Parnahyba (Tutoya), Cetara und Natal (vierwöchentlich: nach Natal nur achtwöchentlich).

Brasil-Linie D.
Von Hamburg über Antwerpen nach (Pernambuco, Bahia und Victoria nach Bedarf) Rio de Janeiro, Santos und Rio Grande do Sul (zweimal monatlich, dient vorwiegend dem Frachtverkehr).

Brasil-Linie E.
Von Hamburg über Havre, Leixoes und Lissabon nach Cabedelo, Macaio, Sao Francisco do Sul, Desterro (Florianopolis) und Rio Grande do Sul (drei- bis viermal monatlich mit wechselnden Anlaufhäfen).

La Plata- Linie F.
(Schnelldampfer). Von Hamburg über Boulogne s.M., Southampton (nach Bedarf), La Coruna oder Vigo, Leixoes (nach Bedarf), Lissabon (bei Bedarf auch Tenerife) nach Rio de Janeiro, Montevideo und Buenos Aires (drei- bis viermal monatlich).

La Plata-Linie G.
Von Hamburg über Spanien nach Bahia Blanca, Montevideo und Buenos Aires (einmal wöchentlich)

La Plata-Linie H.
Von Hamburg über Antwerpen und Spanien nach Bahia Blanca, Montevideo und Buenos Aires (einmal monatlich).
Von Hamburg über Antwerpen nach Montevideo, Buenos Aires und Rosario (einmal monatlich)
New York-Brasil-Linie. Von New York über (eventuell Barbados) Pernambuco, Maceio, Rio de Janeiro, Santos, Paranagua, Sao Francisco do Sul und Desterro nach Rio Grande do Sul (ein- oder zweimal monatlich).

Außerdem in alleiniger Regie:

Patagonia-Linie:
Von Buenos Aires und Bahia Blanca über San Blas, San Antonio, Arroyo Verde, San José usw. nach Punta Arenas (zwei- bis dreimal monatlich).

BUENOS AIRES, gebaut 1912, 9155 BRT

Der Stand des weit verzweigten Unternehmens im Jahr 1913

	Br.R.T.
57 Seedampfer (davon 8 im Bau)	331 542
150 Schlepper, Leichter usw	25 569
207 Fahrzeuge	352 111

A. Seedampfer

a) auf Hamburger Routen beschäftigt:

	Br.R.T.
D. ASUNCION	4663
BAHIA	4817
BAHIA BLANCA (1)	9348
BAHIA CASTILLO (1)	9950
BELGRANO	4792
BUENOS AIRES	9154
CAP ARCONA (1)	9831
CAP BLANCO (1)	7523
CAP FINISTERRE (1)	14 503
CAP ORTEGAL	7818
CAP ROCA	5785
CAP VERDE	5909
CAP VILANO	9467
CORDOBA	4889
ENTRERIOS	5248
GUAHYBA	2801
GUNTHER	3037
MONTE PENEDO (1)	3693
MONTEVIDEO	4139
PARANAGUÁ	2836
PERNAMBUCO	4788
PETROPOLIS	4792
RIO GRANDE	4556
RIO NEGRO	4556
RIO PARDO	4587
SAN NICOLAS	4739
SANTA ANNA	3739
SANTA BARBARA	3763
SANTA CATARINA	4247
SANTA CRUZ	5824
SANTA ELENA	7415
SANTA FÉ	5342
SANTA LUCIA	4237
SANTA MARIA	7401
SANTA RITA	5650
SANTA ROSA	3797
SANTA THERESA	3739

	Br.R.T.
SANTA URSULA	3770
SANTOS	4855
SAO PAULO	4724
TIJUCA	4801
TUCUMAN	4702

b) im Ausland beschäftigt:

	Br.R.T.
D. CAMARONES	2787
CORRIENTES	3720
DESTERRO	2543
MENDOZA	3797
PRESIDENTE MITRE	2543
PRESIDENTE QUINTANA	1731

Im Bau

	Br.R.T.
CAP TRAFALGAR (2)	ca. 18 000
Neubau (2)	ca. 18 400
BAHIA LAURA (1)	ca. 10 000
Neubau	ca. 7 500
Neubau	ca. 7 500
Neubau	ca. 7 500
Neubau	ca. 2 400
Neubau	ca. 2 400

(1) Doppelschraubendampfer
(2) Dreischraubendampfer

B. Schlepper, Leichter, Barkassen usw.

in Hamburg

	Br.R.T.
Schlepper SÜD-AMERIKA II	–
SÜD-AMERIKA IV	–
SÜD-AMERIKA V	–
SÜD-AMERIKA VI	–
5 Dampfbarkassen	–
57 Leichter und Schuten (davon 6 im Bau)	9166

In Buenos Aires

	Br.R.T.
Schlepper SAMSON	237
GOLIAT	237

	Br.R.T.
ATLETA	105
HERCULES	173
TITAN	240
AQUILES	95
AJAX	80
2 Barkassen	–
Leichter PRIMERA	99
SEGUNDA	99
QUINTA	136
SEXTA	136
SETIMA	136
OCTAVA	136
TOBA	448
DELILA	247

In Rio Grande do Sul

	Br.R.T.
Schlepper SAO PEDRO	125
SAO JOSÉ	45
SAO GONCALO	119
SAO LEOPOLDO	230
SAO GABRIEL	147
SAO MIGUEL	79
3 Barkassen	–
Leichter NORTE	314
SUL	336
OESTE	336
PRIMEIRA	147
TERCEIRA	147
QUARTA	47
QUINTA	147
SEXTA	147
SETIMA	147
NONA	147
DECIMA	40
ONZENA	50
DUODECIMA	50
TREZENA	147
SABINA	214
SALOMÉ	214
SIDONIA	214
SILVANA	214
SILVIA	214
SOPHIA	230
SILVIA	230

	Br.R.T.
SAPHO	230
SARA	230
SIMONA	229
SUSANNA	204
SENTA	204
ALVARENGA I – VIII	–
SATANITA	205
SIRENA	205
SEPHORA	206

Windenfahrzeug Guindaste

In Maracaibo:

	Br.R.T.
Schlepper SAO LUIZ	35
Leichter DUODEZIMA	150

In Paranagua:

	Br.R.T.
Leichter SEGUNDA	147
OITAVA	147
PERU	155
PATA	155
SELMA	205

In Desterro:

	Br.R.T.
Leichter ALBATROS	30
GAVIAO	30
BUSARDO	30
ANDORINHA	30
POMBA	106

In Sao Francisco do Sul:

	Br.R.T.
Leichter SIBILLA	214

In Patagonien:

	Br.R.T.
1 Schlepper (Enak)	55
Leichter GOLONDRINA	50
PENGUIN	50
GAVIOTA	50
ALBATROS	50
JULHO	240
DEBORA	247
DIANA	247

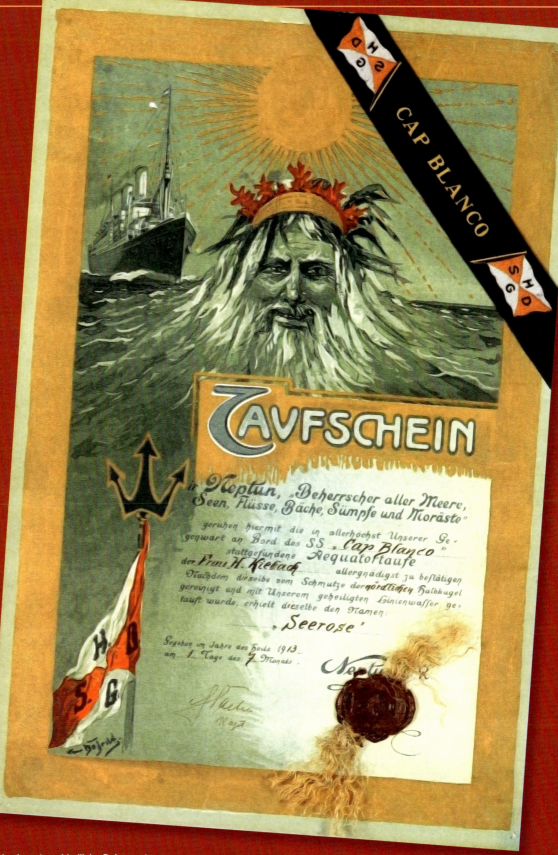

Zwei sehr unterschiedliche Dokumente
als Nachweis von Seereisen bei der Hamburg Süd.

CAP TRAFALGAR,
der neue Stolz der
Hamburg Süd-Flotte.

1914 Am 25. März läuft bei Blohm & Voss der zweite der beiden 1912 bestellten großen Neubauten nach der Taufe auf den Namen CAP POLONIO vom Stapel.

Am 10. April tritt die vom Hamburger »Vulcan« gebaute CAP TRAFALGAR (18 805 BRT) als wiederum größtes Schiff auf der Südatlantik-Route ihre Jungfernreise zu den La Plata-Häfen an. Sie wird ein voller Erfolg. Die erstmals in Deutschland verwendete Antriebskombination von zwei Dreifach-Expansionsmaschinen und einer Abdampfturbine mit einer Gesamtleistung von 15 000 PSi bringen den 186,8 Meter langen und 22,0 Meter breiten Neubau auf eine Geschwindigkeit von 17,8 Knoten. Diese neuartige Antriebskombination, die sich im Ausland bereits bewährt hat, benötigt weniger Platz und führt zu Einsparungen beim Verbrauch von Brennstoff und Kesselspeisewasser. Da alle drei Maschinen auf jeweils eine Schraube wirken, ist die CAP TRAFALGAR nicht nur der erste Dreischornsteiner der Reederei – der dritte Schornstein

dient allerdings nur der Optik – sondern der erste deutsche Schnelldampfer mit drei Schrauben überhaupt. An Bord ist Platz für 1500 Passagiere in drei Klassen. 346 Mann Besatzung sorgen für Schiff und Fahrgäste.

Mit der CAP TRAFALGAR beginnt, auch was das äußere Erscheinungsbild betrifft, eine ganz neue Ära, und zwar gewollt gerade mit diesem neuen Spitzenschiff. Die CAP TRAFALGAR und von nun an alle Hamburg Süd-Schiffe erhalten einheitliche Schornsteinfarben: weiße Schlote mit einem roten Top. Sie sind bis heute das einprägsame Markenzeichen der Reederei geblieben.

CAP TRAFALGAR übernimmt Kohlen in Santos.

Der Ausbruch des Krieges im Sommer 1914 unterbricht abrupt den prosperierenden Reedereibetrieb

Am 28. Juni wird in Sarajewo der österreichische Thronfolger ermordet. Dieses Attentat löst den so genannten Ersten Weltkrieg aus.

Erster Kriegsverlust der Reederei ist der D. SANTA CATHARINA (Bj. 1907, 4247 BRT). Er wird am 14. August auf der Reise von New York nach Santos im Südatlantik von dem brit. Kreuzer GLASGOW aufgebracht und sinkt nach Bunkerbrand. Die übrigen Schiffe der Flotte befinden sich in der Heimat oder haben zunächst in Häfen neutraler Länder Schutz gefunden

Kurz nach Kriegsausbruch wird der Schnelldampfer CAP TRAFALGAR vor der brasilianischen Insel Trinidada von dem auf Auslandsstation befindlichen Kanonenboot EBER (Bj. 1903) der Kaiserlichen Marine durch Abgabe von zwei 10,5-cm-Geschützen und sechs 3,7-cm-Maschinenkanonen notdürftig als Hilfskreuzer ausgerüstet. Nach einem ersten Vorstoß in den Südatlantik kehrt die CAP TRAFALGAR in das Gebiet vor Trinidada zurück und wird dort am 14. September nach einem zweistündigen aussichtslosen Gefecht von dem überlegenen britischen Hilfskreuzer CARMANIA versenkt. 16 Tote sind zu beklagen. Allerdings hat auch das britische Schiff in diesem Kampf schwere Schäden erlitten.

Die SANTA ISABEL (Bj. 1914, 5199 BRT) wird von Buenos Aires aus als Versorgungsschiff für den erfolgreich im Handelskrieg operierenden Kleinen Kreuzer DRESDEN eingesetzt. Nach der wenig später erfolgten Versorgung des von Admiral Graf Spee geführten Ostasiatischen Kreuzergeschwaders der Kaiserlichen Marine wird das Schiff im Verlauf der Falkland-Schlacht von dem britischen Kreuzer BRISTOL versenkt.

Der bei Blohm & Voss unfertig liegende Schnelldampfer. CAP POLONIO (20 576 BRT), an dem die Arbeiten wegen des Kriegsausbruches zunächst eingestellt waren, wird für die Kaiserliche Marine

bis zum Februar nächsten Jahres als Hilfskreuzer VINETA fertig gebaut, kommt als solcher aber wegen zu geringer Geschwindigkeit nicht zum Einsatz. Die für 19 Knoten ausgelegte Antriebsanlage bringt es nur auf knapp 17 Knoten.

1915 Die Hamburg Süd beteiligt sich an der Gründung einer Schleppversuchsanstalt in Hamburg. In deren Anlagen können mit maßstabgerechten Modellen die Linien von Schiffsneubauten vor ihrer Bauvergabe getestet werden.

Außer den von der Reederei vercharterten Schiffen wird eine Anzahl ihrer Dampfer in der Ostseefahrt beschäftigt, vor allem für den Transport von Erz aus Schweden. Dabei geraten in Verlust: Am 17. September die ENTRERIOS (Bj. 1902, 5248 BRT) an der schwedischen Küste durch Strandung, am 10. Oktober die PERNAMBUCO (Bj. 1897, 4788 BRT) an der schwedischen Küste durch U-Boot-Torpedo und am 18. Oktober die GUTRUNE (Bj. 1906, 3039 BRT) im Kamarsund ebenfalls durch U-Boot-Torpedo.

Die CAP POLONIO wird vor ihrer eigentlichen Fertigstellung als Hilfskreuzer für die Kaiserliche Marine ausgerüstet.

Viele Schiffe werden in den Häfen vormals neutraler Staaten beschlagnahmt

1916 Etliche Dampfer sind weiter in der Erzfahrt von Schweden beschäftigt.

Die in Portugal aufliegenden Dampfer SANTA BARBARA (Bj. 1908, 3763 BRT), SANTA URSULA (Bj 1908, 3771 BRT), PETROPOLIS (Bj. 1997, 4792 BRT) und GUAHYBA (Bj. 1895, 2756 BRT) werden beschlagnahmt.

Außer den noch im Bau befindlichen drei Frachtdampfern und einer Anzahl Leichter werden bei den Howaldtswerken in Kiel zwei, sowie bei der Reiherstiegwerft in Hamburg und bei Seebeck in Bremerhaven jeweils ein Frachtdampfer neu in Auftrag gegeben.

Die deutschen Schifffahrtsunternehmen bilden in ihrer Gesamtheit einen »Kriegsausschuss der deutschen Reederei«, der mit den zuständigen Regierungsstellen über den Ersatz der in Verlust geratenen Schiffe und über eine Regelung der Kostenfrage zu verhandeln beginnt.

Der D. CAP POLONIO wird nach seinem Rückbau vom Hilfskreuzer VINETA bei Blohm & Voss endlich für die Hamburg Süd fertig gestellt und anschließend aufgelegt, da situationsbedingt keine Beschäftigungsmöglichkeit gegeben ist.

1917 Alle deutschen Schiffe, die bei Kriegsausbruch in Häfen Brasiliens Schutz gesucht haben, werden bei Kriegseintritt des Landes am 1. Juni von den dortigen Behörden beschlagnahmt. Für die Hamburg Süd sind dies: ASUNCION (Bj. 1895, 4663 BRT), RIO GRANDE (Bj. 1904, 4556 BRT), BAHIA LAURA (Bj. 1913, 9791 BRT), CAP VILANO (Bj 1906, 9467 BRT), CORRIENTES (Bj. 1894, 3720 BRT), SAN NICOLAS (Bj. 1897, 4739 BRT), SANTOS (Bj. 1898, 4885 BRT), TIJUCA (Bj. 1899, 4801 BRT), SANTA LUCIA (Bj. 1907, 4238 BRT), CAP ROCA (Bj. 1900, 5786 BRT), GUNTHER (Bj. 1906, 3037 BRT), SANTA ANNA (Bj. 1910, 3739 BRT), MONTE PENEDO (Bj.1912, 3693 BRT), SANTA ROSA (Bj. 1912, 3797 BRT). In Uruguay geschieht das Gleiche mit der BAHIA (Bj. 1898, 4763 BRT).

Die Dampfer DESTERRO (Bj 1911, 9349 BRT) und PARANAGUA (Bj. 1895, 2803 BRT) werden im März an die Reederei Aug. Bolten, Hamburg, veräußert.

Bei der Besetzung der Baltischen Inseln durch deutsche Truppen im Oktober werden auch die BAHIA CASTILLO (Bj. 1913, 9949 BRT) und BUENOS AIRES (Bj 1912, 9155 BRT) eingesetzt.

Ende des Jahres kommt ein »Gesetz betreffend den Wiederaufbau der deutschen Handelsflotte« zustande, das finanzielle Beihilfen des Reiches dafür in Aussicht stellt.

Eine interessante Verwendung findet die von der Marine beschlagnahmte SANTA ELENA (Bj. 1907, 7415 BRT). Sie wird auf der Kaiserlichen Werft in Danzig zu einem Flugzeugmutterschiff FS II für die Aufnahme von vier Seeflugzeugen umgerüstet und bleibt als solches bis zum Ende des Krieges im Einsatz.

Revolution und Waffenstillstand führen in Deutschland zu chaotischen Verhältnissen

1918 Die in Buenos Aires aufliegende BAHIA BLANCA (Bj. 1911, 9349 BRT) wird an die argentinische Regierung verkauft.

Ende Oktober/Anfang November beginnt, ausgelöst durch Meutereien auf untätig in Kiel und Wilhelmshaven liegenden Großkampfschiffen der Kaiserlichen Marine, in Deutschland eine vor allem von kommunistischen Kräften gesteuerte Revolution, die rasch um sich greift. Nach Unruhen auch in Berlin dankt am 9. November Kaiser Wilhelm II. ab und geht nach Holland ins Exil. Der Krieg endet zunächst mit einem Waffenstillstand, wobei die aus dem Westen weitgehend geordnet heimkehrenden Truppen anschließend vielfach noch zu einer Verschärfung des Chaos im Lande beitragen. Im Osten gehen in verschiedenen Gebieten von Freikorps getragene Kämpfe weiter.

Von der deutschen Handelsflotte, die 1914 4935 Schiffe mit insgesamt 5 238 937 BRT umfasst hatte, sind nach Aufbringung, Internierung, Versenkung und Beschlagnahme noch 2 833 000 BRT übrig geblieben. Die Hamburg Süd verfügt offiziell noch über Tonnage in einer Größenordnung von 140 000 BRT.

1916–1918

1916 Der erste Balkan-Express startet von Berlin.

Beginn der Schlacht um Verdun.

1917 Die USA treten auf der Seite der Entente in den Krieg ein.

1918 Die k.u.k.-Monarchie zerfällt.

DER ABEND DES 10ten NOVEMBER 1918 IN WILHELMSHAVEN

Am 10. November, einen Tag nach Ausrufung der Republik durch Philipp Scheidemann, wird dies in Wilhelmshaven, dem Hauptstützpunkt der Kaiserlichen Marine, mit einem Riesenfeuerwerk gefeiert.

Angehörige der Volksmarinedivision marschieren durch das Brandenburger Tor in Berlin.

Die verbliebene Seeschiffsflotte muss an die Siegermächte abgeliefert werden

1919 Bei den Trierer Verhandlungen über eine Verlängerung des Waffenstillstandes müssen die deutschen Unterhändler am 15./17. Januar den Alliierten den Einsatz der verbliebenen Rest-Handelsflotte zum »Zwecke der Lebensmittelversorgung Europas« zugestehen. Damit wird den Reedereien schon jetzt die Verfügungsgewalt über ihre Schiffe entzogen.

Zwischen dem Reich und den Reedereien wird am 27. Februar ein »Überteuerungsabkommen« abgeschlossen, das unter den gegebenen Umständen eine Ergänzung des »Gesetzes betreffend die Wiederaufbau der deutschen Handelsflotte« darstellen soll. Es sieht für die in Auftrag gegebenen Ersatzbauten der Reedereien die Verauslagung der Mehrkosten vor, die sich aus gestiegenen Löhnen, Material- und sonstigen Kosten gegenüber dem Preisstand vom 31. Oktober 1918 ergeben haben.

Nach den Bestimmungen von Versailles müssen alle deutschen Seeschiffe über 1600 BRT und die Hälfte aller Schiffe zwischen 1000 und 1599 BRT, auch die noch im Bau befindlichen nach ihrer Fertigstellung, an die Siegermächte abgeliefert werden. Die Reichsregierung erlässt dazu am 31. August ein entsprechendes Gesetz über die Enteignung der deutschen Handelsflotte, sagt aber gleichzeitig den Reedereien eine angemessene Entschädigung zu (Entschädigungsgesetz). Damit verliert auch die Hamburg Süd den Rest ihrer Seeschiffsflotte.

Die Alliierten beenden die Blockade der deutschen Häfen.

Da nach den Bestimmungen von Versailles auch alle im Bau befindlichen Handelschiffe oberhalb festgelegter Größen abzuliefern sind, beginnt bei den Werften und Reedereien eine besondere Art von Versteckspiel, um möglichst viele Neubauten auf irgendeine Weise vor dem Zugriff der Siegermächte zu retten. Dazu als Beispiel die

Hamburg Süd: Für sie »verbummelt« die Seebeckwerft in Bremerhaven zunächst erfolgreich die Fertigstellung des bereits 1916 vom Stapel gelaufenen Neubaus IBICUHY (4287 BRT), muss ihn dann aber schließlich doch ausliefern. Mehr Glück haben Werft und Reederei mit dem Verstecken des Schwesterschiffes JACUHY (5745 BRT),

Die 1918 bei Blohm & Voss vom Stapel gelaufene JAVARY muss 1919 nach ihrer Fertigstellung an die Alliierten abgeliefert werden.

Bei der an der Seebeck-Werft in Bremerhaven liegenden JACUHY gelingt das Versteckspiel. Sie kann Ende 1920 unbehelligt als ARGENTINA an die Hamburg Süd abgeliefert werden.

Drei kleine Schoner werden als erste Schiffe wieder nach Südamerika expediert

das bereits am 13. April 1918 vom Stapel gelaufen war. Es kann am 16. Dezember 1920 unter dem Namen ARGENTINA unbehelligt an die Hamburg Süd übergeben werden. Zuvor waren noch nachträglich Einrichtungen für 585 Zwischendeckspassagiere eingebaut worden.

Mit der Hamburg-Amerika Linie wird ein Austausch von Vorzugsaktien durchgeführt, um einer Überfremdung der beiden Gesellschaften durch Aktienkaufkäufe ausländischer oder auch inländischer Konkurrenten oder auch Spekulanten vorzubeugen.

1920 Am 7. Januar erklärt Theodor Amsinck vor der Generalversammlung: »… Wir haben unsere sämtlichen Schiffe abgeben müssen und sind nunmehr darauf angewiesen, mit der entwerteten Mark aus einem Nichts einen Schiffsbestand wieder zu schaffen zu Beträgen, die die Friedenspreise um ein Vieles übersteigen. Hinzu kommen noch die bekannten Arbeiterschwierigkeiten und die durch den Friedensvertrag bedingte Beanspruchung der Werften durch unsere Feinde. Wie und in welcher Weise unter diesen Verhältnissen der Wiederaufbau sich entwickeln wird, ist nicht vorauszusehen. Aber unsere Verwaltung ist unverzagt und wird alles daran setzen, um die schwierigen Aufgaben zu lösen und in absehbarer Zeit wieder eine leistungsfähige Flotte für die so wichtige Ein- und Ausfuhr unseres Landes bereitzustellen.« Es wird eine Erhöhung des Aktienkapitals um 5 Mio. Mark auf 30 Mio. Mark beschlossen.

Die Hamburg Süd nimmt, nachdem alle ihre Seeschiffe an die Siegermächte abgeliefert worden sind, den Verkehr zur Ostküste Südamerikas mit drei kleinen Schonern von je etwa 300 t Tragfähigkeit wieder auf. Die LISA, HOHERWEG und HEDWIG bringen auf mehreren Reisen jeweils 220 t bis 300 t Salz pro Schiff nach Südbrasilien. Ein regulärer Liniendienst zur Ostküste Südamerikas wird dann im Februar mit dem schwedischen

Charterschiff FAXEN wieder aufgenommen, dem weitere ausländische Charterschiffe folgen. Am 12. Juni wird als erstes deutsches Charterschiff die UNDINE (1600 BRT) expediert und am 30. Dezember als erster Nachkriegsneubau der D. ARGENTINA (5745 BRT, ex JACUHY) auf die Reise gebracht.

1919–1920

1919 In Versailles wird die Friedenskonferenz zunächst ohne Vertreter des Deutschen Reiches eröffnet.

Die Satzung des Völkerbundes wird verabschiedet.

1920 Beginn der Prohibition in den USA.

Großbritannien teilt Irland.

Ankunft eines Hamburg Süd-Schoners mit einer Ladung Salz in Südamerika.

Mit dem Reedereiabfindungsgesetz wird der Grundstein für den Wiederaufbau der Seeschifffahrt gelegt

1921 Das Reedereiabfindungsgesetz wird am 23. Februar ratifiziert. In ihm werden alle Ansprüche der Reedereien zusammengefasst, die sich aus dem Gesetz, betreffend den Wiederaufbau der deutschen Handelsflotte (1917), dem Überteuerungsabkommen (1919) und dem Enteignungsgesetz (1919) ergeben. Dieses Gesetz wird schließlich die alleinige Grundlage für die aus dem Krieg und seinen Folgen herrührenden Entschädigungsansprüche der Reedereien. Die Reichsregierung setzt 12 Mrd. Mark als endgültige Entschädigung fest. Die Reedereien hatten 3 Mrd. Mark mehr gefordert, um nach ihren Vorstellungen wenigstens drei Viertel der entstandenen Verluste decken zu können. Von den 12 Mrd. Mark dürfen zehn Prozent für den Ankauf von Schiffen aus dem Ausland verwendet werden, der Rest ist für den Neubau von Schiffen auf deutschen Werften vorgeschrieben. Die Abwicklung erfolgt über die eigens dafür gegründete Reederei-Treuhand GmbH in Hamburg. Die Entschädigungssummen werden jedoch infolge der einsetzenden Inflation derart geschmälert, dass die Reedereien nur knapp die Hälfte der beabsichtigten Neubauten damit finanzieren können.

Die noch in Argentinien unter argentinischer Flagge befindlichen Schiffe der Reederei werden an die neue Gesellschaft Argentina Cia. General de Navegacion S.A. (Manager: A.M. Delfino y Cia.), Buenos Aires, verkauft. Der langjährig bewährte Repräsentant der Hamburg Süd, Antonio Delfino, übernimmt den Wiederaufbau der dortigen Reedereiorganisation auf der anderen Seite des Atlantiks.

Um weitere Mittel für den Wiederaufbau der Flotte zu bekommen, wird das Aktienkapital auf 50 Mio. Mark erhöht.

Das Vorstandsmitglied John Eggert reist nach England, wo es ihm gelingt, vier der nach Kriegsende abgelieferten Schiffe wieder zurückzukaufen. Als erster der »Heimkehrer« tritt der 25 Jahre alte Passagierdampfer TUCUMAN (4702 BRT) am 1. September wieder unter der Hamburg Süd-Flagge die Ausreise nach Südamerika an.

Auch der stolze D. CAP POLONIO kann zurück erworben werden. Die britischen

Auch die stolze CAP POLONIO kann aus England zurück erworben werden

Reedereien, denen das Schiff übertragen worden war, waren ebenfalls, wie schon vor ihnen die Kaiserliche Marine, mit der Antriebsanlage nicht zurechtgekommen. Trotz mehrfacher Überholungen hatte es das Schiff stets nur auf zehn bis zwölf Knoten gebracht und war deshalb als ungeeignet aufgelegt worden.

Die Hamburg Süd lässt das Schiff nach seiner Rückkehr von seiner Bauwerft Blohm & Voss generalüberholen, Kessel für Ölfeuerung installieren und Seitenwülste für Schlingertanks einbauen. Bei den Probefahrten erbringt die Antriebsanlage dann einwandfrei die geforderten Leistungen.

1921

Auf einer Konferenz in Paris legen die Alliierten die Reparationsschuld des Deutschen Reiches auf 226 Mrd. Goldmark fest, zahlbar in 42 Jahresraten.

An der Universität im kanadischen Toronto gelingt es erstmals Insulin zu isolieren.

Der 1895 gebaute D. TUCUMAN kehrt als erstes der zurückgekauften Schiffe in seinen Heimathafen zurück.

VIGO, 7309 BRT, von Howaldt, Kiel

ESPANA, 7316 BRT, von Howaldt, Kiel

LA CORUÑIA, 7276 BRT, von der Reiherstiegwerft, Hamburg

ANTONIO DELFINO, 13 589 BRT, von den Vulcan Werken, Hamburg

CAP NORTE, 13 615 BRT, ebenfalls von den Vulcan Werken, Hamburg

Im Verlauf des Jahres 1922 werden gleich sieben Neubauten in Dienst gestellt

1922 Rund acht Jahre nach ihrem Stapellauf kann die generalüberholte CAP POLONIO am 16. Februar endlich ihre Jungfernreise in den Farben und unter der Flagge der Hamburg Süd nachholen. Der elegante Dreischornsteiner hat bei 460 Mann Besatzung an Bord Platz für 356 Passagiere in der I. Klasse, 250 in der II. Klasse und 949 im Zwischendeck. Überall wird das »neue« Schiff begeistert empfangen. Am 23. Dezember bietet die Reederei mit ihm erstmals eine dreiwöchige Kreuzfahrt von Buenos Aires aus in das Gebiet Feuerlands und in die Magellan-Straße. Gleich Anfang nächsten Jahres schließen sich zwei weitere Fahrten zu diesen großartigen Zielen an. Damit wird einem neuen zahlungskräftigen südamerikanischen Publikum ein völlig neues Gebiet der Seetouristik, und der Reederei selbst eine lukrative weitere Einnahmequelle erschlossen.

Es können nicht nur vier weitere Schiffe von England zurückgekauft, sondern im Verlauf des Jahres sogar sieben Neubauten in Dienst gestellt werden, darunter gleich Anfang des Jahres die ESPANA (7316 BRT) von Howaldt, Kiel, die als erster Nachkriegsneubau wieder für die Beförderung einer großen Zahl von Passagieren, vornehmlich Auswanderern, eingerichtet ist: 196 in der III. Klasse und 678 im Zwischendeck. Es folgen die Schwesterschiffe LA CORUÑA (7276 BRT) von der Reiherstiegwerft und VIGO (7309 BRT) wieder von Howaldt, Kiel. Dabei handelt es sich wesentlich um Einklassenschiffe, die zwar ohne großen Komfort, aber gemütlich eingerichtet sind und den Vorzug bieten, dass die gesamte Decksfläche allen Fahrgästen zu Verfügung steht. Alle drei Neubauten werden im Brasilien/Argentinien-Dienst beschäftigt. Die im März bzw. August von den Vulcan Werken in Hamburg gelieferten großen Dampfer ANTONIO DELFINO (13 589 BRT) und CAP NORTE (13 615 BRT) bieten dann neben der CAP POLONIO als Spitzenschiffe der Reederei schon wieder Plätze in drei Klassen – 181 in der I., 296 in der III. und 1050 im Zwischendeck.

Die reinen Frachtschiffe PARANA (5986 BRT) von den Hamburger Vulcan Werken und TENERIFE (4996 BRT) von F. Schichau in Danzig komplettieren die anspruchsvolle Neubauserie des Jahres, die auch Zeugnis ablegt von der soliden Finanzstärke des Unternehmens.

Um an der wachsenden Auswandererbewegung nach Südamerika angemessen partizipieren zu können, wird bei Blohm & Voss das erste Schiff einer neuen Klasse, der späteren MONTE-Klasse, bestellt, wenig später ein zweites.

1923 Die sich immer weiter verschärfende Hyperinflation führt zu einer gefährlichen politischen Krise in Deutschland. Im November liegt der Wechselkurs bei 4,2 Billionen Mark für einen US-Dollar. Am 15. November gibt die neu gegründete Deutsche Rentenbank als Ersatz für die entwertete Papiermark die Rentenmark aus. Der Wechselkurs beträgt 1 : 1 Billion. Mit dieser Maßnahme stabilisiert sich die Währung.

Nach dem überaus positiven Ergebnis der ersten drei Kreuzfahrten wird mit der CAP POLONIO am 14. Juli eine weitere Vergnügungsreise mit gleichem Ergebnis geboten. Kreuzfahrten in die faszinierende Berg- und Gletscherwelt an der Südspitze Südamerikas stehen von nun an jedes Jahr auf dem Programm.

1922–1923

1922 Auf dem I. Unionskongress der Sowjets wird die Union der Sozialistischen Sowjetrepubliken geschaffen. Stalin wird Generalsekretär der KP.

1923 Gustav Stresemann wird deutscher Reichskanzler.

Der Putschversuch Adolf Hitlers am 9. November in München scheitert.

Ein Erdbeben in Tokio fordert 100 000 Todesopfer, 650 000 Gebäude sind zerstört.

Die CAP POLONIO kann endlich mit mehrjähriger Verspätung ihre Jungfernreise antreten.

MIT DER HAMBURG-SÜD
NACH SÜDAMERIKA

ÜBERFAHRTSBEDINGUNGEN
FÜR REISENDE IN DER DRITTEN KLASSE

»Mit der Hamburg-Süd nach Südamerika, Überfahrtsbedingungen für Reisende in der Dritten Klasse« Die 32-seitige Broschüre, Ausgabe Juni 1924, informiert ausführlich über die allgemeinen Reisebedingungen.

Blick auf die Kaianlagen der H.-S. D.-G. in Hamburg

IN DER DRITTEN KLASSE
NACH SÜDAMERIKA

In sachlicher Folgerichtigkeit der veränderten Wirtschaftslage auch in der Einrichtung und Ausstattung unserer Überseedampfer Rechnung tragend, haben wir eine besonders wertvolle und in mehrjähriger Erfahrung bestens bewährte Neuerung in der III. Klasse unserer Schiffe geschaffen. In den III.-Klasse-Kammern werden den Fahrgästen einfache, aber geschmackvoll ausgestattete Kammern zu vier Betten, für Ehepaare solche zu zwei und für größere Familien auch zu sechs Betten zur Verfügung gestellt. Alle Betten sind weiß lackiert, mit Sprungfedern und guter Matratze versehen und mit Wolldecke und sauberster weißer Bettwäsche ausgestattet. Diese Kammern besitzen eigene Waschtische mit fließendem Wasser und allem Zubehör und dürften wohl — von der Raumbeschränkung an Bord abgesehen — vor vielen Hotelzimmern den Vorzug verdienen. Daß die peinlichste Sauberkeit herrscht, versteht sich auf einem deutschen Dampfer von selbst. Auch die den Fahrgästen kostenlos zur Verfügung stehenden Wasch-

ALLGEMEINE BESTIMMUNGEN FÜR DIE REISE

Unterkunft an Bord. III.-Klasse-Wohndeck. Im Wohndeck sind große luftige gemeinsame Schlafräume vorhanden. III.-Klasse-Kammern. Gegen Zahlung eines Zuschlags kann die Unterbringung in zwei-, vier- oder mehrbettigen Kammern erfolgen.

Beköstigung. Reichliche und nahrhafte Beköstigung ist im Fahrpreis einbegriffen. Für Wein, Bier, Spirituosen, Mineralwasser und dergleichen ist besonders zu zahlen. Die auf der vorhergehenden Seite abgedruckte Beköstigungsliste für Reisende der III. Klasse gibt einen Begriff über die Art der Verpflegung.

Ärztliche Behandlung. Den an Bord erkrankten Reisenden wird Behandlung durch einen staatlich anerkannten Arzt unentgeltlich gewährt; auch die Arzneien und Heilmittel werden kostenlos geliefert. Ernsthaft erkrankte Reisende werden im Hospital untergebracht und gepflegt.

Belegung eines Platzes. Die Belegung eines Platzes erfolgt bei der Hamburg-Südamerikanischen Dampfschifffahrts-Gesellschaft, Passage-Abteilung III. Klasse, Hamburg 8, Holzbrücke 8 (beim Hopfenmarkt) oder bei den Vertretern der Gesellschaft durch Anzahlung von mindestens einem Viertel des Fahrpreises. Über die Anzahlung wird ein Empfangsschein ausgestellt. Der angezahlte Betrag wird später von dem Fahrgeld in Abzug gebracht. Zahlungen erbeten an:
Bankkonto: Norddeutsche Bank in Hamburg oder Postscheckkonto: Hamburg 7607 unter Hamburg-Südamerikanische Dampfschifffahrts-Gesellschaft oder an die betreffende Vertretung.

Ohne Anzahlung werden Plätze nicht vorgemerkt. Mit der Anzahlung ist das Platzvormerkungsformular, das den Reisenden von der Gesellschaft eingesandt wird, genau ausgefüllt und eigenhändig unterschrieben, einzureichen.

Zahlung der Passagegelder in anderen Währungen als englische Pfunde. Unsere Fahrpreise sind z. Z. in englischen Pfunden festgesetzt. Alle anderen Zahlungsmittel als englische Pfunde werden nur zu den am Tage der Zahlung von der Reederei jeweilig festgesetzten Kursen angenommen. Rückzahlung entsprechend unseren Bedingungen bei Nichtantritt der Reise kann nur in dem Zahlungsmittel und in der Höhe erfolgen, in welchem

Doppelschrauben-Schnelldampfer „Antonio Delfino" und „Cap Norte"

der Passagier die Zahlungen geleistet hat, wenngleich dem Passagier eine Quittung zum derzeitigen Gegenwert in englischer Währung gegeben worden ist.

Restzahlungen sind spätestens zwei Wochen vor Abfahrt des Dampfers zu begleichen. Bei Anmeldungen in den letzten zwei Wochen vor Abfahrt des Dampfers ist sofort das volle Fahrgeld zu bezahlen.

Einziehung von Passagegeldern durch überseeische Agenturen. Die Gesellschaft ist bereit, durch Vermittlung ihrer überseeischen Agenturen (siehe letzte Seiten dieses Heftes) die benötigten Passagegelder von Verwandten oder Bekannten in Südamerika einziehen zu lassen, falls ein diesbezüglicher Antrag bei der Gesellschaft oder deren inländischen Agenten gestellt wird.

Rücktritt von der Reise. Wenn ein Reisender den von ihm belegten Platz aus irgendwelchen Gründen spätestens 14 Tage vor Abfahrt zurückgibt, so ist die Gesellschaft im allgemeinen bereit, die Anzahlung ohne Abzug auf eine spätere Reise zu übertragen. Ist der Fahrpreis inzwischen erhöht worden, so ist der neue Fahrpreis zu zahlen. Wird die Reise ganz aufgegeben, so wird der angezahlte Betrag abzüglich 10% auf den tarifmäßig festgesetzten vollen Fahrpreis zurückvergütet. Bei Rückgabe eines Platzes innerhalb der letzten 14 Tage vor Abfahrt kann die Rückzahlung nur unter Abzug von

räume, *Wannen* und *Brausebäder* können alle Ansprüche befriedigen. Handtücher werden umsonst gestellt. Für den Auf-
enthalt am Tage, falls schlechtes Wetter ein Verweilen auf den
für Passagiere der III. Klasse reservierten Decks ausnahms-
weise unmöglich machen sollte, verfügen diese auf den neueren Dampfern über einen *Aufenthaltsraum*, ebenso über
eine reichhaltige *Schiffsbücherei*. Wir stehen nicht an, diese
III.-Klasse-*Kammern* allen Reisenden zu empfehlen, die bei
beschränkten Mitteln doch nicht auf die gewohnten Kultur-
bedürfnisse verzichten wollen. Wenngleich einfacher ausgestattet, bietet auch das III.-Klasse-*Wohndeck* gesunde
Reisebedingungen. Die zum Schlafen bestimmten Räume sind
groß und luftig, die *Betten* sind mit Matratze und Wolldecke
versehen, und auch hier stehen *Wasch-* und *Baderäume* mit
Wannen- und Brausebädern zu freier Verfügung. Einen
Aufenthaltsraum finden wir auch hier, und gleichfalls ist ein
weiter Raum an *Deck* diesen Fahrgästen zur Benutzung zu-
gewiesen; hier pflegt sich beim Erreichen der wärmeren süd-
lichen Breiten ein buntbewegtes, interessantes Bordleben zu
entwickeln. Eine allgemein besonders angenehm empfundene
Einrichtung haben wir bei der Verpflegung getroffen: In beiden Klassen werden auf allen unseren neueren Dampfern die
Mahlzeiten in großen, hellen Speisesälen an sauber gedeckten
Tischen gereicht; von der Reichhaltigkeit der Verpflegung gibt
die in diesem Heft abgedruckte Beköstigungsliste Zeugnis.
Daß daneben für die sonstigen Bedürfnisse unserer Fahrgäste
bestens gesorgt ist, bedarf kaum besonderer Betonung. Auf
den neuen Schiffen steht außerdem eine modern eingerichtete
Frisierstube unter fachmännischer Leitung allen Reisenden zur
Verfügung. Etwa notwendig werdende *ärztliche Behandlung*
durch erfahrenen Arzt und Krankenschwester, die Abgabe von
Arzneimitteln sowie nötigenfalls Aufnahme in das Schiffslazarett
erfolgt kostenlos. Hiernach ist es wohl nicht zuviel gesagt, daß
wir durch Einrichtung der III. Klasse auch weniger bemittelten
Fahrgästen eine heutigen Ansprüchen an Bequemlichkeit und
Hygiene entsprechende Überfahrtsmöglichkeit geboten haben.

· 6 ·

Dreischrauben-Schnelldampfer „Cap Polonio" an den St.-Pauli-Landungsbrücken in Hamburg

BEKÖSTIGUNGSLISTE IN DER III. KLASSE
FÜR REISENDE VON HAMBURG UND ROTTERDAM

Morgens 7 Uhr:
FRÜHSTÜCK
Bohnenkaffee mit Zucker u. Milch, frisches Brot mit verschiedenem Aufstrich
An fünf Tagen der Woche: Reis oder Grütze mit Milch
An zwei Tagen der Woche: zwei gekochte Eier

Vormittags 11½ Uhr:
MITTAGESSEN
Suppe
Gekochtes oder gebratenes Fleisch, Kartoffeln
Gemüse oder Kompott
Bohnenkaffee
Sonntags: Pudding mit Tunke

Nachmittags 3 Uhr:
KAFFEE
Bohnenkaffee mit Zucker und Milch, Kuchen
Donnerstags und Sonntags: Schokolade mit Kuchen

Abends 6 Uhr:
ABENDESSEN
Ein warmes Fleischgericht, Käse oder kalter Aufschnitt, frisches Brot
Tee mit Zucker

· 7 ·

An zwei Tagen der Woche zwei gekochte Eier: Beköstigungsliste der dritten Klasse.

Hamburg .... Armgardstraße 22 IV
Leipzig 47 .... Nordstraße 36
München .... Kemnatenstraße 26

PARAGUAY
Über Buenos Aires nach Paraguay reisende Passagiere benötigen zur
Erlangung des **argentinischen Durchreisevisums** dieselben Papie-
re wie unter „Argentinien" angeführt. Um das **Einreisevisum für
Paraguay** zu erhalten, genügen im allgemeinen die gleichen Papie-
re. In folgenden Städten befinden sich paraguayische Konsulate:
Berlin .... Kurfürstendamm 220
Bremen .... Schlachte 2
Dresden .... Elisenstraße 11
Frankfurt a. Main .... Niederau 51
Hamburg .... Neß 9
Kiel .... Düsternbrook 39
Köln-Lindenthal .... Bachemer Straße 39
Leipzig .... Kaiser-Friedrich-Straße 34
München .... Kindermannstraße 4
Solingen und Stettin.

CHILE
Für Reisende über Buenos Aires nach Chile sind ebenfalls zur
Erlangung des **argentinischen Durchreisevisums** dieselben
Papiere wie unter „Argentinien" angegeben erforderlich. Die
Papiere gelten im allgemeinen auch, um das **chilenische Ein-
reisevisum** zu erhalten. Chilenische Konsulate befinden sich:
Hamburg (Generalkonsulat), An der Alster 24/25, Altona, Berlin,
Bremen, Breslau, Dresden, Hohe Str. 35, Frankfurt a. Main, Halle
a. d. Saale, Hannover, Kiel, Köln, Leipzig, Lübeck, München,
Nordenham, Nürnberg, Potsdam, Rostock, Stuttgart, Wiesbaden.

SPANIEN UND PORTUGAL
Nach diesen Ländern reisende Personen müssen sich vom spanischen oder portugiesischen Konsulat ein Visum für ihren Reise-
paß beschaffen, wenn es sich nicht um Staatsangehörige dieser
beiden Länder handelt.
In jeder größeren Stadt befindet sich ein spanisches und portu-
giesisches Konsulat. Die Anschriften der Konsulate in Hamburg
lauten wie folgt:
Generalkonsulat von Spanien, Hamburg, Alsterdamm 14/15,
Generalkonsulat von Portugal, Hamburg, Esplanade 1 a.

· 18 ·

Eine vierbettige Kammer in der dritten Klasse

GEPÄCKBESTIMMUNGEN

Freigepäck. Jeder vollzahlende Reisende III.-Klasse-Kammer
und III.-Klasse-Wohndeck nach südamerikanischen Häfen hat
Anspruch auf 100 kg Freigepäck. Kinder im Verhältnis des für
diese bezahlten Fahrgeldes. Nach europäischen Häfen wird die
Hälfte gewährt.
Gepäck-Überfracht.
Nach südamerikanischen Häfen:
1 englischen Shilling für jede weitere 10 kg.
Nach europäischen Häfen:
1 englischen Shilling für jede weitere 20 kg.
Tierfrachten.
Hunde, Katzen und Tiere ähnlicher Größe:
£ 2.—.— für jedes Tier.
Papageien und Vögel ähnlicher Größe:
£ —.10.— für jedes Tier.
Kanarienvögel und Vögel ähnlicher Größe:
£ —.3.— für jedes Tier.

· 19 ·

»Eine vierbettige Kammer in der dritten Klasse« zeigt das Foto auf Seite 19.
100 kg Freigepäck sind im Fahrpreis
enthalten. Für mit-reisende Tiere muss
extra gezahlt werden.

Erste Ankündigungen der neuen Schiffe.

Mit den ersten MONTE-Schiffen beginnt ein neues Zeitalter der Passagierschifffahrt auf dem Südatlantik und darüber hinaus

1924 Ein Viertel aller Seeschiffe in der Welt verwenden inzwischen Ölfeuerung anstelle von Kohlen.

Das bei Blohm & Voss gebaute Passagier-Motorschiff MONTE SARMIENTO tritt am 15. November seine Jungfernreise zu den La Plata-Häfen an. Mit 13 625 BRT ist es nicht nur das erste deutsche mit über 10 000 BRT vermessene Motorschiff, sondern das größte Motorschiff in der Welthandelsflotte überhaupt. Vier bei Blohm & Voss gebaute M.A.N.-6-Zyl.-Viertaktdieselmotoren mit Rädergetriebe leisten max. 6800 PSe und verleihen dem 159,7 m langen und 20,1 m breiten Schiff eine Höchstgeschwindigkeit von 14,5 Knoten. Die MONTE SARMIENTO ist das erste einer Serie von letztlich insgesamt fünf Schiffen, die sich beim Reisepublikum mit Auswanderern nach Südamerika als zunächst wesentlicher Zielgruppe ungemeiner Beliebtheit erfreuen. Sie bieten als Einklassenschiffe (III. Klasse) nicht nur preisgünstige, sondern dabei auch noch komfortable Reisemöglichkeiten. An Bord ist Platz für jeweils 2500 Passagiere – 1350 in

unterschiedlich großen Kabinen und 1150 in Schlafsälen. Die Besatzungsstärke liegt bei 280 Personen. Der MONTE SARMIENTO folgen, ebenfalls von Blohm & Voss gebaut, die MONTE OLIVIA (Bj. 1925, 13 750 BRT), MONTE CERVANTES (Bj. 1928, 14 140 BRT), MONTE PASCOAL (Bj. 1931, 13870 BRT) und MONTE ROSA (1931, 13 882 BRT). Als sich die Auswanderung nach Südamerika, die Basis für die ursprüngliche Konzeption gewesen war, nicht in dem erwarteten Maß entwickelt, wie sich bald zeigt, beschäftigt die Hamburg Süd ihre MONTE-Schiffe ebenfalls mit Kreuzfahrten, und zwar überaus erfolgreich.

Erfreute und dankbare Passagiere, die auf diesen außergewöhnlichen Schiffen gefahren sind, gründen sogar einen »Club der Monte-Freunde der Hamburg Süd«, geben eine Zeitschrift heraus, zeigen Filme und Dias und treffen sich an Erinnerungsabenden.

Die MONTE-Schiffe sind das Vorbild der späteren so genannten KdF-Schiffe (KdF = Kraft durch Freude, einer Unterorganisation der Deutschen Arbeitsfront, der Einheitsgewerkschaft des Deutschen Reiches).

Speisesaal auf der MONTE SARMIENTO, Klassenunterschiede gibt es nicht.

Die MONTE OLIVIA ist das zweite Schiff der neuen Klasse.

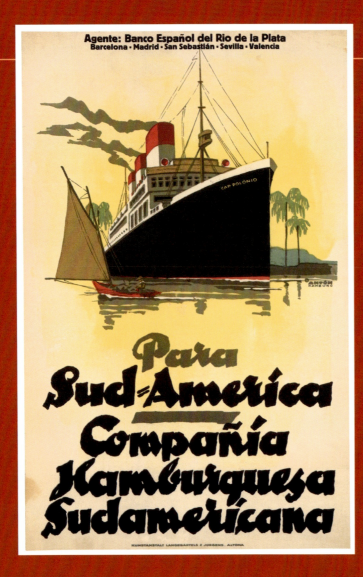

Die Passagierschifffahrt hat wieder einen hohen Stellenwert im Reedereibetrieb.

Die Hamburg Süd kann als einzige der großen deutschen Reedereien eine Dividende ausschütten

1925 Der Geschäftsbericht für das vorangegangene Jahr vermerkt, den Heimathafen Hamburg betreffend: »Einen besonderen Uebelstand für unser Passage-Geschäft bildet der Umstand, dass es bisher nicht erreicht werden konnte, unseren Passagieren eine der Größe des Hafens würdige und moderne Ein- und Ausschiffungsgelegenheit zu bieten. Das Wiederanlegen unserer Dampfer an den St. Pauli-Landungsbrücken ist nach wie vor trotz aller Bemühungen und der dankenswerten Unterstützung seitens der in Frage kommenden Behörde abgelehnt worden, da die Sachverständigen hierin eine Gefahr sehen für die angeblich für solche Zwecke ungeeigneten Anlegebrücken. Auf Grund der gemachten Erfahrungen teilen wir diese Ansicht nicht. Wir sind daher darauf angewiesen, unsere Passagiere mittels Tender ein- und auszubooten. Angesichts der modernen Anlagen in fast allen überseeischen Anlaufhäfen macht eine solche unzulängliche Einrichtung auf die Reisenden erklärlicherweise keinen günstigen Eindruck. Wir geben uns der Hoffnung hin, dass hier Remedur geschaffen werden wird.«

Als einzige der großen deutschen Reedereien kann die Hamburg Süd eine Dividende für das vorangegangene Geschäftsjahr ausschütten – acht Prozent.

Ende des Jahres ist die erste Wiederaufbauphase der deutschen Handelsschifffahrt weitgehend abgeschlossen. Vor allem dank der Abfindungszahlungen des Reiches ist es gelungen, die deutsche Flotte durch An- und Rückkäufe sowie Neubauten wieder auf einen Stand von 3 Mio. BRT zu bringen. Das entspricht etwa der Hälfte des Vorkriegsbestandes von 5,5 Mio. BRT und dem zehnfachen der nach dem Krieg verbliebenen Restflotte. Auch für die Hamburg Süd findet mit der Indienststellung des von Blohm & Voss gelieferten Passagierschiffes MONTE OLIVIA (13 750 BRT) das Wiederaufbauprogramm seinen vorläufigen Abschluss.

1926 Am 30. März wird bei Blohm & Voss erneut ein Passagierschiff in Auftrag gegeben, das alle anderen Schiffe, die inzwischen von der Konkurrenz auf der Südatlantikroute in Fahrt gebracht oder dafür geplant sind, übertreffen soll. Das gilt für Größe und Geschwindigkeit, vor allem aber für die Ausstattung, die besonders auf den Geschmack des verwöhnten und teilweise sehr extravaganten südamerikanischen Reisepublikums zugeschnitten sein soll. Entworfen wird ein 27 560 BRT großes Turbinenschiff, für das nach sehr kurzer Planungszeit bereits am 21. Juni der Kiel gestreckt wird. Dieser Auftrag legt Zeugnis ab von dem ungebrochenen Selbstbewusstsein der Reederei, auf ihrer angestammten Route die Nummer Eins zu sein.

Wiederum kann die Hamburg Süd als einzige der großen deutschen Reedereien eine Dividende für das vorangegangene Geschäftsjahr ausschütten – erneut acht Prozent.

Die CAP POLONIO verlässt am 18. Juni Buenos Aires zur längsten Kreuzfahrt, die jemals mit einem Schiff der Hamburg Süd angeboten worden ist. Sie führt von der argentinischen Hauptstadt über Montevideo, Santos, Rio de Janeiro, Las Palmas, Madeira, San Sebastian an der Biscaya als erstem kontinentalen Hafen, Boulogne, Hamburg, Leith, skandinavische Länder, Helsinki, Leningrad und zurück wieder über Hamburg, Boulogne, La Coruña, Vigo und Lissabon. Am 4. Oktober 1926 endet dieses in der Reedereigeschichte einmalig bleibende Unternehmen.

Das Aktienkapital wird um weitere 5 Mio. RM erhöht.

1925–1926

1925 Am 28. Februar verstirbt Reichspräsident Friedrich Ebert. Am 25. April wird Feldmarschall Paul von Hindenburg zu seinem Nachfolger gewählt.

Der deutsche Chemiker Franz Fischer und sein Mitarbeiter Hans Tropsch erhalten das Patent auf ein Verfahren zur Gewinnung von Kohlenwasserstoffen (Benzin und Diesel) aus Kohle.

1926 Berlin erhält erste Selbstwähltelefone.

Deutschland wird in den Völkerbund aufgenommen.

Ein Bild, das allein mehr sagt als Worte.

Wir wollen unsere Selbständigkeit bewahren und sind dafür stark genug

1927

Erste Weltwirtschafts-
konferenz mit Delegierten
aus 47 Staaten in Genf.

1927 Der Bau von Motorschiffen übertrifft im Weltschiffbau erstmals den von Dampfschiffen.

Um einer Überfremdung der Reederei vorzubeugen, entsprechende Bemühungen sind erkennbar, wird der Generalversammlung im Februar vorgeschlagen, das Kapital erneut zu erhöhen, und zwar um 10 000 200 RM Stammaktien und 333 340 RM Vorzugsaktien.

Zur Erklärung dieses Vorschlages heißt es im Anfang des Jahres vorgelegten Bericht für das vorangegangene Geschäftsjahr: »Wir haben in der Vergangenheit bewiesen, daß wir in der Lage sind, einen annehmbaren Gewinn für unsere Aktionäre aus unserem Unternehmen herauszuwirtschaften. Wir verdanken dieses günstige Ergebnis in erster Linie dem Umstand, daß wir, frei von irgendwelchen Rücksichten, unsere Beschlüsse selbständig zu fassen in der Lage sind. Wir sind überzeugt, daß unsere Aktionäre, die treu zu unserer Gesellschaft halten, einer Maßregel zustimmen werden, die dazu angetan ist, uns vor dem Verlust unserer Selbständigkeit zu bewahren. Die vielgepriesenen Zusammenschlüsse sind nicht immer ein Beweis der Stärke, sondern weit häufiger der Schwäche. Wir fühlen uns stark genug, ohne Anlehnung an andere Gesellschaften unser Unternehmen auszubauen und unseren bescheidenen Anteil an der Wiedererstarkung der deutschen Flotte beizutragen. Es kann auch nicht im Interesse der Wirtschaft im allgemeinen sein, die Individualität mehr und mehr auszuschalten. Wir sehen im Interesse unserer Gesellschaft unsere vornehmste Aufgabe darin, gegen

Mit der neuen CAP ARCONA werden auf dem Südatlantik neue Maßstäbe gesetzt

dieses Ueberhandnehmen der Fusionen Front zu machen und alles daran zu setzen, uns gegen alle Eventualitäten zu schützen.«

Interessierte Kreise, hinter denen der Norddeutsche Lloyd steht, und die nun wegen der Kapitalerhöhung ihre Majoritätsbestrebungen in Gefahr sehen, klagen gegen diese Maßnahme, vor allem gegen die mit einem höheren Stimmrecht ausgestatteten Vorzugsaktien, sie bleiben aber durch alle Instanzen erfolglos.

Auf dem Passagierschiff CAP POLONIO wird von der DEBEG der erste Kurzwellensender installiert.

Das 1926 bei Blohm & Voss georderte und am 14. Mai vom Stapel gelaufene Turbinenschiff CAP ARCONA tritt am 19. November seine Jungfernreise zu den La Plata-Häfen an. Es ist mit 27 560 BRT vermessen und gilt als eine der Spitzenleistungen der deutschen Schiffbaukunst sowie, wie geplant, als schönstes und

Die Ankündigung eines neuen Stars.

Der berühmte Tennisplatz auf der CAP ARCONA.

Ein Stimmungsbild: Kappenfest auf der CAP ARCONA.

elegantestes Schiff auf der Südamerika-Route. Als es nach zwölf Tagen in Rio de Janeiro einläuft, hat es einen neuen Rekord auf dieser Strecke aufgestellt. Die 205,9 m lange und 25,7 m breite CAP ARCONA wird wegen ihrer schiffbaulichen Eleganz und ihrer luxuriösen Einrichtungen zu einer Berühmtheit. Zu ihren Besonderheiten gehört ein Tennisplatz in Originalgröße auf dem Bootsdeck. Platz ist an Bord für 575 Passagiere in der I. Klasse, 275 in der II. Klasse und 465 in der III. Klasse. Die Besatzung besteht aus 630 Personen. Als Antrieb dienen acht bei Blohm & Voss gefertigte Getriebe-Turbinen, die 24 000 PSw leisten und über zwei Schrauben eine Geschwindigkeit von 21 Knoten ermöglichen. Geführt wird das Schiff von Kommodore Ernst Rolin.

Unter der Überschrift »Der größte Sportplatz an Bord eines Schiffes« berichtet später die »Hamburg-Süd Zeitung« im Dezember 1930: »Sportplätze, sogenannte Sportdecks, gibt es schon seit einiger Zeit auf den modernen Passagierschiffen. Noch nie aber hat man es fertig gebracht, auf einem Schiff einen Sportplatz anzulegen, dessen Abmessungen genau den Maßen eines Tennisplatzes an Land entsprechen. Dies ist jedoch auf dem neuen Schnelldampfer CAP ARCONA der Hamburg-Südamerikanischen Dampfschifffahrts-Gesellschaft möglich gewesen, indem man den geräumigen Platz des Bootsdecks zwischen dem dritten Schornstein und dem Großmast zu einem 1300 qm großen Sportplatz umwandelte. Neben Lawn-Tennis können hier folgende Sportarten betrieben werden: Shuffleboard, Ringtennis, Bleilatsch, Ringdorn, Schiffsglockenspiel, Boxtraining, Golf Croquet und Fußballzielspiel. Für Kinder sind neben einem Laufbalken verschiedene Spielmöglichkeiten vorgesehen. Auf den bisherigen Rundreisen, welche der Schnelldampfer CAP ARCONA nach Südamerika zurückgelegt hat, fand das Sportdeck eine dauernde lebhafte Inanspruchnahme. Der Sport wird sogar am Abend ausgeübt, wenn das Schiff durch die Tropen fährt. Standlampen an beiden Seiten und eine elektrische Sonne über der Mitte des Sportdecks sorgen für eine ergiebige Beleuchtung. Zu beiden Seiten dieses Decks befinden sich Plätze, von denen aus die Zuschauer, in bequemen Sesseln liegend und Erfrischungen zu sich nehmend, das Spiel der Jugend verfolgen können.«

Und noch einer der vielen begeisterten Berichte, mit denen die Tagespresse dieses außergewöhnliche Schiff würdigt: »Auf See wirft auch der nüchternste Alltagsmensch seine gewohnte Rolle ab, spielt die Rolle des Weltenbummlers und beginnt, von der Schönheit der Reise verwandelt, von ihr zu schwärmen: Die Passagiere fühlen sich im Riesenleib des Schiffes geborgen. Eine kleine Stadt findet in seinen stählernen Wänden Platz. Haushoch ragt der Schiffsrumpf aus dem Wasser empor. In vielen Reihen glänzen die Bullaugen in ihren Fassungen. Darüber gestaffelt liegen die Decks, die Kommandobrücke, die mächtigen Schornsteine, und hoch über allem vibriert das durchsichtige Filigran der Antennen. Innen aber pocht und klopft das Herz des Schiffes. Da stampfen die Maschinen, rhythmisch und sicher, mit unheimlicher Genauigkeit. Man muss einmal in die Maschinenräume hinabgestiegen sein,

Die CAP ARCONA, die neue Königin des Südatlantiks in Montevideo.

um zu begreifen, welche Kräfte zur Fortbewegung eines solchen Riesengebildes notwendig sind. Man sollte aber auch auf der Kommandobrücke gestanden haben, um das wunderbare Präzisionswerk kennenzulernen, das zur Schiffsführung notwendig ist, und um zu erfahren, wie Funkentelegraphie, Rauchmelde- und Schallsignalanlagen funktionieren. Es ist ein spannendes Erlebnis, zu sehen, wie das Schiff durch automatische Steuerung ohne Zugriff von Menschenhand exakt und lautlos gelenkt wird…«

Der sowjetische Eisbrecher KRASSIN
hilft der leckgeschlagenen MONTE CERVANTES

Der Eisbrecher KRASSIN ist bei der
MONTE CERVANTES längseits gegangen
und pumpt nach Abdichten des Lecks
eingedrungenes Wasser aus dem Schiff.

KRASSIN, ein starker
Helfer, der heute
noch in St. Petersburg
als Museumsschiff zu
besichtigen ist.

In Hamburg entsteht endlich eine »Überseebrücke« für die adäquate Ein- und Ausschiffung von Passagieren

1928 Während einer Nordland-Kreuzfahrt gerät das MS MONTE CERVANTES (13 913 BRT) am 24. Juli bei Spitzbergen in Treibeis und wird leckgeschlagen. Die Schiffsführung kann den Havaristen gerade noch an der Küste von Spitzbergen auf Strand setzen. Experten des Hilfe leistenden sowjetischen Eisbrechers KRASSIN dichten das Leck ab, so dass die MONTE CERVANTES mit eigener Kraft die Heimreise antreten kann. Aus diesem Vorfall erwächst der Reederei später ein umfangreicher Prozess, da die sowjetische Regierung Bergelohn beansprucht.

In Hamburg entsteht nach langen Bemühungen, und vor allem auf Betreiben der Hamburg Süd, endlich die Überseebrücke, an der die Reederei künftig nicht nur ihre Südamerika-Passagierdampfer abfertigt, sondern auch die Kreuzfahrtschiffe der MONTE-Klasse mit jeweils mehr als 1000 Fahrgästen. Gegenüber dem Hamburger Staat wird von Seiten der Reederei eine Mindestauslastung der neuen Anlage garantiert. Insgesamt erfährt das Kreuzfahrtgeschäft der Hamburg Süd in den folgenden Jahren eine enorme Ausweitung. Es wird vor allem durch den Einsatz der MONTE-Schiffe auch für breitere Schichten erschwinglich. Aber auch die größeren Schiffe, wie die CAP POLONIO, die CAP NORTE und die ANTONIO DELFINO, erleben nach wie vor mit ihren eher luxuriösen Angeboten von Europa oder Südamerika aus ungebrochen erfreulichen Zuspruch.

In dem Bericht für das abgelaufene Geschäftsjahr wird Klage geführt über die ständig im Steigen begriffenen Steuern, sozialen Abgaben und Unkosten. Sehr deutlich werden Befürchtungen über den Missbrauch geäußert: »Vornehmlich die neu eingeführte Seekrankenkasse hat den Reedern im verflossenen Jahr beträchtliche Mehrlasten verursacht. Wir fürchten, daß im laufenden Jahr durch die nachweislich missbräuchliche Ausnutzung dieser Einrichtung mit einer weiteren Erhöhung der Abgaben gerechnet werden muss.

Zur besseren Kennzeichnung des über die Seekrankenkasse Gesagten weisen wir darauf hin, daß im Jahre 1928, dem ersten Jahr des Bestehens dieser neuen Krankenkasse, sich 1640 Seeleute unserer Flotte krank gemeldet haben. In diese Zahl sind noch nicht diejenigen eingeschlossen, die bei den Ortskrankenkassen im Reich ärztliche Behandlung gefunden haben. Die Besatzungsstärke unserer Schiffe beläuft sich auf 2800 Mann, so daß seit der Neueinführung sich rund 60 % unserer gesamten Mannschaft krank gemeldet hat, während vor der Errichtung der Seekrankenkasse sich nur durchschnittlich 250 Mann im Jahr, also noch nicht einmal 10 %, krank meldeten und auf unsere Kosten behandelt wurden.«

1928

Im Oktober beginnt der längste Streit in der deutschen Schiffbauindustrie. Er endet erst im Januar.

Die MONTE CERVANTES, auslaufend Hamburg.

NDR
HAMBURGER
Hafen ⚓ Konzert

»Wir grüßen Sie alle in nah und fern, in Stadt und Land, in Nord und Süd, in Ost und West, an der See und auf See, diesseits und jenseits des Äquators. Wir grüßen alle unsere Hörer im In- und Ausland, un all uns leeven plattdüütschen Landslüüd binnen un buten...«

Mit diesen Worten wurde das »Hamburger Hafenkonzert« am 9. Juni 1929 aus der Taufe gehoben. Die NORAG, die Nordische Rundfunk AG, hatte gerade ihren fünften Geburtstag hinter sich. »Schaffen Sie eine Sendung, die nach Tang und Teer riecht, produzieren Sie ein Programm, das die große weite Welt in die Wohnstube bringt«, lautete der Auftrag des damaligen Intendanten Hans Bodenstedt an seinen Mitarbeiter Kurt Esmarch. Esmarch hatte die Seefahrt bei der Kaiserlichen Marine noch hautnah kennengelernt und griff begeistert zu. Das Konzept der Sendung, Musik und Reportagen von Bord großer Fracht- und Passagierschiffe zu übertragen, war zu progressiv, um von allen verstanden zu werden. Die großen Reedereien, auf deren Zusammenarbeit Esmarch angewiesen war, sahen nicht die Möglichkeiten, die eine solche Sendung bot. Mit einer Ausnahme: Die Direktoren der Hamburg-Südamerikanischen Dampfschifffahrts-Gesellschaft (»Hamburg-Süd«) ließen die NORAG-Leute wissen, daß sie an Bord ihrer Schiffe jederzeit willkommen seien. So feierte das Hamburger Hafenkonzert seine Premiere auf dem Hamburg-Süd-Dampfer »Antonio Delfino«. Seidem sind mehr als fünfeinhalb Jahrzehnte vergangen, und das Hamburger Hafenkonzert hat nichts von seiner Attraktion und seinem »Geschmack nach Seetang und Teer« verloren. Als älteste heute noch existierende Live-Sendung der Welt ist es in das Guinness-Buch der Rekorde eingegangen.

Die älteste Live-Sendung der Welt

HAFENKONZERT
NDR

NORDDEUTSCHER RUNDFUNK
ÖFFENTLICHKEITSARBEIT
Rothenbaumchaussee 132–134
2000 Hamburg 13
Design: Radowitz/Klingenberg

Die erste Kapelle des Hafenkonzerts unter der Leitung von Obermusikmeister a. D. Reinhold Bartsch.

Technische Einrichtung zur Übertragung des Hafenkonzerts auf der Kommandobrücke.

Höhepunkt in der Passagierbeförderung, doch dann folgt der »Schwarze Freitag«

··· **1929**

In Paris werden mit dem Young-Plan die deutschen Reparationszahlungen neu geregelt. Das Deutsche Reich soll nun bis 1987 jährlich 2 Mrd. Goldmark zahlen.

Das größte Flugboot der Welt, die von zwölf Motoren angetriebene und über 100 Passagieren Platz bietende Dornier Do-X, startet zu seinem ersten Transatlantikflug.

Schlepper SÜD AMERIKA VII assistiert auch reedereifremden Schiffen. Selbst Segler brauchen seine Hilfe.

1929 Mit 57 859 beförderten Personen erreicht der Passagierverkehr der Reederei mit Südamerika einen neuen Höhepunkt.

Am 6. Juni findet an Bord der ANTONIO DELFINO unter der Leitung des legendären Rundfunkjournalisten Kurt Esmarch das erste Hamburger Hafenkonzert statt – eine der beliebtesten und langlebigsten Hörfunksendungen überhaupt.

Der Sturz der vor allem durch Spekulationsgeschäfte in die Höhe getriebenen Aktienkurse in den USA löst am 25. Oktober – der als der »Schwarze Freitag« in die Geschichte eingegangen ist – an der New Yorker Börse eine Panik aus, in dessen Folge eine tiefgreifende Weltwirtschaftskrise mit katastrophalen Folgen auch für die Schifffahrt beginnt.

Hamburg - Südamerikanische Dampfschiffahrts-Gesellschaft Hamburg, Holzbrücke 8.
Gründungsjahr: 1871. — *Kapital:* 40 000 200 RM. — *Aufsichtsratmitglieder:* Max v. Schinkel, Richd. C. Krogmann, Johs. S. Amsinck, Dr. Hermann Nottebohm, H. Diederichsen. — *Vorstandsmitglieder:* Th. Amsinck, J. Eggert. — *Prokuristen:* Dr. B. H. Moltmann, Johs. Zimmermann.
Reedereibetrieb:
Passagier- und Frachtdienst nach der Ostküste Südamerikas, nämlich Brasilien und Argentinien. Es bestehen getrennte Dienste, und zwar: 1. ein Schnelldampferverkehr über Boulogne, Vigo, Lissabon nach Rio de Janeiro, Santos, Montevideo, Buenos Aires; 2. ein kombinierter Fracht- und Passagierdampferverkehr, der unterhalten wird von den drei Motorschiffen „Monte Sarmiento", „Monte Olivia", „Monte Cervantes" und von den Dampfern „Espana", „La Coruna", „Vigo" und „Villagarcia". Diese Schiffe befördern nur Passagiere III. Klasse in Kammern und im offenen Wohndeck; 3. werden noch reine Frachtdampferlinien nach Mittelbrasilien und Südbrasilien unterhalten.
Verbandszugehörigkeit: Verein Hamburger Rheder, Verband Deutscher Reeder.
Flottenbestand:
Cap Arcona (Dampfer), Bauj. 1927, 27 000 t, 24 000 PS., 20 Sm.
Cap Polonio (Dampfer), Bauj. 1914, 21 000 t, 20 000 PS., 18¼ Sm.
Antonio Delfino (Dampfer), Bauj. 1921, 14 000 t, 6000 PS., 14½ Sm.
Cap Norte (Dampfer), Bauj. 1922, 14 000 t, 6000 PS., 14½ Sm.
Monte Cervantes (Motorschiff), Bauj. 1927, 14 000 t, 7000 PS., 14¼ Sm.
Monte Sarmiento (Motorschiff), Bauj. 1924, 14 000 t, 7000 PS., 14¼ Sm
Monte Olivia (Motorschiff), Bauj. 1924, 14 000 t, 7000 PS., 14¼ Sm.
Espana (Dampfer), Bauj. 1921, 7500 t, 3200 PS., 12 Sm.
La Coruna (Dampfer), Bauj. 1921, 7500 t, 3200 PS., 12 Sm.
Vigo (Dampfer), Bauj. 1922, 7500 t, 3200 PS., 12 Sm.
Villagarcia (Dampfer), Bauj. 1907, 7500 t, 2500 PS., 11 Sm.
Bahia (Motorschiff), Bauj. 1927, 5000 t, 2600 PS., 12 Sm.
Pernambuco (Motorschiff), Bauj. 1925, 5000 t, 2600 PS., 12 Sm.
Bilbao (Dampfer), Bauj. 1905, 6000 t, 2300 PS., 11 Sm.
Argentina (Dampfer), Bauj. 1920, 6000 t, 1900 PS., 10 Sm.
Santa Fé (Dampfer), Bauj. 1902, 5000 t, 2800 PS., 11 Sm.
Santa Theresa (Dampfer), Bauj. 1910, 4000 t, 1300 PS., 10 Sm.
Rio de Janeiro (Dampfer), Bauj. 1914, 5500 t, 2600 PS., 10 Sm.
Paraná (Dampfer), Bauj. 1921, 6000 t, 4400 PS., 13 Sm.
Tenerife (Dampfer), Bauj. 1922, 5000 t, 1800 PS., 10 Sm.
Entrerios (Dampfer), Bauj. 1923, 5000 t, 1800 PS., 10 Sm.

Im 1929 erschienenen »Handbuch der Schiffahrtsgesellschaften und Reedereien« ist der aktuelle Stand der Hamburg Süd dokumentiert.

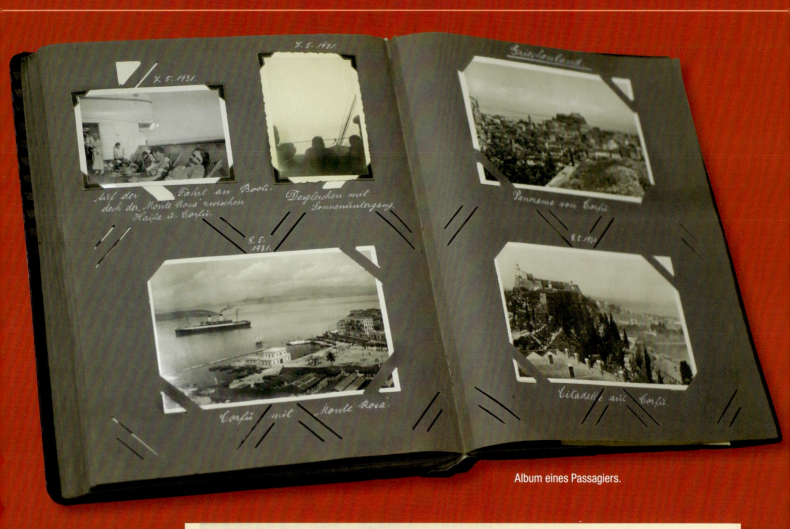

Album eines Passagiers.

Es war eine wunderschöne Reise.

Die MONTE CERVANTES scheint vom Pech verfolgt

1930 Das MS MONTE CERVANTES gerät am 22. Januar bei einer Feuerland-Kreuzfahrt im Beagle-Kanal nahe Ushuaia auf einen bis dahin unbekannten Unterwasserfelsen und beginnt zu sinken. Es gelingt, die 1117 Passagiere und die Besatzung an Land zu bringen sowie am folgenden Tag fast alles Gepäck. Am 24. Januar rutscht das Schiff vom Felsen ab und kentert, wobei dessen Kapitän Dreyer als einziger ums Leben kommt.

Die Anfang des Jahres zustande gekommene Hapag-Lloyd Union, die einer Fusion der beiden Großreedereien zumindest ähnlich ist, hat auch erhebliche Auswirkungen auf die Hamburg Süd. Der Norddeutsche Lloyd hatte sich über ein nicht ganz seriöses Vorgehen der Bremer Staatskasse heimlich die Aktienmehrheit an der Hamburg Süd gesichert und diese nach Holland verpfändet, um durch ein Abkommen mit der holländischen Reederei Koninklijker Hollandscher Lloyd seinen Vorsprung in der Fahrt zur südamerikanischen Küste gegenüber der Hapag und der Hamburg Süd weiter auszubauen. Als diese Praktiken bekannt werden, greift der Unions-Vertrag, nach dem die Hapag verpflichtet ist, mit dem NDL Aktienbesitz an Dritten im Verhältnis 50 : 50 auszutauschen. Die Hapag muss daher mit erheblichem finanziellen Aufwand unter gleichzeitig großem Kursverlust ein entsprechendes Aktienpaket der Hamburg Süd in Holland auslösen und übernehmen, was zu einer erheblichen Verstimmung und zu einem deutlichen Vertrauensverlust gegenüber dem Bremer Unionspartner führt.

Die MONTE CERVANTES ist vom Pech verfolgt, sie gerät im Beagle-Kanal ohne Verschulden der Schiffsführung in Verlust. Ein tragischer Unfall, schon deswegen, weil allein Kapitän Dreyer mit seinem Schiff ums Leben kommt.

Kein Gedränge beim Einsteigen.

An Bord ist es schon etwas enger. Sitze, Fenster und Lampen vermitteln aber durchaus ein gemütliches Wohnzimmergefühl.

Auch die Luftfahrt wird zu einem Betätigungsfeld

Dass die Reederei nicht nur in jeder Hinsicht um die Zufriedenheit ihrer Schiffspassagiere bemüht ist, sondern sich im Zusammenhang mit ihren Touristikaktivitäten gleichermaßen auch um das Wohl der immer größer werdenden Anzahl der Flugreisenden kümmert, belegt die Empfehlung »10 Gebote für die Luftreise«, die sie in der »Hamburg-Süd Zeitung« vorsorglich ihren Kunden 1931 mit auf den Weg gibt:

1. Lösen Sie ihren Flugschein so früh wie möglich, denn Sie dürfen nicht vergessen, daß das Fassungsvermögen der Verkehrsflugzeuge begrenzt ist. (Jedes Reisebüro übernimmt die Platzbelegung).
2. Wählen Sie ihre Kleidung wie für eine Eisenbahnfahrt. Da die Flugkabinen geschlossen und in der kalten Jahreszeit auch geheizt sind, erübrigt sich jede Sonderbekleidung.
3. Da nur 15 Kilo Freigepäck zugelassen sind, schicken Sie ihre großen Koffer am besten per Bahn voraus und behalten für die Luftreise nur einen Handkoffer mit den notwendigsten Utensilien für die nächsten 24 Stunden.
4. Nehmen Sie nach dem Betreten der Flugzeugkabine Ihren Platz ein und benutzen Sie bei Start und Landung die polizeilich vorgeschriebene Anschnall-Vorrichtung. Während des Fluges ist diese überflüssig, da Sie in der Kabine volle Bewegungsfreiheit haben.
5. Gebrauchen Sie die Ihnen vor dem Fluge ausgehändigte Ohrenwatte; denn das Motorengeräusch ist bei längeren Flügen etwas lästig.
6. Sie sollten in der Nähe der Flugzeuge aus Sicherheitsgründen und in der Kabine mit Rücksicht auf das Wohlbefinden Ihrer Mitreisenden nicht rauchen.
7. Warten Sie nicht darauf, daß Sie von der Luftkrankheit befallen werden, sondern genießen Sie die Fernsicht, lesen oder schreiben Sie. Nur bei sehr stürmischem Wetter werden dazu disponierte Fluggästen von Unwohlsein befallen. Auch diesen kann durch Luftkrankheitsmittel, die in jedem Flughafen erhältlich sind, geholfen werden.
8. Sorgen Sie dafür, daß die Luft in der Kabine frisch bleibt. Das Öffnen der Fenster ist erlaubt, nicht aber das Hinauswerfen von Gegenständen, die einem Erdenbürger tief unter Ihnen auf den Kopf fallen könnten.
9. Das Photographieren aus dem Flugzeug ist leider überall verboten und nur mit besonderer behördlicher Genehmigung gestattet. Sie müssen deshalb Ihren Photoapparat während der Luftreise im Koffer lassen.
10. Spielen Sie nach dem Fluge vor Ihren Mitmenschen nicht die Rolle eines Helden, denn es gehört schon lange kein Mut mehr dazu, den Luftweg zu benutzen. Sie können sich aber um die Luftfahrt verdient machen, wenn Sie rückständige Menschen, welche die Luftreise für eine gefährliche Sensation halten, etwas aufklären.

Die Hamburg Süd beteiligt sich an der Entwicklung des Luftverkehrs über dem Südatlantik

Im Oktober stimmen die Hapag-Lloyd Union und die Hamburg Süd ihre Fahrpläne zur Ostküste Südamerikas aufeinander ab, sodass ein gemeinsamer Fahrplan entsteht. Das gibt erneut Gerüchten Auftrieb, nach denen die Union eine Übernahme der Hamburg Süd beabsichtigt.

Zwischen der Hamburg Süd, der Lufthansa und dem brasilianischen Condor-Flugsyndikat kommt es zu einer Vereinbarung, nach der die beiden Fluggesellschaften für ihren geplanten beschleunigten Postverkehr zwischen Europa und Südamerika in Verbindung mit der CAP ARCONA Versuchsflüge bei den Kanarischen Inseln, bei der brasilianischen Küste vorgelagerten Insel Fernando de Noronha und vor Buenos Aires durchführen wollen. Die für Südamerika bestimmten Postsäcke werden dem Schiff nach Verlassen Europas per Flugzeug von den Kanaren aus hinterhergebracht und vor Erreichen der südamerikanischen Küste ebenfalls per Flugzeug wieder abgeholt. Heimkehrend geschieht das auf umgekehrte Weise. Die Laufzeit der Post verringert sich gegenüber dem sonst nur möglichen Seeweg um vier bis fünf Tage. Die Versuchsflüge verlaufen günstig. Die freundschaftliche Zusammenarbeit endet allerdings bereits 1934 wieder, als sich die Lufthansa durch den Einsatz neuer Flugzeugtypen und mit entsprechend umgebauten Frachtschiffen eigene schwimmende Stützpunkte als Zwischenstation in der Mitte des Südatlantiks schafft.

Nachdem die Reederei acht Jahre hintereinander acht Prozent Dividende ausgeschüttet hatte, gehen die Aktionäre in diesem Jahr erstmals leer aus.

1931 Am 15. Januar und am 21. März werden die von Blohm & Voss gebauten Passagier-MS MONTE PASCOAL (13.870 BRT) und MONTE ROSA (13.882 BRT) übernommen. Es sind die vorerst letzten Neubauten der Hamburg Süd.

Die Wirtschafts- und Finanzkrise in Deutschland führt zum Bankenkrach, dem die Schließung aller Banken, Sparkassen und Börsen folgt.

Mit Unterstützung des Reiches erfolgt die Zusammenlegung des Kapitals der Reederei von 40 Mio. RM auf 10 Mio. RM. Das Reich hält jetzt mit 8 Mio. RM die Aktienmehrheit, was aber keinerlei Auswirkungen auf den Geschäftsbetrieb hat.

Die Hapag-Lloyd Union und die Hamburg Süd schließen ein auf zehn Jahre befristetes Poolabkommen, das auch die Disposition und das Management der Schiffe einschließt. Es kommt dabei zu einer Verflechtung in den Aufsichtsräten mit deutlichem Schwerpunkt seitens der Union, wodurch nun auch die Hamburg Süd in den Sog der allgemeinen Konzentrationsbewegung innerhalb der deutschen Linienschifffahrt gerät.

1931

Mit der vom US-Präsidenten Hoover durchgesetzten einjährigen Aussetzung der deutschen Reparationszahlungen wird der wirtschaftliche Zusammenbruch des Deutschen Reiches verhindert.

Die erste Ausgabe der »Hamburg-Süd Zeitung« vom Dezember 1930, natürlich mit der CAP ARCONA auf dem Titel. Diese neue Publikation ist in erster Linie als Lektüre für die Passagiere gedacht und bringt auch Beiträge in spanischer Sprache.

Ein Teil der berühmten Speicherstadt.

Reichlich Menschenkraft wird benötigt.

Heimathafen Hamburg

Der Hafen ist seit Jahrhunderten das wirtschaftliche Herz der Hansestadt Hamburg, und die Hamburg Süd ist seit ihrer Gründung einer der wichtigsten Impulsgeber. Die Reederei ist mit einer eigenen Organisation und von ihr betriebenen Anlagen Dreh- und Angelpunkt für den prosperierenden Südamerika-Handel, einem bedeutenden Faktor des Wirtschaftslebens der Elbmetropole. Ihre Schiffe mit den einprägsamen weiß-roten Schornsteinen prägen wesentlich das Hafenbild mit.

In der »Hamburg-Süd Zeitung« vom Oktober 1931 findet sich ein Bericht über »Die Hamburger Hafen-Anlagen der Hamburg Süd: Der Hamburger Hafen ist erst im Laufe der Zeit das Wunderwerk geworden, das er heute darstellt. Einen Begriff von der Ausdehnung der Hamburger Hafenanlagen erhält man, wenn man sich vorstellt, dass sie ein Gebiet von rund 4000 Hektar umfassen, von denen allein 1350 Hektar auf den Freihafen als Zollausland entfallen. Die Gesamtlänge aller Uferstrecken im Hafen beträgt 169 km. Die Kai-Schuppen überdecken eine Lagerfläche von rund 520.000 qm. Die größten Anlegestellen im Hafen sind die St. Pauli-Landungsbrücken und die neue Überseebrücke, an die die Ozeanriesen zur Ein- und Ausschiffung ihrer Passagiere anlegen. Wundergebilde der Technik sind sowohl die Elbbrücken wie der

Ein wunderschönes Hamburg-Panorama: Stadt und »Michel« noch im leichten Morgennebel, vorn die CAP POLONIO.

Schwergut wird mit eigenem Geschirr übernommen.

Begehrte Ladung in Säcken: Kaffee.

Elbtunnel. Es lohnen sich Besichtigungsfahrten im Hafen mit den schmucken grünen Dampfern der Hafen-Dampfschiffahrts A.-G., die den Fremden in kurzer Zeit durch die zahlreichen Hafenbecken und -kanäle führen.

Wie jede größere Reederei im Hamburger Hafen über ihre eigenen Lade- und Löschanlagen verfügt, so besitzt natürlich auch die Hamburg Süd ihren eigenen Hafenbetrieb. Die der Hamburg Süd gehörenden großen Schuppen Nr. 45, 46 und 47 liegen im Hansa-Hafen. Der nach dem verdienten Bürgermeister O'Swald benannte »Hamburg Süd« Kai hat eine Länge von 1620 m. Hier liegen die schmucken mit weiß-roten Schornsteinen gekrönten Dampfer und Motorschiffe der »Hamburg Süd« und leuchten in ihren hübschen Farben weithin über den Hafen der Elbe-Metropole. An der Spitze des »Hamburg Süd« Kais steht ein großer 30 Tonnen Kran, der schwere Lasten, wie Lokomotiven, Kessel, Maschinen usw. in die Schiffe hineinhebt. Längs des ganzen Kais sind moderne fahrbare Wipp-Kräne aufgestellt, die eine Hebefähigkeit von 3 Tonnen haben.

Wenn einer der großen Frachtdampfer von Südamerika kommt und am O'Swald Kai anlegt, so bieten die bald darauf einsetzenden Arbeiten des Entladens ein anschauliches Bild dar, und man bekommt erst dann einen richtigen Begriff von den lebhaften Wirtschaftsbeziehungen zwischen Deutschland und den südamerikanischen Staaten. Die Ladung wechselt mit den Jahreszeiten und Ernten. Auch mit steigender und fallender Konjunktur. Derartige Rekordladungen von 120 000 Sack

Die Kaianlagen der Hamburg Süd im Hamburger Hafen.

Immer ein schöner Anblick – die MONTE PASCOAL verläßt ihren Heimathafen zu einer neuen Rundreise.

Santos Kaffee, wie sie ein Hamburg Süd Dampfer in den letzten Vorkriegsjahren mitbrachte, kommen heute nicht mehr an. 25 000 Sack sind heute eine ungewöhnlich große Schiffsladung, denn infolge der gesunkenen Kaufkraft des Volkes hat der Kaffee-Konsum leider stark nachgelassen, obwohl er in den letzten Jahren wieder im Steigen begriffen ist. Große Mengen des köstlichen Brasiltabaks werden von den Schiffen angebracht; das bunte Bild der Ladungsarten zeigt u. a. noch Weizen, Hafer, Gerste, Kleie, Leinsaat, Öl- und Erdnußkuchen (Futtermittel), Fleisch in Fässern und Kisten, Früchte, Därme, Haare, Hörner, Hufe, gesalzene und getrocknete Häute, Knochen, Sehnen, kurz all den Reichtum von Brasilien, Uruguay und Argentinien an landwirtschaftlichen und tierischen Produkten. Wenig bekannt, und doch als Einfuhrware sehr wichtig, ist der Quebrachoextrakt, der aus dem Holz eines Baumes der Gattung der Anarkadien gewonnen und zum Gerben benutzt wird.

Brasilien liefert außer Kaffee, Kakao, Tabak, Häuten, Futtermitteln etc. Baumwolle, Früchte, Gummi und Halbedelsteine. Neuerdings gewinnt auch die Einfuhr des Maté aus Südbrasilien steigende Bedeutung. Auch Edelhölzer und Erze sind unter der Ladung eines Südamerikaschiffes noch zu nennen. Zuweilen werden auch Tiere eingeführt, Nutrias, Pumas und Vögel. So erhält man beim Besichtigen der buntscheckigen Ladung in den Schuppen der »Hamburg Süd« einen recht instruktiven Begriff von den Erzeugnissen der neuen Welt.

Ebenso interessant ist es, die ausgehende Ladung zu studieren, die Erzeugnisse des deutschen Industriefleißes, die dem Fortschritt Südamerikas dienen sollen. Zum Bau von technischen Anlagen werden große Mengen von Eisenteilen, Maschinen, Draht, Röhren für Gas- und Wasserleitungen, Eisenbahnmaterial, z.B. Schienen, Feldbahnen, Konstruktionsteile hinausgesandt, Papierballen, insbesondere Zeitungspapier, Musikinstrumente, darunter viele Klaviere, Textilwaren, optische Instrumente, Lederwaren, Porzellan, Drogen, kunstgewerbliche Erzeugnisse und so vieles andere, füllt die Schuppen und geht dann in den geräumigen Schiffsbauch hinein.

Geräumige Schuppen stehen für die Zwischenlagerung der vielfältigen Güter zur Verfügung.

Werkstätten für den Schlepper- und Barkassenbetrieb.

Welche Unmengen von Ladung ein großes Ozeanschiff in seinen Laderäumen beherbergen kann, das sieht man recht gut aus einem Überblick über die in den Schuppen lagernden Ladungsmengen.

Leider ist das Ladungsgeschäft augenblicklich recht daniederliegend, ein Faktum, das in allen Häfen der Welt zu beobachten ist. Trotzdem pulsiert das Leben im Hamburger Hafen Tag für Tag, und es kommt nie vor, daß die Kaimauern im Hansa-Hafen an den Schuppen der »Hamburg Süd« nicht besetzt sind. Nur die beiden Luxusliner CAP ARCONA und CAP POLONIO sieht man niemals hier, denn ihr Liegeplatz ist an den Pfählen des Jonas-Hafens bei der Überseebrücke, wo auch die Motorschiffe der MONTE-Klasse, wenn sie mit fröhlichen Touristen nach dem Mittelmeer oder Nordland fahren, ablegen.«

Die MONTE-Schiffe mit ihren beiden markanten Schornsteinen geben gut eineinhalb Jahrzehnte dem Hamburger Hafen ein besonderes Flair.

Trotz der allgemeinen wirtschaftlichen Schwierigkeiten wird ein umfangreiches Kreuzfahrtprogramm geboten

1932 Im Februar steigt die Arbeitslosigkeit in Deutschland auf den Höchststand von 6,128 Mio. In den deutschen Häfen liegen im April 460 Schiffe mit zusammen 1,357 Mio. BRT beschäftigungslos auf. Das sind 34,8 Prozent der Gesamttonnage.

In Anbetracht des im Vorjahr erlittenen hohen Verlustes von gut 1,1 Mio. RM wird den Aktionären vorgeschlagen, den Nennbetrag der Stammaktien im Verhältnis 3 : 1 herabzusetzen, wodurch das neue Grundkapital 10 000 000,- RM

betragen wird, während die Vorzugsaktien mit 973 340,- RM bestehen bleiben.

Im Rahmen des im Vorjahr geschlossenen Poolabkommens müssen die Passagierschiffe ANTONIO DELFINO (Bj. 1921, 13 589 BRT) und CAP NORTE (Bj. 1922, 13 615 BRT) an den Norddeutschen Lloyd verchartert werden, der dafür drei seiner Dampfer der SIERRA-Klasse aus der Fahrt nimmt. Über diesen Transfer hinaus wird wegen zu geringen Ladungsaufkommens eine Reihe von Frachtschiffen aus dem Dienst genommen und die noch anfallende Ladung zunehmend auch mit den Passagierschiffen befördert.

Die Küstenfunkstelle Norddeich Radio nimmt mit großen deutschen Passagierschiffen, darunter die CAP ARCONA und CAP POLONIO, den Sprechfunkverkehr auf.

Die Reichsregierung genehmigt einen Betrag von 12 Mio. Reichsmark für Prämienzahlungen, mit denen der Abbruch von 400 000 BRT Alttonnage gefördert werden soll. Auch die Hamburg Süd lässt im Rahmen dieses Hilfsprogramms ihre Dampfer ARGENTINA (Bj. 1918, 5745 BRT), BILBAO (Bj. 1905, 5650 BRT), SANTA FE (Bj. 1901, 5342 BRT), SANTA THERESA (Bj. 1910, 3739 BRT) und VILLAGARCIA (Bj. 1907, 7401 BRT) abbrechen und erhält dafür eine Beihilfe in Höhe von 787 410 RM, die erst dann zurückgezahlt werden muss, wenn wieder ein angemessener Gewinn erzielt und verteilt wird. Dies erfolgt 1937.

1933 Alle deutschen Seeschiffe werden mit Bord-Rundfunkempfängern ausgestattet. Im Deutschen Reich sind immer noch 4,1 Mio. Arbeitslose registriert. 149 Schiffe mit 522 833 BRT = 16,9 Prozent der deutschen Tonnage liegen weiterhin beschäftigungslos auf.

Was das Kreuzreisenangebot betrifft, so wird das Jahr trotz allem und obwohl es in den

---

Ernst Rolin Der am 25. Oktober 1863 in Gowarzewo, in der preußischen Provinz Posen, geborene Ernst Rolin hat seine seemännische Laufbahn 1877 auf der Seefahrtschule in Hamburg begonnen und anschließend das harte Seemannsleben auf Segelschiffen kennen gelernt. Das hat seine praktischen Kenntnisse in jeder Hinsicht geprägt. Nach dem Erwerb

der erforderlichen Patente tritt er 1890 bei der Hamburg Süd ein, zunächst als 2. Offizier auf dem D. CAMPINAS (2205 BRT). Mit dem D. PARANAGUA (2803 BRT) erhält er sein erstes Schiff als Kapitän. Als Schiffsführer bewährt er sich u.a. in der schwierigen Patagonienfahrt. 1913 wird ihm das Kommando über die 1913 CAP VILANO (9467 BRT) übertragen, die nach Kriegsausbruch 1914 zunächst in Pernambuco interniert und dort 1917 beschlagnahmt wird. Um nicht untätig zu sein, und da ihm die Chancen in der deutschen Seeschifffahrt

nach dem Ende des Krieges nicht unbedingt Erfolg versprechend erscheinen, erwirbt er in einer nicht einfachen Prozedur zusätzlich das Kapitänspatent in Argentinien und fährt auch damit.

Dennoch hatte die Hamburg-Süd diesen mit seinen Fähigkeiten herausragenden Kapitän nicht aus den Augen verloren und beauftragt ihn mit der Führung des Passagierschiffes CAP POLONIO (20 576 BRT). Der Höhepunkt seiner Laufbahn ist zweifellos dann die Führung des Neubaus CAP ARCONA (27 561 BRT).

Ernst Rolin war gleichermaßen ein bei der Mannschaft und den Passagieren beliebter und geschätzter Kapitän. Unter der Bevölkerung der lateinamerikanischen Staaten hat er sich während seiner zahlreichen Südamerika-Aufenthalte hohe Sympathien erworben.

Nach einer knapp 54-jährigen Berufslaufbahn geht Kommodore Rolin 1933 in den Ruhestand. Er verstirbt 1943 in Prien am Chiemsee.

‚Hamburg-Süd'-Mittelmeerreisen 1933

mit M. S. ‚Monte Rosa'

Fahrpreise, einschließlich voller Verpflegung, von **RM. 190.–** an

1. Reise. Madeira - Tenerife - Marokko - Süd-spanien - Riviera
10. März ab Hamburg — 28. März in Genua
Anlaufhäfen: Hamburg - Madeira - Tenerife - Casablanca (Rabat, Tanger, Tetuán) - Ceúta (Tetuán) - Málaga (Granada) - Villefranche (Nizza, Monte Carlo) - Genua

2. Reise. Studienfahrt Deutscher Akademiker nach Aegypten - Palästina - Syrien
30. März ab Genua — 20. April in Venedig
Anlaufhäfen: Genua - Palermo - Port Said (Aegypten) - Haifa (Palästina, Syrien) - Beirut - Rhodos - Corfu - Bucht von Cattaro - Venedig

3. Reise. Griechenland-Türkei-Tunesien-Süd-italien
24. April ab Venedig — 13. Mai in Genua
Anlaufhäfen: Venedig - Bucht von Cattaro - Corfu - Itea (Delphi) - Phaléron (Athen) - Konstantinopel - Bizerte (Tunis, Karthago) - Neapel (Rom) - Capri - Genua

4. Reise. Italien - Marokko - Südspanien - Portugal
16. Mai ab Genua — 4. Juni in Hamburg
Anlaufhäfen: Genua - Capri - Neapel (Rom) - Palermo - Palma de Mallorca - Ceúta (Tetuán, Tanger, Rabat) - Casablanca (Rabat) - Cádiz (Sevilla) - Lissabon - Vigobucht - Hamburg

‚Hamburg-Süd'-Sommerreisen 1933

eine 16tägige Reise durch die schönsten norwegischen Fjorde bis zum Nordkap, Beginn: Anfang Juli

eine 21tägige Reise nach Madeira-Tenerife-Afrika-Südspanien Beginn: Anfang Juli

eine 19tägige Reise durch die schönsten norwegischen Fjorde bis Spitzbergen, Beginn 2. Hälfte Juli

eine 9tägige Reise in die Wunderwelt norwegischer Fjorde, Beginn: Mitte August

‚Hamburg-Süd'-Wochenendfahrten 1933

mit dem Luxusdampfer ‚Cap Arcona'

1. Reise 13. bis 15. Mai
2. Reise 24. bis 26. Juni
3. Reise 1. bis 3. Juli

Nähere Auskunft erteilt gern die **Hamburg-Südamerikani**
Hamburg 8, Holzbrücke 8, sov

---

vorangegangenen zwei Jahren deutliche Rückgänge gegeben hatte, das bislang umfangreichste. Allein mit den MONTE-Schiffen werden zehn Norwegen- bzw. Mittelmeer-Reisen, sieben sechstägige Reisen nach London und eine Vier-Tagefahrt zur Flottenschau in der Ostsee geboten. Hinzu kommen noch die Kurz-Kreuzfahrten mit der CAP ARCONA in Südamerika und von Hamburg aus.

1934 Die CAP ARCONA trifft am 9. März auf ihrer 50. Südamerikareise in Santos ein. Dazu schreibt eine brasilianische Zeitung: »Wenn das stolze Schiff wieder in den Hamburger Hafen einläuft, dann hat es eine Entfernung von insgesamt siebenhunderttausend Seemeilen mit fahrplanmäßiger Pünktlichkeit und ohne den geringsten Zwischenfall zurückgelegt. Die CAP ARCONA ist in unseren Augen mehr als ein großer schöner Passagierdampfer. Sie ist das Schiff, dem unsere Herzen gehören. »Graf Zeppelin« (Anm.: das Luftschiff) und die CAP ARCONA, die sich oft auf hoher See begegnet sind, und in neuester Zeit auch die Dornier-Wal-Maschinen, die den ersten regelmäßigen Luftpostdienst zwischen Europa und Brasilien versehen, sie gehören zusammen, denn sie arbeiten für den Weltverkehr.« Im gleichen Jahr erhält das Schiff ein noch schöneres, elegantes Aussehen dadurch, dass der weiße Anstrich der Aufbauten ein Deck tiefer angesetzt wird.

Die Deutsche Arbeitsfront (DAF), in der auf politischen Druck die Gewerkschaften gleichgeschaltet sind, beginnt mit ihrem Kraft-durch-Freude-(KdF-)Urlauberprogramm. Geboten werden auch preiswerte Kreuzfahrten. Eine der ersten wird mit der gecharterten MONTE OLIVIA am 3. Mai durchgeführt. Nach Überwindung anfänglicher Schwierigkeiten entwickelt sich eine Seereisen-Organisation, die sich großen Zuspruchs erfreut und in die auch Hamburg Süd-Schiffe zunehmend eingebunden werden.
Für sie ergibt sich damit ein neues lohnendes Beschäftigungssegment.

1932–1934

1932 In Lausanne beschließen die Teilnehmerstaaten des Ersten Weltkrieges das Ende der deutschen Reparationszahlungen, nachdem sich Deutschland zu einer Abschlusszahlung von 3 Mrd. Reichsmark verpflichtet hat.

1933 Am 30. Januar ernennt Reichspräsident von Hindenburg Adolf Hitler zum Reichskanzler. Am 23. März erhält die Regierung mit dem »Ermächtigungsgesetz« die Befugnis, Gesetze ohne das Parlament zu beschließen. Damit ist die so genannte »Machtergreifung« der NSDAP bzw. Hitlers vollendet.

1934 Das deutsche Luftschiff »Graf Zeppelin« startet vom Bodensee aus zu seinem ersten Südamerikaflug und landet nach drei Tagen in Rio de Janeiro.

Die Hamburg Süd gewinnt ihre Eigenständigkeit zurück

Theodor Amsinck, am 10. Dezember 1868 in Hamburg geboren, tritt 1895 nach mehrjähriger Lehre im In- und Ausland in die Hamburg Süd ein, in deren Aufsichtsrat sein Vater, Martin Garlieb Amsinck, den Vorsitz führt. 1896 wird Theodor Amsinck in den neu aufgestellten Vorstand berufen, dessen Vorsitz er 1901 übernimmt. Unter seiner Leitung, ab 1906 gemeinsam mit John Eggert, erlebt die Reederei trotz vieler Rückschläge durch Krieg und Kriegsfolgen, Revolution, Inflation und Weltwirtschaftskrise eine Blütezeit mit auch international beachteten Höhepunkten. Erinnert sei dabei nur an die Einigung mit der Hapag nach Beendigung des Kampfes mit A.C. de Freitas sowie an den Bau von Spitzenschiffen der CAP-Klasse mit der CAP ARCONA (II) als krönenden Abschluss und an die Entwicklung der glückhaften Motorschiffe der MONTE-Klasse.

Auch nach dem Wechsel in den Aufsichtsrat 1934 widmet er sich mit seiner ganzen Kraft weiter dem Wohl »seiner« Reederei. In einem anlässlich seines Todes am 8. März 1950 erschienenen Nachruf heißt es u.a.: »Bei allen Anlässen stand Theodor Amsinck stets über den Dingen und Menschen, ohne sie dieses fühlen zu lassen – Gegensätze ausgleichend, Vertrauen erweisend, unerbittlich kritisch und ablehnend, wo ein unnötiges technisches oder wirtschaftliches Risiko erschien, verstehend, wenn Fehler gemacht wurden, und immer bei aller Strenge des verantwortlichen Reedereileiters gütig und kameradschaftlich mit allen, die in seiner Nähe schafften – unvergesslich für jeden, der das Glück hatte, mit ihm oder für ihn arbeiten zu dürfen. In der Öffentlichkeit trat er nicht hervor, weil ihm jede Propagierung seiner Person fern lag und er viel zu sehr in seine Aufgaben vertieft war, um sich politisch oder sonst wie nach außen zu engagieren.«

Am 29. Juli tritt Theodor Amsinck nach 37-jähriger Tätigkeit als Vorstandsmitglied zurück und wechselt in den Aufsichtsrat. Sein Sohn, Herbert Amsinck, wird Mitglied des Vorstandes.

Nachdem es in den vorangegangenen rund zehn Jahren wegen der gesamtwirtschaftlich katastrophalen Lage zu einer starken Konzentrationsbewegung in der deutschen Linienschifffahrt unter dem Dach der Hamburg-Amerika Linie und des Norddeutschen Lloyd gekommen war, die schließlich in der Hapag-Lloyd Union gipfelte, kommt es nun auf Betreiben des Staates zu einer Entflechtung, in der auch die Hamburg Süd ihre Selbständigkeit zurückgewinnt. Allerdings kommt es in der Folgezeit in vielfältiger Hinsicht zu einer immer stärker werdenden Einflussnahme staatlicher Organe. Im Zuge der Reorganisation geben Hapag und NDL die von ihnen betriebene Südamerika-Ostküstenfahrt auf. Ihre darin beschäftigten Schiffe werden in diesem und im nächsten Jahr von der Hamburg Süd übernommen, die von jetzt an ohne Konkurrenz im eigenen Land dieses Fahrtgebiet allein bedient. Von der Hapag werden insgesamt fünfzehn Schiffe mit zusammen 71 690 BRT übernommen, vom Norddeutschen Lloyd zehn Schiffe mit 58 068 BRT. Auch die 1932 an den Norddeutschen Lloyd vercharterten großen Passagierdampfer ANTONIO DELFINO und CAP NORTE kommen unter die Hamburg Süd-Flagge zurück. Aus juristischen Gründen werden die ehemaligen NDL-Schiffe zunächst für einen neu gründeten Bremer-Südamerika-Dienst in Fahrt gebracht. In der Zeit bis zur endgültigen Übernahme führen sie zwar schon den weißen Hamburg Süd-Schornstein mit der roten Kappe, unter der aber noch der Bremer Schlüssel gezeigt wird.

Mit fast 30 000 Passagieren ist dieses das erfolgreichste Kreuzfahrtjahr der Reederei.

Ferienreisen zur See

IM SOMMER
1934

MIT DEN ZWEISCHRAUBEN-MOTORSCHIFFEN

MONTE PASCOAL UND MONTE ROSA

JE 14000 BR.-REG.-TONNEN

der HAMBURG-SÜDAMERIKANISCHEN DAMPFSCHIFFFAHRTS-GESELLSCHAFT

LONDON (TOWER-BRIDGE)   WINDSOR CASTLE (ENGLAND)

BIG BEN IN LONDON

8 siebentägige Londonreisen mit M.-S. »MONTE PASCOAL«

Erste Reise beginnen am 30. Juli, letzte Reise endend am 24. September.
Fahrpreise von **RM. 60.—** bis **RM. 110.—** einschließlich voller Bordverpflegung auch während der Liegezeit des Schiffes in London.

FAHRPLAN

	AB HAMBURG	AN LONDON	AB LONDON	AN HAMBURG
1. Reise	30. Juli	1. August	3. August	5. August
2. Reise	7. August	9. August	11. August	13. August
3. Reise	14. August	16. August	18. August	20. August
4. Reise	21. August	23. August	25. August	27. August
5. Reise	28. August	30. August	1. Sept.	3. Sept.
6. Reise	4. Sept.	6. Sept.	8. Sept.	10. Sept.
7. Reise	11. Sept.	13. Sept.	15. Sept.	17. Sept.
8. Reise	18. Sept.	20. Sept.	22. Sept.	24. Sept.

Besichtigungsfahrt durch London. Landausflüge nach Eton College, nach den Schlössern Windsor, Hampton Court, Warwick und Blenheim, Fahrt nach Stratford-on-Avon, dem Geburtsort Shakespeares, Besuch der Universitätsstadt Oxford und Ausflug nach der Insel Wight.

Fahrt in die Ostsee zur Flottenschau der deutschen Kriegsflotte

mit M.-S. »MONTE ROSA« vom 27. bis 30. August
Fahrpreise von **RM. 35.—** bis **RM. 75.—** einschließlich voller Verpflegung

FAHRPLAN

	AN	AB
Hamburg		27. August, 15 Uhr
Holtenau	28. August, 4 Uhr	28. August, 4 Uhr
Gjedser	28. August, mittags nachm. und abends Flottenschau	
Kiel ....'...........	29. August, frühmorgens	29. August, 20 Uhr
Hamburg	30. August, 9 Uhr	

In Kiel Besichtigung von Kriegsschiffen und Besuch des Marine-Ehrenmals in Laboe.

2 Herbstreisen ins westliche Mittelmeer mit M.=S. »Monte Rosa«

1. Reise: 1. September ab Hamburg, 25. September in Hamburg.
2. Reise: 29. September ab Hamburg, 23. Oktober in Hamburg.

Fahrplan und Fahrpreise dieser beiden Reisen werden etwa die gleichen sein wie für die Juli-Reise ins westliche Mittelmeer (siehe Seite 3 dieses Prospektes).

Kostenlose Auskünfte und Prospekte durch die

Hamburg-Südamerikanische Dampfschifffahrts-Gesellschaft

Hamburg 8 · Holzbrücke 8

Petermann · Hamburg

ENGLISCHES MILITÄR

TORPEDOBOOT IN VOLLER FAHRT

SALUT DER KRIEGSFLOTTE

FLOTTENMANÖVER

Die CAP POLONIO, lange Zeit der Star auf der Südatlantikroute, hat ausgedient

1935 Die legendäre CAP POLONIO, die nach ihrer Grundüberholung 1931 wegen der wirtschaftlichen Depression aufgelegt und ab Herbst 1933 noch einmal für kurze Zeit als Ausstellungsschiff an der Hamburger Überseebrücke genutzt worden war, wird unter großem Bedauern von Reederei und ehemaligen Passagieren zum Abbruch verkauft. Er erfolgt an den Anlagen des Technischen Betriebes des Norddeutschen Lloyd in Bremerhaven.

Im November erscheint erstmals für die Hamburg Süd-Mitarbeiter eine »Werk-Zeitung«, nachdem bereits seit Dezember 1930 die teilweise in spanischer Sprache aufgemachte »Hamburg-Süd Zeitung« publiziert worden ist. Diese dient allerdings in erster Linie als Reiselektüre auf den Passagierschiffen und ist reichlich mit Werbung versehen.

Dreimal Hamburg Süd – ein Traumbild für Besucher des Hamburger Hafens.

»Seereisen für alle«

In der Dezember-Ausgabe der »Hamburg-Süd Zeitschrift« wirbt die Hamburg Süd mit einem Beitrag unter dem Titel »Seereisen für alle« eindringlich für ihre besonderen Angebote mit den Schiffen der MONTE-Klasse: »Seereisen für alle! Die Tausende MONTE-Reisenden, denen in den letzten Jahren aus kleinen und großen Fahrten das Erlebnis des Meeres und der Zauber ferner Küsten zuteil geworden sind, können es bestätigen: die Hamburg-Südamerikanische Dampfschifffahrts-Gesellschaft besitzt Schiffe, die die Möglichkeit bieten, wirklich Seereisen für alle zu bringen!

MONTE ROSA, MONTE PASCOAL, MONTE SARMIENTO und MONTE OLIVIA, – ihre Namen erwecken überall in Deutschland und bei vielen Ausländern, die mitgefahren sind, heitere, lebhafte Erinnerungen. Madeira, Mittelmeer, Afrika, Portugal, Spitzbergen, Norwegen, England sind keine Namen unerreichbarer Ferne mehr, seitdem die bunten Reiseprospekte der ›Hamburg-Süd‹ auf den Schreibtischen derer liegen, die Reisepläne schmieden und ihre Kosten genau vorausberechnen müssen. Wenn Bilder tropischer Vegetation oder unberührter Einsamkeit der Eisregionen die Wanderlust des Deutschen mächtig rege werden lassen, wenn Stätten klassischer Erinnerungen die Fülle seines Wissens neu beleben sollen, dann braucht er keine höheren Unkosten in Rechnung zu ziehen, als für die sonst gewohnten Kosten nach näheren Zielen. Reisen auf deutschen Schiffen sind Reisen auf deutschem Boden und kommen der deutschen Wirtschaft zugute. Ausländische Schiffe besuchen auch Deutschland in immer wachsender Zahl; das Kennenlernen gegenseitiger Sitten und Gebräuche kann ganz gewiss auf beiden Seiten nur von Nutzen sein.

Seereisen für alle! – Die MONTE-Schiffe sind wie eine Verkörperung dieses Gedankens. Sie haben behagliche Kabinen und luftige, geräumige Schlafsäle, in denen sich noch jeder wohl gefühlt hat; überall fließendes warmes und kaltes Wasser, täglich für alle – im Fahrpreis mit einbegriffen – die warmen See-Wannenbäder, die allein schon Wunder an den Nerven tun –, für alle aber auch das ganze Schiff von oben bis unten, von den sonnigen Liegeplätzen auf dem Bootsdeck bis zu den Gesellschaftsräumen in einer langen, schönen Flucht des Promenadendecks und den hellen Speisesälen; für alle die ruhigen Schreib- und Lesezimmer, die Bibliothek, Musik und Tanz und heitere Bordspiele; für alle die ausgezeichnete und reichliche Verpflegung, für alle die großartige Organisation der Landausflüge, und allen endlich steht das gesamte Schiffspersonal in hingebender Fürsorge um das Wohl jedes einzelnen mit Rat und Tat zur Verfügung.

Kein Wunder daher, dass den zahlreichen Anfragen nach den kommenden Reisen schon mit einem fertigen Programm für das Jahr 1936 geantwortet werden kann! Es nimmt seinen frühlingssonnigen Auftakt mit zwei Inselreisen im Februar und März von je drei Wochen Dauer nach den Azoren und Madeira; aus Nebel und Winter in sonnigen Blütenflor und wilde, romantische

MONTE ROSA vor der eindrucksvollen Kulisse des Norfjord in Norwegen.

Berglandschaft mitten im Ozean, rückkehrend aber auch an das afrikanische Ufer nach Casablanca; dem Geheimnis des schwarzen Erdteils stehen wir in nächster Nähe gegenüber, der Gluthauch der Wüste, ein Atemzug aus jahrtausendealter Geschichte umweht uns. Dann grüßen uns maurische Schätze an den Stätten altspanischer gärtnerischer Kunst in den Alkazar-Gärten Sevillas, dann Lissabon und die portugiesische Riviera.

Ende Juni öffnen uns Europas südliche Halbinseln Spanien, Italien und Griechenland ihre schönsten Plätze: das dalmatinische Ufer, Palma de Mallorca, die Alhambra bei Granada, um nur einige zu nennen.

Im Juli und August aber nimmt die MONTE ROSA Kurs gen Norden zu den rauschenden Wasserfällen Norwegens, zu seinen Fjorden, und in die hellen Nächte des Polarkreises, zu der Ursprünglichkeit der Eiswelt Spitzbergens. Dann fügt sich auch die MONTE PASCOAL in den Reisefahrplan ein: im Juli fährt auch sie nach den immer schönen, Begeisterung weckenden Bergen der Fjorde, doch vorher an Schottlands und Irlands Küsten, und Kopenhagen, um dann im August und September die nun schon zur Tradition gewordenen sieben Londonreisen durchzuführen.

Seereisen für alle! Vergnügungs-, Erholungs- und Touristenreisen sind es; ein jeder kann sie sich gestalten, wie er will; sein Wissen bereichern und den Gesichtskreis erweitern, den Nerven Ruhe und Entspannung gönnen, oder, was Körper und Geist am wohlsten tut, aus beiden eine gesunde Mischung nehmen. Die Auswahl ist groß genug. Es rufen die farbigen Küsten des Morgen- und Abendlandes, die bunten Bazare mit südlichem Völkergemisch, es rufen die britischen Inseln und das Land der Mitternachtssonne. Die Pforten öffnen sich zu fremden Städten und vor fremden Menschen. Natur, Kunst und Geschichte schlagen ihr Buch vor denjenigen auf, die sich den Fahrten der Hamburg-Südamerikanischen Dampfschifffahrts-Gesellschaft anschließen, denn deren Reisen bieten in der Tat eine praktische Grundlage, auf der ein jeder, auch bei kleinem Einkommen, rechnen und planen kann.

›Ferne, Ferne, wie bis du nah!‹ Ein Ferienglück auf See in Nord und Süd, in reiner Seeluft und an fremdartigen Küsten rückt durch die ›Hamburg-Süd‹ in den Bereich der Möglichkeiten. In wahrer Volksgemeinschaft treffen sich auf ihren schönen MONTE-Schiffen viel- und weitgereiste Menschen und solche, die zum erstenmal über die deutschen Grenzen hinausschauen, Junge und Alte, Hand- und Geistesarbeiter, sie alle fahren erwartungsvoll hinaus und kehren beglückt und bereichert, seelisch erneuert als beschenkte Menschen wieder, denn die ›Hamburg-Süd‹ bringt wirklich: Seereisen für alle!«

Blick in die Brücke der MONTE ROSA.

MONTE ROSA-Passagiere auf Entdeckungs-Ausflug.

Kjendalsbræ Loen i Norfjord.

Enerst 1927. Carl Normann, Hamar.

HSDG

Freude, schöner Götterfunken,
Schön gespeist und gut getrunken.
Dann steigt hier mal auf die Waage,
Daß sie Euch die Wahrheit sage,
Ob Ihr auch zu wohlbeleibt,
Oder habt genug gekneipt.

Zum Andenken an meine Reise mit der

„MONTE ROSA"

Gewicht am
28.6.193 6
53 kg

Ein kleines
MONTE-Kaleidoskop

Für gutes Essen, Spaß und
Unterhaltung ist auf den
MONTE-Schiffen stets
gesorgt. Berührungsängste
zwischen Passagieren und
Besatzung gibt es nicht.

Im Nordatlantik

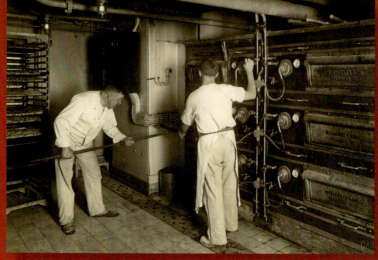

Bäckerei

Landgang

Rechts oben und Mitte:
Vergnügen gibt es
auch auf den Fracht-
schiffen mit Passagier-
einrichtungen.

Kappenfest an Bord der
MONTE SARMIENTO

Begegnung auf
dem Südatlantik:
MONTE ROSA
und Zeppelin.

Ein Konsortium übernimmt die Hamburg Süd-Aktien vom Reich

1936 Das Reich reprivatisiert seinen ab 1931 gehaltenen Anteil in Höhe von 8 Mio. RM am Kapital der Hamburg Süd. Ein Konsortium unter Führung der Vereinsbank, zu dem neben der Commerz- und Privatbank die Hamburger Firmen Nottebohm & Co., Gebr. Schröder & Co. und Theodor Wille gehören, übernimmt das Aktienkapital.

Die Firma Dr. August Oetker, Bielefeld, beteiligt sich mit einem Anteil von 25 Prozent an der Hamburg Süd.

Der Transport von Kühl- und Gefriergut gewinnt an Bedeutung. Dazu heißt es im Geschäftsbericht: »Ferner haben wir, um den an uns herangetretenen Anforderungen auf Beförderung von Gefrierfleisch von Südamerika nach Deutschland zu entsprechen, 5 Frachtschiffe mit Gefrierladungs-Einrichtung gekauft; die Einrichtung dieser Schiffe ist teilweise vergrößert und in eines unserer Frachtschiffe ebenfalls Gefriereinrichtung eingebaut.« Alle Schiffe sind bereits vorher in Charter der Hamburg Süd gefahren. Drei, die ASUNCION (ex NIEDERWALD Bj. 1921, 4476 BRT), SANTA FE (ex STEIGERWALD, Bj. 1921, 4535 BRT, und LA PLATA (ex SACHSEN, Bj 1922, 8803 BRT) werden von der Hapag übernommen,

die anderen beiden, BUENOS AIRES (ex WITRAM, Bj. 1911, 6097 BRT) und ROSARIO (ex WITELL, Bj. 1913, 6097 BRT) vom Norddeutschen Lloyd.

Mit den Motorschiffen BELGRANO und MONTEVIDEO von den Hamburger Howaldtswerken sowie PORTO ALEGRE von der Flensburger Schiffsbau-Gesellschaft – jeweils mit 6100 BRT vermessen und 13 Knoten schnell – kommen nach fünf Jahren Pause erstmals wieder Neubauten in Fahrt. Sie finden eine glänzende Beurteilung durch die deutsche Presse. Aber auch im Ausland fand besonders die Einrichtung dieser Schiffe außerordentliche Beachtung. Dazu nachstehend ein geradezu überschwänglicher Bericht der großen Antwerpener Tageszeitung »Der Tag«: Unter der Überschrift »Ein Prachtschiff in unserem Hafen – Ein Besuch auf dem M.S. BELGRANO – Ungeahnte Einrichtung für die Schiffsbesatzung« heißt es: »Donnerstagmorgen hatten wir Gelegenheit, das deutsche Motorschiff BELGRANO der Hamburg-Südamerikanischen Dampfschifffahrts-Gesellschaft, das als zweiten Hafen unseren anlief, vor seiner Ausfahrt nach Südamerika zu besichtigen.

Man hatte uns vorher erzählt, dass das neue Frachtschiff eine Sehenswürdigkeit in der

»Ein Frachtschiff wie die BELGRANO hat die Weltmeere noch nicht befahren und hat die Welt noch nicht gesehen«

Seeschiffahrt darstellt, und davon haben wir uns mit eigenen Augen überzeugen können.

Was an Bord dieses 6096 Brutto-Register-tonnen messenden großen Seeschiffes auf dem Gebiet der schönheitsmäßigen Ausstattung für die Besatzung verwirklicht wurde, ist unglaublich... Die Räume der Besatzung liegen im Achterschiff. Sie verfügen über geräumige, luftige Kabinen mit Schlafgelegenheit für zwei Leute. In jedem Aufenthaltsraum ist ein Lautsprecher für Rundfunk eingebaut; außerdem verfügen sie über mit Tischdecken belegte Tische, gepolsterte Stühle, Kleiderschränke, einen elektrischen Ventilator, um in den Tropen die Luftzirkulation zu regeln, und für den Winter über eine elektrische Heizung.

Der Seemann, der auf diesem Schiff anmustert, braucht sein eigenes Bettzeug nicht mitzubringen, dafür sorgt die Reederei. Geht der Mann zur Ruhe und hat noch Lust zum Lesen, dann schaltet er eine über dem Bett befindliche Kojenlampe an. Was verlangt man noch mehr!

Aber dieses ist noch nicht alles. Jede Kammer der Besatzung an Bord hat obendrein eine vorzügliche Waschgelegenheit mit der Aufschrift für warmes und kaltes Wasser, so dass sich nach Belieben die Wassertemperatur im Waschbecken regeln lässt. Selbst über eine geräumige

Badekammer verfügt man. Vorbei ist die Zeit, wo die Seeleute sich in Eimern waschen mussten.

Außer diesen hervorragenden Zwei-Mann-Kammern ist für die Mannschaft ein Gemeinschaftssalon vorhanden. Auf dem Fußboden liegen dicke Teppiche. Der Seemann kann hier entweder gut angenehme Radiomusik hören oder sich in einen der Sessel setzen und eines der vielen Bücher aus der Bibliothek lesen. Wer sich auf diesem Schiff nicht zu Hause fühlt, kann es bestimmt nirgends.

Mittschiffs wohnen die Offiziere und dort befindet sich auch die elektrische Küche. Auch das gemeinschaftliche Hospital ist hier gelegen.

Nach dieser Aufzählung könnten wir noch andere technische Neuerungen aufführen, die bei diesem Schiff berücksichtigt wurden; dieses können wir uns aber nach dem Vorgenannten ersparen. Wir haben den Willen, was hier auf diesem Schiff in bezug auf Gleichberechtigung für die Besatzung geschaffen wurde, auch bei uns durchzuführen und beschließen dieses mit einem Glückwunsch für die Reederei, die diesen Gedanken verwirklicht hat.

Ein Frachtschiff wie die BELGRANO hat die Weltmeere noch nicht befahren und hat die Welt noch nicht gesehen.«

1936

Im Ausscheidungskampf für die Weltmeisterschaft im Schwergewichtsboxen schickt Max Schmeling den bis dahin ungeschlagenen US-Amerikaner Joe Louis durch k.o. auf die Matte.

In Bremen wird der erste Hubschrauber erfolgreich getestet. Es ist der von Heinrich Focke konstruierte Focke-Wulf FW 61.

Das MS BELGRANO, Typschiff einer neuen Klasse, die international viel Aufmerksamkeit erregt.

Wenn ein Zirkus eine Seereise unternimmt:

Die Hamburg Süd erhält als auch für diese Aufgabe erfahrene Reederei erneut von Hagenbeck den Auftrag, dessen Zirkusabteilung von Bremen nach Südamerika zu transportieren. Die Weisung der Reederei an den Kapitän des dafür vorgesehenen D. PARAGUAY liest sich im Original so:

Hamburg-Süd

HAMBURG-SÜDAMERIKANISCHE DAMPFSCHIFFFAHRTS-GESELLSCHAFT

HAMBURG HOLZBRÜCKE 8 · BRIEFANSCHRIFT: HAMBURG 8, POSTFACH

TELEGRAMME: COLUMBUS HAMBURG
FERNSPRECHER:
STADTGESPRÄCHE: 36 10 07 · FERNGESPRÄCHE: 36 67 41
BANKVERBINDUNGEN:
COMMERZ- UND PRIVAT-BANK A.G., HAMBURG
DEUTSCHE BANK UND DISCONTO-GESELLSCHAFT, FIL. HAMBURG
DRESDNER BANK IN HAMBURG
REICHSBANKHAUPTSTELLE IN HAMBURG
VEREINSBANK IN HAMBURG
WÄHRUNGSKONTEN:
AMSTERDAM: HANDEL-MAATSCHAPPIJ
H. ALBERT DE BARY & CO. N. V.
ANTWERPEN: BANQUE DE BRUXELLES
LONDON: J. HENRY SCHRÖDER & CO.
MADRID: BANCO ALEMÁN TRANSATLANTICO
MADRID: BANCO GERMANICO DE LA AMERICA DEL SUR. S. A.
NEW YORK: J. HENRY SCHRODER BANKING CORPORATION
POSTSCHECKKONTO: HAMBURG 76 07

Herrn

Kapitän G. Berg,
Führer unseres D. "Paraguay",

Hamburg.-

IHR ZEICHEN   UNSER ZEICHEN J/J   HAMBURG, DEN 30. Oktober 1936.

D. "Paraguay", 7. Reise.

Wir teilen Ihnen hierdurch mit, dass D. "Paraguay" von uns dazu ausersehen worden ist, das Zirkusunternehmen der Firma Carl Hagenbeck von Bremen nach Montevideo zu befördern. Die Abfahrt des Dampfers von Hamburg haben wir auf Sonntag vormittag, 10 Uhr, angesetzt. In Hamburg wird das Schiff nur Futter für die Tiere erhalten, im übrigen jedoch keine Ladung. Auch von Bremen wird mit dem Schiff ausser dem Zirkus-Material keine weitere Ladung zur Verschiffung kommen. Der Zirkus setzt sich etwa wie folgt zusammen:

```
        33 Pferde,
20-     25 Ponies,
         6 Maultiere,
         8 Zebras,
         1 Elenantilope,
         8 Elefanten, 1,75 - 2,65 m hoch,
     1 - 2 Baby-Elefanten
     u. einige Kisten Menagerietiere
     sowie 57 Materialwagen.
```

Ausserdem sollen 24 Personen befördert werden, wovon 5 Personen (darunter Herr Herbert Hagenbeck) in Kabinen untergebracht werden sollen, während die restlichen 19 Personen (Tierpfleger) Unterkunft in einem der Zwischendecks finden sollen.

Es ist mit der Firma Carl Hagenbeck vereinbart worden, dass die vorerwähnten 5 Kabinen-Passagiere am Kapitänstisch verpflegt werden sollen.

Die Abfahrt von Bremen ist auf den 4. November festgetzt. Die genaue Abfahrtsstunde wird Ihnen von den Herren Gebrüder Specht noch rechtzeitig aufgegeben werden.

Wir schätzen, dass das Schiff unter Berücksichtigung
einer Geschwindigkeit von etwa 9 1/2 - 10 sm ca. am 2./3.De-
zember in Montevideo eintreffen wird. Wir bitten Sie, die
Herren Bernitt & Cia. von Ihrer voraussichtlichen Ankunft
rechtzeitig drahtlos in Kenntnis zu setzen.

Nach Entlöschung des Dampfers in Montevideo wollen
Sie die Reise nach Buenos Aires - Reede fortsetzen. Soweit
sich voraussehen lässt, wird das Schiff in Santa Fé oder Rosario für die Rückreise zu laden haben. Bevor Sie jedoch fluss-
aufwärts versegeln, ist es nötig, dass Sie auf der Reede von
Buenos Aires durch die argentinischen Behörden abgefertigt
werden. In diesem Sinne werden Sie zweifellos während Ihres
Aufenthaltes in Montevideo von den Herren A.M.Delfino & Cia.
nähere Anweisungen erhalten. Sollte dieses nicht der Fall sein,
bitten wir Sie, sich mit den genannten Herren drahtlos in Verbindung zu setzen.

Zum Schluss weisen wir noch darauf hin, dass wir
grossen Wert darauf legen, dass der Transport zur vollen Zufriedenheit der Herren Hagenbeck ausgeführt wird.In dieser
Hinsicht erwarten wir, dass Sie Ihr Bestes tun werden, um die
genannten Herren zufriedenzustellen. Insbesondere möchten wir
Sie bitten, den Herren der Zirkusleitung während der Reise
eine gute Behandlung zuteil werden zu lassen und deren Wünsche ,
soweit es irgend möglich ist,zu erfüllen .

Wir wünschen Ihnen eine glückliche Reise und
zeichnen

                mit deutschem Gruss
           Hamburg - Südamerikanische
       Dampfschifffahrts - Gesellschaft

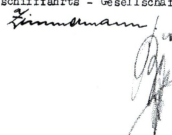

D. PARAGUAY

Elefanten werden für die Seereise vorbereitet.

Das »Altonaer Tageblatt – Norddeutsche Nachrichten« berichtet in seiner Ausgabe vom 31. Dezember 1936 über die Reise mit den Hamburg Süd-Schiffen: »Nach der Beendigung der Deutschland-Tournee 1936, die ihren Höhepunkt in dem Olympia-Gastspiel in Berlin erreichte, trat Circus Carl Hagenbeck Anfang November seine neue Weltreise an. Drei Schiffe der Hamburg-Süd (GENERAL OSORIO, VIGO und PARAGUAY) brachten den Cirkus zunächst nach Uruguay, wo in der Landeshauptstadt Montevideo die Eröffnung stattfand. Während GENERAL OSORIO und VIGO ohne besondere Zwischenfälle die erste Station der neuen Tournee in 24 bzw. 30 Tagen erreichten, geriet die PARAGUAY gleich nach Verlassen des Kanals in einen furchtbaren Orkan, der drei Tage und Nächte mit unverminderter Heftigkeit andauerte. Man hegte die schlimmsten Befürchtungen um das Schiff, das in diesem Wetter überhaupt nicht von der Stelle kam. Die schweren Circuswagen in Luke 1 wurden

Mengen unterschiedlicher Futtersorten für die Tiere müssen gestaut werden.

Viel sperriges Gut verschwindet in den Laderäumen.

Am Ende sind alle zufrieden.

völlig durcheinander und ineinander geschoben. Leider wurde auch die soeben in Deutschland hergestellte, sehr kostbare Heizanlage völlig zerstört. Die PARAGUAY fing auch die SOS-Rufe des Hapag-Dampfers ISIS auf, der nur 50 Meilen entfernt in der schweren See unterging. Da die PARAGUAY selbst einige Zeit manövrierunfähig war, konnte sie sich leider nicht an dem Hilfswerk beteiligen. Trotz des großen Schadens erlitt der Aufbau der Zeltstadt in Montevideo keine Verzögerung. In wenigen Tagen wird die Badesaison in Uruguays Hauptstadt eröffnet und ebenfalls gleich am Strand erhebt sich majestätisch das leuchtend weiße, völlig neue Spielzelt der Hagenbecks, die auch in der Ferne für deutsche Leistung werben werden. Das Interesse für das bevorstehende Gastspiel ist riesengroß. Die Zeitungen verkünden täglich in großen Lettern auf den ersten Seiten alle Neuigkeiten über den deutschen Zirkus, so dass man wohl mit einem guten Start rechnen kann.«

Große Aufmerksamkeit wird der Einfuhr von Früchten aus Argentinien und Brasilien gewidmet

Dr. Richard Kaselowsky, Aufsichtsratsmitglied der Hamburg Süd.

1937 Dr. Richard Kaselowsky, verheiratet mit der Witwe des 1918 verstorbenen Dr. August Oetker, tritt, nachdem sich die von ihm vertretene Bielefelder Firma Dr. August Oetker an der Hamburg Süd beteiligt hat, in deren Aufsichtsrat ein.

Der D. PARAGUAY (Bj. 1920, 3971 BRT) gerät vor Rio Grande durch Strandung in Verlust. Er wird im März nächsten Jahres durch den aus Panama angekauften D. MENDOZA« (Bj. 1919, 5193 BRT) ersetzt.

Erstmals kann wieder eine Dividende in Höhe von sechs Prozent ausgeschüttet werden, im nächsten Jahr sind es sogar acht Prozent.

1938 Im Jahresbericht heißt es, die Kühlschifffahrt betreffend: »Zur Beförderung von Gefrierfleisch wurde D. VIGO umgebaut. Besondere Aufmerksamkeit wenden wir der neuerdings stark steigenden Einfuhr von Früchten aus Argentinien und Brasilien nach Deutschland zu und versehen zunächst 9 unserer Schiffe mit Luft-Kühl-Einrichtungen für die Beförderung von Apfelsinen, Bananen, Aepfeln usw.«

Das Verwaltungsgebäude an der Holzbrücke, das seit Jahrzehnten Sitz der Gesellschaft ist, aber nur gemietet war, wird käuflich erworben.

Ein dichtes Tagesprogramm und ein gutes Angebot für das leibliche Wohl sind wesentliche Merkmale für das Angebot auf den »KdF«-Schiffen.

---

1. Italienfahrt des M.S. „Wilhelm Gustloff"
anläßlich des Weltkongresses „Arbeit und Freude" in Rom

Tagesgestaltung

6.30 Uhr Wecken
6.30 „ Frühsport auf dem Sportdeck
8.30 „ Singen in der Musikhalle
9.45 „ Marsch der KdF.-Italienfahrer
Anschließend Konzert der Bordkapelle
11.00 „ Einzelheiten über den Landgang in Neapel
(Ueber alle Lautsprecher)
14.00 „ Letzte Kinovorstellung: Olympiafilm 2. Teil
Karten in beschränkter Anzahl werden um 11 Uhr am Schalter der Reiseleitung, B-Deck, ausgegeben)
17.00 „ „Neapel", Vortrag über alle Lautsprecher
In der Musikhalle:
21.00 „ Konzert und Arienabend
Henny Herze, Dr. Ernst Fabry, Hans-Heinz Hamer, Fritz Kullmann bringen Werke von Mozart, Beethoven, Wagner, Liszt und Strauß
Wir bitten vor und während des Konzertes nicht zu rauchen!
Im Festsaal:
Musik italienischer Meister
Es spielt die Bordkapelle des M.S. „Wilhelm Gustloff"
Leitung: Kapellmeister G. A. Weißenborn
Im Wintergarten:
Letzte Vorstellung der Hohnsteiner Puppenspieler
„Prinzessin und Schweinehirt"
(Karten in beschränkter Anzahl werden um 15 Uhr am Schalter der Reiseleitung ausgegeben).
22.00 „ Tanz in allen Räumen
23.30 Barschluß / 23.45 Musikschluß / 24.00 Ruhe im Schiff

Die italienischen Devisen können aus technischen Gründen erst in Neapel zur Auszahlung gelangen

---

Speisenfolge
Freitag, den 24. Juni 1938

1. Frühstück
1. Gruppe 7,00 Uhr — 2. Gruppe 8,00 Uhr
Frucht
Kaffee, Tee, Kakao
Butter, Marmelade, Brötchen, Brot
Haferflocken — Haferschleim
Gekochte Eier, Pfannkuchen mit Kronsbeeren
Aufschnitt, Käse

10,00 Uhr: Auf dem unteren Promenaden-Deck
Fleischbrühe in Tassen, Brötchen

2. Frühstück
1. Gruppe 11,30 Uhr — 2. Gruppe 12,30 Uhr
Holländischer Fleischsalat
Verschiedener Aufschnitt
Kalbsschnitzel auf Mailänder Art
Senfgurken
Käseplatte / Butter / Brot
Kaffee / Tee

Nachmittag
1. Gruppe 16,00 Uhr — 2. Gruppe 16,30 Uhr
Kaffee, Tee
Apfelstrudel, Butterkuchen

Hauptmahlzeit
1. Gruppe 18,30 Uhr — 2. Gruppe 19,30 Uhr
Königinsuppe
Gebratenes Küken
Junge Erbsen, Kartoffeln
Maraschino-Gefrorenes, Waffeln
Kaffee

*

22,00 Uhr: Belegte Schnitten

Kurzfristig führten die vom Norddeutschen Lloyd
übernommenen Schiffe noch den Bremer Schlüssel
in der Flagge und am Schornstein.

Mit der WILHELM GUSTLOFF wird für die »KdF«-Reisen das Konzept der MONTE-Schiffe übernommen

1937–1938

1937 Der US-Amerikaner Chester Carlson lässt sich das Xerox-Verfahren patentieren, aus dem sehr viel später der Fotokopierer entsteht.

1938 Bei einem Versuch, durch Neutronenbeschuss unnatürlich schwere Urane zu erzeugen, spalten die deutschen Chemiker Otto Hahn und Fritz Strassmann zunächst unbemerkt einen Urankern und setzen damit erstmals Kernenergie frei.

Unter Beteiligung tausender Zuschauer läuft bei Blohm & Voss der Neubau WILHELM GUSTLOFF vom Stapel. Seine Bereederung übernimmt später die Hamburg Süd.

Die Hamburg Süd übernimmt für die Deutsche Arbeitsfront/NS-Gemeinschaft Kraft durch Freude (KdF) die Bereederung des von Blohm & Voss gebauten Motor-Passagierschiffes WILHELM GUST-LOFF (25 484 BRT, 1463 Passagiere). Die in ihren Einrichtungen den MONTE-Schiffen der Hamburg Süd nachempfundene WILHELM GUSTLOFF ist der erste Neubau der KdF-Flotte und das bis dahin größte eigens für Kreuzfahrten gebaute Schiff der Welt.

Offen und schlicht sind die Räume auf der WILHELM GUSTLOFF.

Für den weiteren raschen Flottenausbau werden von der Hapag das MS BABITONGA (ex OSIRIS, Bj.1922, 4422 BRT) angekauft sowie von der Bremer DDG »Hansa« die Dampfer BAHIA BLANCA (ex SCHÖNFELS, Bj. 1918, 8558 BRT), BAHIA CAMARONES (ex SONNENFELS, Bj. 1918, 8552 BRT), BAHIA CASTILLO (ex RHEINFELS, Bj. 1917, 8579 BRT) und BAHIA LAURA (ex RABENFELS, Bj. 1918, 8561 BRT). Darüber hinaus kommen drei 6100-BRT-Neubauten – RIO GRANDE und PARANAGUA von den Hamburger Howaldtswerken sowie FLORIDA vom Bremer Vulkan in der ersten Hälfte nächsten Jahres in Fahrt, vier Schiffe gleichen Typs sind in Auftrag gegeben.

Die MONTE PASCOAL in der langen Atlantikdünung.

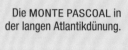

Die Juli-Ausgabe der »Hamburg-Süd Zeitung« mit noch ganz friedlichem Inhalt.

Hilfeleistung der besonderen Art

Über eine Flugzeugbergung auf dem Südatlantik wird in der Juli-Ausgabe der »Hamburg-Süd Zeitung« berichtet: »Es war auf der letzten Reise der MONTE PASCOAL. Das Schiff befand sich auf dem Wege nach Südamerika. Die Kapverdischen Inseln waren bereits vor Tagen passiert. Noch die gleiche Zeit, und das lockende Ziel der Reise war erreicht: der südamerikanische Kontinent.

Plötzliches Motorengedonner lockte die Passagiere an Deck. Es war nach Greenwich-Zeit gerade 16.47 Uhr. Das deutsche Postflugzeug D-AEHF kreuzte den Kurs des Schiffes. Es war ein schöner Anblick, den großen silbernen Vogel unter dem Brausen seiner Motoren seinen Weg ziehen zu sehen. Bald war er am Horizont verschwunden und die Fahrgäste gingen wieder unter Deck oder hielten – dem Riesenvogel sehnsüchtig nachträumend – Siesta in irgendeinem stillen Winkel.

Da – es war gerade eine halbe Stunde vergangen –, wieder zerbrach Motorenlärm die Stille des atlantischen Frühnachmittags. Erneut zog das Flugzeug seine Kreise um das Schiff. Was war

geschehen? Ein Offizier gab den erregten Fragern Aufklärung. Folgendes war vorgefallen: Der Flugkapitän des Wasserflugzeuges hatte bald nach dem Passieren der MONTE PASCOAL der Schiffsleitung mitgeteilt, dass er eine Störung am Backbord-Motor hätte, die an und für sich geringfügig sei, ihm aber dennoch Veranlassung gäbe, die MONTE PASCOAL wieder anzufliegen. Allmählich beruhigten sich nach dieser Auskunft die Gemüter wieder und die Passagiere wandten nun ihr ganzes Interesse den Ereignissen zu.

Das Flugzeug hatte inzwischen in der Nähe des Schiffes gewassert. Der Kapitän war der drahtlosen Bitte des Flugzeugführers nachgekommen, hatte gestoppt und ein Boot unter der Führung eines Offiziers aussetzen lassen. Es war jetzt 17.25 Uhr geworden. Lebhaft interessiert beobachteten die Fahrgäste die ungewöhnliche Bergungsaktion. Die zu Wasser gelassene Barkasse hatte bald das Flugzeug erreicht und hielt vermittels einer Trossenverbindung die in der langen Dünung stark arbeitende Maschine auf Wind und See.

Ruhig und sicher liegt das Flugzeug auf einem Wellenkamm.

Die Anfrage des Flugkapitäns, ob das Schiff sein Flugzeug aufnehmen könne, war bejahend beantwortet worden. Die gesamte Decksbesatzung war auf dem Vorschiff damit beschäftigt, den Schwergutbaum klarzumachen. Währenddessen manövrierte die Schiffsleitung die MONTE PASCOAL so hin, dass die Barkasse mit dem Flugzeug bei Luke II in Lee zu liegen kam, wo die See bedeutend ruhiger war. Dank der ausgezeichneten Zusammenarbeit von Offizieren und Besatzung gelang es sehr bald, die Maschine, deren gewaltige Ausmaße man erst jetzt richtig zu erkennen vermochte, mit dem Schwergutbaum bis in Deckshöhe zu hieven. Infolge seiner Größe war es nicht möglich, das Flugzeug an Deck zu setzen; es wurde daher außenbords hängen gelassen, mit Taljen scharf an die Bordwand geholt und so unverrückbar festgemacht.

Gegen 20 Uhr konnte das Schiff seine Fahrt fortsetzen. Die Besatzung des Flugzeuges fand an Bord der MONTE PASCOAL gastliche Aufnahme. Sieben Tage später wurde der Zuckerhut, Wächter der Einfahrt zur Bucht von Rio de Janeiro, passiert. Wenig später konnte das Flugzeug wieder an seine Besatzung übergeben werden.«

Die Besatzung des Flugzeuges hat die Leine, mit der es ins Schlepp genommen werden soll, aufgefangen.

Das Flugzeug wird mittels eines Schwergutbaumes angepackt, in Deckshöhe geholt und außenbords festgemacht.

Einladung zu einem MONTE-Ball, die letzte erging 1939.

1939 Am 5. Februar findet in Berlin, ohne dass die Teilnehmer es natürlich ahnen können, in den Festsälen von Kroll der letzte »MONTE-Ball« statt. Dieser Ball war der alljährlich wiederkehrende Höhepunkt des in Berlin gegründeten »Bundes der MONTE-Freunde«, dessen Mitglieder ehemalige Passagiere sind, die auf einem oder mehreren Schiffen der MONTE-Klasse eine oder mehrere Kreuzfahrten mitgemacht hatten. Sie waren von diesen besonderen Schiffen so begeistert, dass sie sich in regelmäßigen Abständen trafen, um sich über vergangene oder künftig geplante Reisen auszutauschen.

Während in den Jahren 1934 bis 1937 jährlich im Durchschnitt noch fünfzig Touristenreisen angeboten werden konnten, waren es 1938 nur noch vierzehn und in diesem Jahr wegen der immer größer werdenden Devisenschwierigkeiten nur noch eine. Am 7. August beendet die CAP ARCONA ihre Sommerreise 1939 nach Rio de Janeiro und Santos. Es ist die letzte von der Reederei gebotene Kreuzfahrt. Die Heimreise des Flaggschiffes der Reederei verläuft noch unbehelligt.

SÜDAMERIKA-FAHRPLAN

Von Europa nach Südamerika

Schiffsname	von Hamburg	Bremerhaven	Boulogne s. M.	Southampton	Leixoes	Lissabon	Madeira	Tenerife	Pernambuco	Bahia	Rio de Janeiro	Santos	Florianopolis	Rio Grande	Montevideo	Buenos Aires
Monte Sarmiento	23. 6.	—	—	—	28. 6.	—	—	—	—	—	12. 7.	13. 7.	—	—	17. 7.	18. 7.
General San Martin	30. 6.	—	2. 7.	—	4. 7.	5. 7.	7. 7.	—	16. 7.	17. 7.	20. 7.	21. 7.	—	—	25. 7.	26. 7.
CAP ARCONA	3. 7.	—	5. 7.	5. 7.	—	7. 7.	7. 7.	—	—	—	17. 7.	18. 7.	—	—	20. 7.	20. 7.
Cap Norte	14. 7.	15. 7.	16. 7.	—	—	19. 7.	21. 7.	—	—	—	2. 8.	3. 8.	—	—	6. 8.	7. 8.
Monte Olivia	21. 7.	—	—	—	—	26. 7.	—	—	—	—	9. 8.	10. 8.	11. 8.	13. 8.	14. 8.	15. 8.
General Artigas	28. 7.	29. 7.	30. 7.	—	2. 8.	3. 8.	5. 8.	—	—	—	17. 8.	18. 8.	—	—	22. 8.	23. 8.
Monte Pascoal	4. 8.	—	—	—	—	9. 8.	—	—	—	—	23. 8.	24. 8.	25. 8.	27. 8.	28. 8.	29. 8.
Antonio Delfino	11. 8.	12. 8.	13. 8.	—	16. 8.	18. 8.	—	—	26. 8.	27. 8.	30. 8.	31. 8.	—	—	4. 9.	4. 9.
Madrid	18. 8.	—	—	—	23. 8.	24. 8.	26. 8.	—	—	—	9. 9.	11. 9.	—	—	14. 9.	15. 9.
General Osorio	25. 8.	—	27. 8.	—	29. 8.	30. 8.	1. 9.	—	—	—	13. 9.	14. 9.	—	—	17. 9.	18. 9.
CAP ARCONA	29. 8.	—	30. 8.	30. 8.	—	1. 9.	—	—	—	—	11. 9.	12. 9.	—	—	14. 9.	14. 9.

Von Südamerika nach Europa

Schiffsname	von Buenos Aires	Montevideo	Rio Grande	Florianopolis	Santos	Rio de Janeiro	Bahia	Pernambuco	Tenerife	Madeira	Lissabon	Southampton	Boulogne s. M.	Bremerhaven	Hamburg
Monte Pascoal	23. 6.	24. 6.	—	—	27. 6.	28. 6.	1. 7.	—	—	—	13. 7.	—	—	—	18. 7.
Antonio Delfino	30. 6.	1. 7.	—	—	4. 7.	5. 7.	8. 7.	9. 7.	—	18. 7.	20. 7.	—	23. 7.	24. 7.	8. 8.
Madrid	7. 7.	8. 7.	—	—	12. 7.	14. 7.	—	—	—	27. 7.	29. 7.	—	—	—	8. 8.
General Osorio	14. 7.	15. 7.	—	—	18. 7.	19. 7.	22. 7.	—	—	1. 8.	3. 8.	—	6. 8.	—	8. 8.
Monte Rosa	21. 7.	22. 7.	23. 7.	17. 7.	25. 7.	26. 7.	29. 7.	—	—	—	10. 8.	—	—	14. 8.	15. 8.
Monte Sarmiento	28. 7.	29. 7.	—	30. 7.	1. 8.	2. 8.	5. 8.	—	—	—	18. 8.	—	—	—	22. 8.
General San Martin	4. 8.	5. 8.	—	—	8. 8.	9. 8.	12. 8.	14. 8.	—	23. 8.	25. 8.	23. 8.	24. 8.	—	30. 8.
CAP ARCONA	8. 8.	9. 8.	—	—	11. 8.	12. 8.	—	—	—	—	—	5. 9.	7. 9.	—	25. 8.
Cap Norte	18. 8.	19. 8.	—	—	22. 8.	23. 8.	26. 8.	—	—	—	7. 9.	—	10. 9.	11. 9.	21. 9.
Monte Olivia	25. 8.	26. 8.	27. 8.	29. 8.	30. 8.	31. 8.	3. 9.	—	—	—	16. 9.	—	—	—	21. 9.
General Artigas	1. 9.	2. 9.	—	—	5. 9.	6. 9.	9. 9.	—	20. 9.	22. 9.	—	25. 9.	26. 9.	2. 9.	—
Monte Pascoal	8. 9.	9. 9.	—	—	12. 9.	13. 9.	16. 9.	—	—	—	28. 9.	—	—	—	3. 10.

Einrichtungen der Schiffe: Cap Arcona, 1. und 2. Klasse; Cap Norte, Antonio Delfino, Generalschiffe und Madrid, Monte Pascoal, Monte Rosa, Monte Sarmiento, Monte Olivia, Mittelklasse und 3. Klasse

Regelmäßiger und schneller Frachtdienst mit 34 modernen Frachtdampfern nach Nord-, Mittel- und Südbrasilien und dem La Plata

Gesellschaftsreisen nach Rio de Janeiro und Buenos Aires in der 1. Klasse des Schnelldampfers »Cap Arcona«

„Blick vom Corcovado auf das nächtliche Rio de Janeiro"

ab Hamburg	an Rio	an Buenos Aires	ab Buenos Aires	ab Rio	an Hamburg
29. 8.	11. 9.	14. 9.	16. 9.	20. 9.	3. 11.
10. 10.	28. 10.	26. 10.	28. 10.	1. 11.	14. 11.
18. 11.	1. 12.	4. 12.	6. 12.	10. 12.	23. 12.
9. 1.	22. 1.	26. 1.	27. 1.	31. 1.	13. 2.
20. 2.			8. 3.	13. 3.	26. 3.

Fahrpreise:
1) Rio de Janeiro/Santos und zurück .... RM. 1530.-
2) Buenos Aires und zurück .... RM. 1670.-
3) Rio de Janeiro und zurück ab Buenos Aires .... RM. 1600.-
(einschl. voller Verpflegung)

Kosten:
1) für Unterkunft und Verpflegung in Brasilien in erstklassigen Hotels (Zimmer mit Bad) und einige Landausflüge RM. 250.- und Taschengeld RM. 50.-
2) für einige Landausflüge in Brasilien und Buenos Aires RM. 110.- und Taschengeld RM. 40.- Unterkunft und Verpflegung in Buenos Aires auf D. „Cap Arcona".
3) für Unterkunft und Verpflegung in Brasilien in erstklassigen Hotels (Zimmer mit Bad), Flug nach Buenos Aires und einige Landausflüge in Brasilien und Buenos Aires RM. 510.- und Taschengeld RM. 50.-. Unterkunft und Verpflegung in Buenos Aires auf D. „Cap Arcona".

4

Fahrplan 1939

Der D. FLORIDA (6148 BRT) kommt als letzter Vorkriegsneubau am 19. August unter die Hamburg Süd-Flagge.

Als am 1. September erneut ein großer Krieg ausbricht, verfügt die Hamburg Süd über die größte Flotte in ihrer bisherigen Geschichte

Mit dem deutschen Angriff auf Polen am 1. September beginnt der Zweite Weltkrieg. Erst wenige Tage vorher, am 23. August, hatten das Deutsche Reich und die Sowjetunion einen Nichtangriffspakt, den so genannten Hitler-Stalin-Pakt, geschlossen und in einem geheimen Zusatzprotokoll ihre Interessengebiete in Mittel- und Osteuropa aufgeteilt. Kurze Zeit nach dem schnellen Vormarsch deutscher Truppen greift die Sowjetunion Polen von Osten her an, dessen erbitterter Widerstand dann rasch zusammenbricht. In der Folgezeit kommt es zu einem regen Güteraustausch mit der Sowjetunion, auch über See.

Bei Kriegsausbruch verfügt die Hamburg Süd über die größte Flotte ihrer bisherigen Geschichte: 52 Seeschiffe mit zusammen 385 500 BRT. Hinzu kommen noch 114 Hilfsfahrzeuge mit 21 700 BRT, zusammen also 407 200 BRT. Vier weitere Seeschiffe, VICTORIA, FLORIANOPOLIS, ESMERALDA und PALERMO, mit zusammen 25 065 BRT, befinden sich im Bau bzw. im Auftrag. Mit dem Bau der PALERMO ist, um das vorweg zu nehmen, zwar begonnen worden, er wurde allerdings noch weit vor dem Stapellauf eingestellt. Die Fertigung von zwei 1939 georderten weiteren Schiffen dieses Typs wird gar nicht erst aufgenommen. Vorgesehene Namen waren PAMPERO und PARANA. Die Aufträge werden

später nach St. Nazaire in Frankreich und Hoboken in Belgien verlegt. Dort ist wahrscheinlich in geringem Umfang mit ihrem Bau begonnen worden. Was nach dem Rückzug der deutschen Truppen mit dem Material geschah, ist nicht bekannt.

Nach den Kriegserklärungen von Großbritannien und Frankreich am 3. September an Deutschland, verhängt Großbritannien wieder, wie schon im Ersten Weltkrieg, die Seeblockade Deutschlands. Fast alle deutschen Schiffe sind, wie weltweit üblich, von der Marine erfasst worden und werden nun durch sie für verschiedene Zwecke als Transporter, Hilfskriegschiff, Wohnschiff etc. herangezogen.

Ihren ersten Kriegsverlust erleidet die Reederei gleich am 3. September mit der OLINDA (Bj. 1927, 4576 BRT), die sich nach Anhalten durch den britischen Kreuzer AJAX selbst versenkt. Die CAP NORTE (Bj. 1922, 13 615 BRT), die sich auf der Heimreise von Brasilien befindet, wird dagegen am 9. Oktober von dem britischen Kreuzer BELFAST aufgebracht und nach Kirkwall geleitet. Die TENERIFE (Bj.1922, 4996 BRT), die am 21. November ebenfalls von einem britischen Kreuzer angehalten wird, entzieht sich wiederum der Aufbringung durch die vorbereitete Selbstversenkung.

1939

In Port Washington (Long Island) startet der erste reguläre Passagierflug zwischen den USA und Europa. Die Maschine benötigt mit zwei Zwischenlandungen 24 Stunden bis zum Zielort Marseille.

In Kuba übernimmt der von den USA protegierte Armeechef Fulgenico Batista y Zaldívar als Staatspräsident endgültig die Macht.

Entdeckung der steinzeitlichen Höhlenmalereien in Lascaux (Südfrankreich).

Die SANTA FE (4627 BRT) wird im Mittelmeer vom Kriegsausbruch überrascht.

Die WILHELM GUSTLOFF wird gleich nach Kriegsbeginn von der Marine als Lazarettschiff eingesetzt.

D. CAMPINAS (4541 BRT) nach Minentreffer auf ebenem Kiel vor Kopenhagen gesunken.

Eine ganze Reihe von Verlusten dezimiert die Hamburg Süd-Flotte beträchtlich

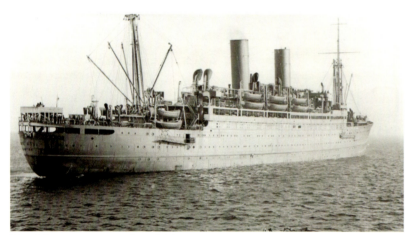

Die schöne MONTE ROSA dient als Truppentransporter.

SPERRBRECHER 10 (ex VIGO, 7309 BRT) läuft nach Minentreffer mit offenem Vorschiff nach Bremerhaven zur Reparatur.

1940 Fast alle Schiffe der Reederei sind inzwischen von der Kriegsmarine erfasst worden und werden je nach Bedarf für deren Zwecke eingesetzt, beispielsweise als Truppen- oder Nachschubtransporter, als Lazarett- oder Wohnschiff. Nach und nach erhalten fast alle in unterschiedlichem Umfang eine Bewaffnung für die Abwehr von Flugzeugangriffen

Insgesamt elf Schiffsverluste hat die Reederei in diesem ersten vollen Kriegsjahr zu verzeichnen. LA CORUNA (Bj 1921, 7221 BRT), PARANA (Bj 1922, 5986 BRT) und URUGUAY (Bj. 1921, 5846 BRT) versenken sich selbst, um der Aufbringung zu entgehen; RIO DE JANEIRO (Bj. 1914, 5199 BRT), BUENOS AIRES (Bj. 1911, 6097 BRT) und FLORIDA (Bj. 1939, 6148 BRT) sinken nach Torpedotreffern; BAHIA CASTILLO (Bj. 1918, 6062 BRT) erhält ebenfalls einen Torpedotreffer, kann aber als Wrack nach Kiel eingebracht werden und wird dort abgebrochen; CAMPINAS (Bj. 1921, 4541 BRT), SAO PAULO (Bj. 1921, 4977 BRT) und PARANAGUA (Bj. 1939, 6062 BRT) sinken nach Minentreffern und BAHIA BLANCA (Bj. 1918, 8558 BRT) geht nach einer Kollision verloren. Ein Zugang ist das in Bordeaux beschlagnahmte belgische MS MAR DEL PLATA (Bj. 1938, 7436 BRT), das der Reederei zur Bewirtschaftung übertragen wird.

1941 Vier Schiffe geraten in diesem Jahr in Verlust: Die mit Maschinenschaden in Bahia aufliegende MACEIO (Bj. 1929, 3235 BRT) wird an

Mit Fahrten im Geleitzug soll die Gefährdung verringert werden.

Etliche der Reederei zu Bewirtschaftung übertragene beschlagnahmte Schiffe können die Verluste nicht ausgleichen

Brasilien verkauft, MADRID (Bj. 1922, 8777 BRT) wird durch Bomben sowie BAHIA LAURA (Bj. 1918, 8561 BRT) durch Torpedo versenkt, und die BABITONGA (Bj.1922, 4422 BRT), die nach Versorgung eines deutschen Hilfskreuzers am 21. Juni bei den St. Pauls Rocks von dem britischen Kreuzer LONDON angehalten wird, wird von der eigenen Besatzung durch vorbereitete Maßnahmen selbst versenkt, um der Aufbringung zu entgehen.

In diesem Jahr hat die Reederei allerdings auch eine ganze Reihe von Zugängen durch Schiffe zu verzeichnen, die in verschiedenen Häfen beschlagnahmt worden waren und ihr nun zur Bewirtschaftung übertragen werden: D. HARVESTEHUDE (ex franz. VILLE DE REIMS, Bj. 1918, 4617 BRT), D. LOKSTEDT (ex franz. ANGO, Bj. 1913, 7110 BRT), MS KURLAND (ex norw. HOEGH TRADER, Bj. 1940, 7708 BRT),

Der in Bordeaux beschlagnahmte französische D. ANGO wird unter dem Namen LOKSTEDT von der Hamburg Süd bewirtschaftet.

D. OTHMARSCHEN (ex franz. VILLE DE METZ, Bj. 1920, 7007 BRT), MS CHRISTIAN SINDING (ex dän. VIATOR, Bj. 1940, 3076 BRT), MS OSTLAND (ex norw. FERNGULF, Bj. 1941, 5273 BRT) und ein unfertig in Rotterdam liegender Neubau (7258 BRT), der als ALTAIR in Fahrt kommt.

1942 Es erfolgt eine Verdoppelung des Aktienkapitals auf 20 Mio. RM.

Gründung der Unterstützungs- und Versorgungskasse der Hamburg-Südamerikanischen Dampfschifffahrts-Gesellschaft.

Auf Vorschlag von Dr. Richard Kaselowsky wird Rudolf August Oetker, der Enkel Dr. August Oetkers, 26-jährig in den Aufsichtsrat der Hamburg Süd berufen.

Sechs Schiffe sind in diesem Jahr als Verlust zu verzeichnen: die seit 1939 in Rio Grande liegende MONTEVIDEO (Bj. 1936, 6076 BRT) muss an Brasilien verkauft werden, die ebenfalls seit 1939 in Las Palmas liegende CORRIENTES (Bj. 1921, 4565 BRT) an Spanien. Die JOAO PESSOA (Bj. 1922, 3023 BRT) geht bei dem Versuch, für eine Reise nach Südamerika die Blockade zu durchbrechen, bei San Sebastian durch Strandung verloren. Darüber hinaus werden MONTE SARMIENTO (Bj. 1924, 13 625 BRT) durch Bomben, ASUNCION (Bj 1921, 4626 BRT) durch Minen- und CURITYBA (Bj. 1921, 4969 BRT) durch Torpedotreffer versenkt.

1940–1942

1941 Mit dem Z 3 nimmt der deutsche Ingenieur Konrad Zuse in Berlin den ersten arbeitsfähigen digitalen Rechner (später Computer) in Betrieb.

1942 Nach dem raschen Vormarsch der Japaner im Pazifik beginnen im Laufe des Jahres die Gegenangriffe der USA.

Schwere Bombenangriffe zerstören große Teile Hamburgs und fordern tausende Opfer unter der Bevölkerung

1943 Am 20. Februar wird das MS RÜSSELS-HEIM (ex niederl. DRECHTDYK, Bj. 1922, 9338 BRT) der Reederei zur Bewirtschaftung übergeben, und im Juni können die mit 1923 BRT vermessenen Neubauten D. HANSA I von der Deutschen Werft und im Oktober der D. TIEFLAND von den Lübecker Flenderwerken übernommen werden. Sie gehören zu den ersten einer Serie von technisch einfach gehaltenen Einheitsschiffen, mit deren Bau im vorangegangenen Jahr begonnen worden ist, um die Kriegsverluste der deutschen Handelsflotte wenigstens ansatzweise wieder auszugleichen. Dieses 1942 konzipierte, so genannte »Hansa-Bauprogramm« umfasst drei Frachtschiffstypen von 3000, 5000 und 9000 Tonnen Tragfähigkeit sowie zwei Schleppertypen, für deren Bau sowohl deutsche als auch ausländische, im deutschen Machtbereich liegende Werften einbezogen sind. Außerdem kommt als Vorkriegs-Fertigbau die FLORIANOPOLIS (6062 BRT) in Fahrt. Das Schiff ist im Rahmen des »Fertigbau-Programms« zu Ende gebaut worden. Dieses Programm war 1941/42 eigens für die Fertigstellung von vor dem Krieg begonnenen Handelsschiffen, deren Bau bei Kriegsbeginn zunächst eingestellt werden musste, aufgelegt worden. Teilweise geschieht der Fertigbau auf anderen als den ursprünglichen Bauwerften. Außerdem hatten deutsche Reedereien zwischenzeitlich eine ganze Reihe von Neubauten auf ausländischen Werften platziert, von denen allerdings nur ganz wenige bis Kriegsende in Fahrt kamen.

Mitte des Jahres beginnen die verheerenden alliierten Luftangriffe auf Hamburg, die zwar viele Stadtbezirke völlig zerstören, bei zehntausenden von Opfern unter der Zivilbevölkerung, die industrielle Produktion aber nicht entscheidend beeinflussen.

Drei eigene Schiffe geraten durch Kriegseinwirkungen in Verlust: LA PLATA (Bj. 1922, 8056 BRT) und GENERAL ARTIGAS (Bj.1923, 11 254 BRT)

Der D. HANSA I ist das erste Schiff des »Hansa-Bauprogramms«.

Die Auswirkungen der schweren Bombenangriffe auf Hamburg sind kaum zu beschreiben.

Eine besondere Geschichte als »Blockadebrecher« hat das MS. RIO GRANDE

durch Bomben, SANTA FÉ (Bj. 1921, 4627 BRT) durch Torpedotreffer. Außerdem werden die zur Bewirtschaft übertragenen D. OTHMARSCHEN und MS ALTAIR durch Torpedo- bzw. Lufttorpedotreffer versenkt.

1944 Am 4. Januar wird das MS RIO GRANDE (Bj. 1939, 6062 BRT) auf der Reise von Japan nach Europa im Südatlantik nach dem Aufkommen amerikanischer Kriegsschiffe von der Besatzung selbst versenkt, um die Aufbringung des Schiffes zu verhindern. Dieses Schiff hat seine eigene »Kriegsgeschichte«, die der Erinnerung wert ist, ohne das Schicksal der anderen Schiffe deshalb in den Hintergrund treten zu lassen.

Bei Kriegsausbruch 1939 war die RIO GRANDE im brasilianischen Hafen Rio Grande liegend von der Kriegsmarine beschlagnahmt und für die Versorgung eines Hilfskreuzers ausgerüstet worden. Diesen, es war die THOR, die ehemalige SANTA CRUZ (3862 BRT) der OPDR, traf die RIO GRANDE dann auch in der Mitte des Atlantiks, versorgte ihn der Weisung entsprechend, übernahm 350 Besatzungsmitglieder der vorher von dem Hilfskreuzer versenkten Schiffe und erreichte mit ihnen am 13. Dezember 1940 das inzwischen von deutschen Truppen besetzte Bordeaux an der französischen Atlantikküste. Anschließend wurde dieses praktisch noch neue Schiff in die so genannte »Blockadebrecher«-Aktion eingebunden, mit der, die Blockade der Alliierten durchbrechend, wichtige Rohstoffe aus dem mit Deutschland verbündeten Japan herangeschafft werden sollten, was teilweise auch gelang, im Verlauf des Krieges aber immer schwieriger und schließlich unmöglich wurde.

Die RIO GRANDE hatte einen beachtlichen Anteil an dieser Aktion. Am 21. September 1941 verließ sie, immer noch, und wie auch später, unter dem Kommando von Kapitän von Allwörden, mit für Japan wertvollen Industriegütern an Bord Bordeaux wieder mit Kurs Fernost. Dort machte sie nach unbehelligter Reise am 6. Dezember 1941 als erstes von Europa kommendes Schiff in

Kobe fest. Die Rückreise begann am 31. Januar 1942, wurde ebenfalls glücklich überstanden und endete am 10. April 1942 erneut in Bordeaux. Und noch einmal ging es am 20. September 1942 von dort nach Japan. Yokohama wurde am 4. Oktober 1942 erreicht. Jedoch konnte erst am 4.Oktober 1943 die Rückreise angetreten werden, die dann wie oben erwähnt endete.

Am 4. März kann die Reederei das von der Cockerill Werft in Hoboken/Belgien gebaute MS FLORIDA (5542 BRT) übernehmen, das ursprünglich von einer belgischen Reederei bestellt worden war, und am 25. Juni den bereits vor Kriegsausbruch beim Bremer Vulkan georderten und dann nach Amsterdam verlagerten Neubau ESMERALDA (6446 BRT). Außerdem kommen die beiden 1923-BRT-»Hansa«-Bauten BRUNHILDE von Van der Giessen und GUNTHER von der A.G. Neptun in Fahrt.

Dr. Richard Kaselowsky findet zusammen mit seiner Frau und zwei Töchtern bei einem Bombenangriff auf Bielefeld den Tod. Sein Erbe tritt der junge Rudolf August Oetker an.

In diesem Jahr ist der Verlust von acht Frachtschiffen zu beklagen: Außer der RIO GRANDE gehen ENTRERIOS (Bj. 1923, 5179 BRT), SANTOS (Bj. 1923, 5943 BRT) und FLORIANOPOLIS (Bj. 1942, 6062 BRT) durch Bomben verloren, VIGO (Bj. 1922,

1943–1944

1943 Nach Unterzeichnung eines Waffenstillstandes mit den Alliierten am 3. September erklärt Italien seinem vormaligen Bündnispartner, dem Deutschen Reich, den Krieg.

1944 Auf einer Konferenz in Dumbarton Oaks bei Washington werden erste Grundsätze für den Aufbau der Vereinten Nationen (UNO) festgelegt.

MS. RIO GRANDE, der erfolgreichste Blockadebrecher liegt hier auch mit Fesselballon gut gesichert im Hafen von Bordeaux.

7387 BRT) und NATAL (Bj. 1921, 3172 BRT) nach Minentreffern und BAHIA (Bj. 1927, 4117 BRT) nach einem Torpedoangriff. Die nach einem 1940 erlittenen Minentreffer schwer beschädigt in Le Havre liegende CORDOBA (Bj. 1919, 4611 BRT) versenkt sich dort beim Vorrücken der Alliierten selbst. Außerdem werden zwei bei Penhoet in St. Nazaire für die Hamburg Süd im Bau befindliche 6100-BRT-Neubauten (OLINDA und TENERIFE) bei dem Rückzug der deutschen Truppen unfertig an der Werft versenkt.

MS FLORIDA (5542 BRT) auf einer Reise mit Versorgungsgütern beladen.

Ein Erlebnis, stellvertretend für viele (aus einem unveröffentlichten Manuskript von Karl Heinz Kaesen und Uwe Volkrodt):

Der aus Österreich (damals Ostmark) stammende dienstverpflichtete Matrose Hallwirth berichtet über den Verlust des Dampfers SANTOS am 11. August 1944. Er kann stellvertretend für viele andere Schiffs- und persönliche Schicksale gelten: »Durch die Teilnahme am Reichs-Berufswettkampf (Anm.: der Deutschen Arbeitsfront) habe ich auf der Rückreise im Nord-Ostseekanal von der PERNAMBUCO abgemustert. Nach Abschluss der Gauwettkämpfe in Hamburg kam ich auf den Dampfer SANTOS. Die Reise führte mit Nachschubgütern für die Wehrmacht nach Kirkenes in Nordnorwegen. Rückreise über Narvik, da wurde Erz geladen. Damit sollten wir nach Hamburg-Harburg. In Kiel wurden wir nach Emden umdirigiert. Da die Luftüberlegenheit der

Engländer im Nordseebereich drückend war, erhielten wir in Cuxhaven zusätzliche Bewaffnung und lagen vor Anker, um schlechtes Wetter abzuwarten. Nach einigen Tagen zogen Wolken auf und wir setzten mit noch zwei kleineren Dampfern in Begleitung von 10 Begleitfahrzeugen der Kriegsmarine die Reise fort. Um etwa 20.00 Uhr etwa gab es Fliegeralarm. Der Geleitzugführer der Kriegsmarine war bei uns an Bord und meinte: ›Mensch, das sind deutsche Jäger, die von England kommen!‹ Das war ein Irrtum! Sie kamen von der anderen Firma und näherten sich rasch im Tiefflug. Seeseitig befanden sich die meisten Geleitfahrzeuge und ich sah von der Brücke, wie ein Vorpostenboot von Bordwaffen getroffen wurde. Unsere Flak konnte erst schießen, wenn sich die Flugzeuge in Reichweite der 3,7- und 2-cm-Geschütze befanden und da war es bereits zu spät.

Die Engländer näherten sich rasend schnell im Tiefflug und beschossen uns mit ihren Bordwaffen. Wenig später schlug der erste Torpedo im Vorschiff, der zweite in der Maschine und der dritte im Heck ein. Während der Detonationen stiegen Wasserfontainen hoch. Es dürfte Löcher wie Scheunentore gerissen haben. Das Schiff verlor sofort an Fahrt. Ich war auf der Brücke als Rudergänger und konnte die Ratlosigkeit der Beteiligten verfolgen. Sie konnten und wollten nicht glauben, dass es aus war. Schließlich gab der Kapitän den Befehl, das Schiff zu verlassen. Da wir voll abgeladen waren mit Erz und tief im Wasser lagen, war es leicht, ins Wasser zu springen. Windstärke ca. 4 – 5. Es dunkelte bereits und wir jumpten von der Brücke aus ins Wasser. Schwimmwesten mussten auf See und im Gefahrengebiet Tag und Nacht getragen werden, und so brauchte ich nicht erst danach zu suchen. Ich wollte mir meine Habseligkeiten in ein Päckchen verpackt aus der Unterkunft holen, aber das schaffte ich nicht mehr. Am ärmsten waren die Maschinisten dran. Als der Torpedo einschlug, strömte Dampf aus und sie konnten den Maschinenraum nicht mehr verlassen. Ebenso klemmten die Schotten und ließen sich nicht mehr öffnen. Alles was oben war, sprang ins Wasser. Es dauerte keine 5 bis 7 Minuten, und der Dampfer war verschwunden. Im ersten Moment spürten wir die Kälte im Wasser nicht; erst später spürte ich die Spritzer der Wellenkämme im Gesicht, und das war hart. Nach einigen Minuten bekam ich ein treibendes Benzinfass zu fassen. Wir verständigten uns untereinander durch Zuruf und versuchten zusammenzubleiben. Der Geleitzug setzte seine Fahrt fort.

Wir waren mit der SANTOS der größte und schönste Dampfer dieser Fahrt gewesen. Vor der Reise hatten wir sechs Wochen in Hammerfest gelegen und auf Geleitschutz gewartet. Wir hatten die Zeit mit Rostklopfen verbracht. So erstrahlte der Schlickrutscher in neuem Glanz. Vorher hatte er etwas vergammelt ausgesehen.

Während wir nun so im Wasser trieben und der Seegang immer stärker wurde, machte ich mir mit meinen 16 Jahren die ersten ernsten Gedanken ums Überleben. Unsere Schwimmwesten waren aus Kork und trugen angeblich nur 48 Stunden, dann hatte sich der Kork vollgesoffen. Ein Rettungsboot konnte nicht mehr ausgesetzt werden. Lediglich die Rettungsringe mit den Lichtern trieben leer im Wasser.

Nach Stunden sahen wir in der Ferne Lichter aufkommen und ich schöpfte neue Hoffnung. Es waren Räumboote, die aus Wilhelmshaven ausgelaufen waren. Plötzlich näherte sich mir ein Boot. Im Licht der Scheinwerfer sahen sie mich und schwupp zogen sie mich über die Reling an Bord. Das waren Kumpels! Sogleich brachten sie mich mit einer Decke behängt nach unten und verpassten mir einen tüchtigen Schluck Rum. In den Morgenstunden trafen wir in Wilhelmshaven ein. Es waren 17 oder 18 Besatzungsmitglieder, die überlebt hatten. Der Rest blieb verschollen. Das waren zwei Drittel der Besatzung.

In Wilhelmshaven wurden wir von einer Abordnung der Kriegsmarine empfangen und mit Zigaretten versorgt. Da wir nur unsere nassen Kleider hatten, brachte man uns in die Kaserne, um zu duschen. In der Kleiderkammer erhielten wir neue Klamotten nach HdV verpasst. Als die Zigaretten verteilt wurden, sah das ein Offizier und fragte nach meinem Alter. 16 Jahre! Da meinte er: »Junge, da hast du noch keinen Anspruch auf die Raucherkarte.« Die gab es nämlich erst ab 18. In diesem Augenblick habe ich für mich das Großdeutsche Reich abgeschrieben. Man durfte schießen – wir hatten auch die Flakausbildung – ins Wasser springen und sterben, aber rauchen durften wir nicht.

Nachdem wir gewaschen und geputzt waren, erhielten wir noch Verpflegung und wanderten zum Bahnhof. Da wir alles verloren hatten, wir hatten nicht einmal Geld, marschierten wir in Hamburg zur Reederei und dort mussten wir eine Verlustliste unserer Habseligkeiten erstellen. Wenn man sich auskannte mit den Gepflogenheiten, dann konnte schon etwas dabei herausspringen. Einige von uns gaben z.B. drei Anzüge und Wäsche an, die sie nie besessen hatten. Ich persönlich bekam 800 Reichsmark als Ersatz und fuhr anschließend für acht Tage auf Heimaturlaub. Nach dem Urlaub trafen wir uns in Hamburg bei der Reederei wieder und wurden wieder auf die Schiffe vermittelt. Meine Reise ging nach Stettin-Frauendorf auf den dort liegenden Dampfer ROSARIO. Es war ein älteres Kaliber, auf dem ich nicht alt wurde. Am selben Tag, an dem ich ankam und gerade erst meine Sachen verstaut hatte, brannte der Dampfer bei einem Großangriff und wir, eine zusammengewürfelte Besatzung, verloren auf dem Vorschiff alle unsere Habseligkeiten. Für mich war es das zweite Mal.«

Die 1938 gebaute SANTOS (5943 BRT) gerät am 11. August in der Helgoländer bucht bei einem Luftangriff in Verlust.

Besonders tragisch sind die Versenkungen der WILHELM GUSTLOFF und der CAP ARCONA

1944/45 An der großen Rettungsaktion, mit der allein 1945 bis Mai rund zwei Millionen Menschen, Flüchtlinge, Verwundete und Soldaten, vor der rasch vormarschierenden sowjetischen Armee über die Ostsee nach Westen in Sicherheit gebracht wurden, sind auch Schiffe der Hamburg Süd beteiligt. So ermöglichen beispielsweise die GENERAL SAN MARTIN und die CAP ARCONA mit mehreren Fahrten zusammen fast 55 000 Menschen die Flucht. Als besonders tragisch ist in diesem Zusammenhang das Schicksal des von der Hamburg Süd bereederten ehemaligen KdF-Passagierschiffes WILHELM GUSTLOFF zu nennen. Es wird am 30. Januar 1945 mit rund 6600 Menschen, darunter über 3000 Kinder, an Bord von Danzig-Gotenhafen kommend von dem sowjetischen U-Boot S 13 mit mehreren Torpedotreffern versenkt. Weit mehr als 5000 Menschen kommen dabei ums Leben.

1945 Auf der Konferenz der Alliierten in Jalta (3. bis 11.2.) wird erstmals auch die Wegnahme deutscher Handelsschiffe für Reparationszwecke vorgesehen und die Beschlagnahmung deutscher Schifffahrtsaktien in Erwägung gezogen. Es ist die erste grundsätzliche Aussage, mit der letztlich das Schicksal der deutschen Handelsflotte nach dem Krieg besiegelt wird.

Die als Verwundetentransporter und für die Evakuierung von Flüchtlingen aus den deutschen Ostgebieten eingesetzte MONTE OLIVIA (Bj. 1925, 13 750 BRT) wird am 3. April in Kiel von britischen Bombern versenkt.

Eine weitere große Katastrophe ist die Versenkung der CAP ARCONA (Bj. 1927, 27 561 BRT) durch britische Jagdbomber kurz vor Kriegsende am 3. Mai in der Lübecker Bucht vor Neustadt/Holstein. Das Schiff hatte, nachdem es in den zurückliegenden Wochen etwa 25 000 Flüchtlinge aus den deutschen Ostgebieten unversehrt nach Westen gebracht hat, wenige Tage vorher unter Androhung von Gewalt etwa 5000 KZ-Häftlinge aus Neuengamme einschließlich Wachpersonal an Bord nehmen müssen. Zwischen 5000 und 6000 Menschen kommen bei diesem Angriff ums Leben. In Neustadt/Holstein und in Grevesmühlen/Mecklenburg sind den Opfern ein Ehrenfriedhöfe gewidmet.

Insgesamt hat die Reederei in den ersten fünf Monaten des Jahres noch den Verlust von elf

Das tragische Ende eines stolzen Schiffes – die CAP ARCONA nahe Neustadt in der Lübecker Bucht.

Nach Kriegsende müssen die noch verbliebenen deutschen Seeschiffe an die Alliierten abgeliefert werden.
Zum zweiten Mal ist die Hamburg Süd eine Reederei ohne Schiffe.

ihrer Schiffe durch Feindeinwirkung zu beklagen: Außer den beiden bereits genannten sind es TUCUMAN (Bj. 1918, 4621 BRT), GENERAL OSORIO (Bj. 1929, 11 590 BRT), PORTO ALEGRE (Bj. 1936, 6105 BRT), MENDOZA (Bj. 1919, 5193 BRT), PETROPOLIS (Bj. 1911, 4845 BRT) und HANSA I (Bj. 1943, 1923 BRT) durch Bomben, BAHIA CAMARONES (Bj. 1918, 8552 BRT) wird von britischen Kriegsschiffen versenkt und BAHIA CASTILLO (Bj. 1918, 8579 BRT) in Kiel als Wrack erbeutet.

Am 7./8. Mai erfolgt die bedingungslose Kapitulation der deutschen Wehrmacht. Danach gilt bis Anfang Juli u.a. ein generelles Fahrverbot für alle deutschen Schiffe.

Alle 14 noch verbliebenen Schiffe verliert die Reederei nach Kriegsschluss. Zwölf müssen an Großbritannien abgeliefert werden: ESPANA (Bj. 1921, 7322 BRT), ANTONIO DELFINO (Bj 1921, 13 589 BRT), PERNAMBUCO (Bj. 1927, 4121 BRT), MONTE ROSA (Bj. 1939, 13 882 BRT), GENERAL SAN MARTIN (Bj. 1922, 11 251 BRT), ROSARIO (Bj. 1913, 6079 BRT), PATAGONIA (Bj. 1912, 5898 BRT), TIJUCA (Bj. 1923, 5918 BRT), TIEFLAND (Bj 1943, 1923 BRT),

BRUNHILDE (Bj. 1944, 1323 BRT), ESMERALDA (Bj 1944, 6446 BRT) und GUNTHER (Bj. 1944, 1923 BRT). Außerdem werden alle der Reederei zur Bewirtschaftung übertragenen Schiffe ihren ursprünglichen Eignern zurückgegeben: RÜSSELSHEIM, die kurz vor Kriegsende noch durch Minen- und Bombentreffer schwere Schäden erlitten hatte, MAR DEL PLATA, die kurz nach Kriegsende noch durch Minentreffer schwer beschädigt worden war, HARVESTEHUDE, LOKSTEDT, KURLAND, CHRISTIAN SINDING und OSTLAND.

Die MONTE PASCOAL (Bj. 1930, 13 870 BRT) wird 1946 mit Gasmunition beladen und versenkt und der unfertige Neubau VICTORIA 1947 nach Holland geschleppt, um dort für Jugoslawien komplettiert zu werden. Der Verbleib der bei Penhoet in St. Nazaire und bei Cockerill in Hoboken/Belgien begonnen Neubauten PAMPERO und PARANA ist ungewiss. Damit hat die Hamburg Süd durch Kriegseinwirkung und Ablieferungen nach dem Krieg zum zweiten Mal ihre gesamte Seeschiffsflotte verloren. Übrig geblieben sind letzten Endes fünf Schlepper, zwei Barkassen sowie 49 Leichter und Schuten.

1944–1945

1945 Handels- und Marineschiffe evakuieren in beispiellosen Aktionen Millionen Menschen aus den deutschen Ostgebieten, um sie vor der heranrückenden Roten Armee zu retten.

Zerstörung überall im Hafen von Bremen.

GENERAL ARTIGAS war im Juli 1943 in Hamburg versenkt worden. Nach Hebung wird das Wrack abgebrochen.

Die schwer beschädigte MONTE PASCOAL (rechts hinten) wird in Wilhelmshaven mit Gasmunition beladen und im Skagerak versenkt.

Die ganze Trostlosigkeit der Stunde Null

In den beiden großen deutschen Universalhäfen Hamburg und Bremen/Bremerhaven sieht es schlimm aus: In Hamburg sind von 92 Kaischuppen mit 725 572 qm Fläche 58 mit 654 333 qm zerstört, von 38,3 km Kaimauer für Seeschiffe sind noch 27,6 km und von 25,5 km für Flussschiffe sind noch 19,9 km nutzbar. Von 36 km Seeschiffsliegeplätzen an den Dalben stehen noch 11 km zur Verfügung. Von 1108 Kaikränen sind 878 vernichtet oder schwer beschädigt, von 15 Schwimmkränen sind 6 und von 21 schwimmenden Getreidehebern sind 13 zerstört. Außerdem sind 305 km Gleise (67,8 Prozent) des Hafenbahnnetzes und 70 Brücken (42,4 Prozent) im Hafengebiet zerstört oder unbrauchbar. In den Hafenbecken liegen zahlreiche Wracks und Minen.

In Bremen sind von 261 325 qm Schuppen 88 Prozent zerstört und von den 185 764 qm Speicherfläche ebenfalls 88 Prozent, von 268 Kränen 65 Prozent, sieben der 14 Brücken, 34 Prozent der 240,7 km des Hafenbahnnetzes und 20 Prozent der 15,4 km Kailänge. In den Hafenbecken liegen, wie in Hamburg, zahlreiche Wracks und Minen. In Bremerhaven sind die Schäden nicht ganz so groß. Der Columbusbahnhof ist zerstört sowie 25 Prozent der 101 800 qm Schuppen- und Speicherflächen.

Am 2. August schließen die Regierungschefs der USA, Großbritanniens und der Sowjetunion das »Potsdamer Abkommen«. Die der Seefahrt und dem Schiffbau geltende Bestimmung lautet: »Mit dem Ziele der Vernichtung des deutschen Kriegspotentials ist die Produktion von Waffen, Kriegsausrüstungen und Kriegsmitteln, ebenso die Herstellung aller Typen von Flugzeugen und Seeschiffen zu verbieten und zu unterbinden. Die deutsche Handelsmarine, die den drei Mächten übergeben worden ist, wird – wo immer sie sich befindet – zu gleichen Teilen unter der UdSSR, dem Vereinigten Königreich und den Vereinigten Staaten aufgeteilt.« Damit wird praktisch das Ende der deutschen Schifffahrt und des Schiffbaus verkündet. Die Werften sind auf der Liste der zu Reparationszwecken zu demontierenden Betriebe genannt. Sie gelten als »verbotene Industrie«.

Die deutsche Seeschifffahrt hatte größte Verluste erlitten. Nur noch etwa 1,4 Mio. BRT von den 1939 einschließlich Küstenschifffahrt und sonstiger Zweige vorhandenen 4,6 Mio. BRT liegen verstreut in den Häfen. Viele der noch schwimmfähigen Schiffe sind anderweitig zerstört, beschädigt oder fahruntüchtig. Nach dem Ende der Kampfhandlungen gehen die Abgänge der Handelsschifffahrt noch weiter: Schiffe mit einer Gesamttonnage von etwa 122 000 BRT werden mit Gas- und anderer Munition beladen und in Nord- und Ostsee versenkt. Hinzu kommen die Ablieferungen an die Siegermächte,

sodass letzten Endes, nachdem dies alles abge-
wickelt bzw. vollzogen ist, nur etwa 120 000 BRT
Schiffsraum als Resteigentum in Deutschland
verbleiben – fast alles alte oder schwer beschädigte Schiffe. Aufgeteilt sind dies in etwa 123
Reedereischiffe mit 78 442 BRT und ca. 300 Küstenschiffe bzw. Motorsegler mit 35 000 BRT. Als
Sonderkontingent können die 99 000 BRT der so
genannten X-Schiffe gelten: 269 Reedereischiffe
(meist Schlepper, Leichter und Fährdampfer) und
674 Küstenschiffe bzw. Motorsegler. Sie gelten
als an die Alliierten abgeliefert, fahren zunächst
aber noch bei ihren bisherigen Eigentümern bis
zur endgültigen Entscheidung über ihr Schicksal.
Diese Schiffe sind durch eine vierstellige Nummer
mit einem X davor, daher der Name X-Schiffe,
am Bug gekennzeichnet. Die Kontrolle über sie
führt die Mitte 1945 etablierte Tripartite Merchant
Marine Commission (TMCC), der die USA, Großbritannien und Frankreich angehören. Außerdem
bleiben viele der den Amerikanern zugesproche-
nen Schiffe in deutschen oder zumindest in europäischen Gewässern. Sie werden vom Office of
Military Government US (Omgus) verwaltet und
später deutschen Reedereien auch in Charter
gegeben. Etliche dieser Einheiten gelangten später wieder in deutschen Besitz, mussten allerdings im Gegensatz zu den X-Schiffen zurückgekauft werden.

Das Durchschnittsalter der deutschen Restflotte beträgt 40 Jahre, während es sich in den
Jahren vor Kriegsausbruch auf 12 bis 15 Jahre
belief. Größtes Schiff ist mit 1499 BRT der 1899
gebaute Dampfer SÖDERHAM, ältestes der 1873
vom Stapel gelaufene PIONIER (433 BRT).

Nach Schätzungen des Kriegsschädenamtes
hatte die Reedereiflotte vor Kriegsausbruch 1939
einen Wert von 1,5 Mrd. Mark, mit einem Wieder-
beschaffungswert 1952 in Höhe von 5 Mrd. DM.
Der Wert der deutschen Restflotte nach dem
Krieg belief sich, ebenfalls nach Schätzungen des
Amtes, auf 21 Mio. Mark.

Nach Kriegsverlusten, Ablieferungen und
sonstigen Abgängen ist der Schiffsbestand der
deutschen Handelsflotte damit geringer als bei
der Gründung des Kaiserreiches im Jahr 1871.

Am 7. Juli wird von der britischen Besat-
zungsmacht erstmals eine Lizenz für eine Einzel-
reise von Kappeln/Schlei nach Hamburg erteilt.
Danach dürfen zunächst nur Reisen an der westdeutschen Küste zwischen Emden und Lübeck
durchgeführt werden. Für jede Reise war vorher in einem besonderen Verfahren eine Genehmigung einzuholen. Bevor das bei der erwähnten ersten Reise überhaupt geschehen konnte,
musste zunächst noch eine alliierte Lizenz für
den Druck der Lizenzvordrucke eingeholt werden.
Allgemein gilt diese erste Reise als der Wiederbe-
ginn der deutschen Seeschifffahrt.

Trotz aller Widrigkeiten herrscht festes Vertrauen in die Zukunft

1945/46 Die deutschen Reedereien, deren Schiffe nicht für den Verbleib in Deutschland vorgesehen sind, was heißt, dass sie abgeliefert werden müssen, stehen praktisch wieder einmal vor dem Nichts. Ihnen entstehen laufend Kosten für die von den Besatzungsmächten vorgeschriebene Erhaltung der Fahrfähigkeit ihrer Schiffe, die sie aber selbst nicht einsetzen können. Sie müssen für Heuern und Verpflegung der Besatzungen aufkommen, für die Ausrüstung von Deck und Maschine, für Hafengebühren, Versicherungsprämien, Kohlen, Reparaturen sowie für den verbliebenen eigentlichen Reedereibetrieb. In vielen Fällen werden die anzuliefernden Schiffe schon vorher von den Besatzungsbehörden in Anspruch genommen und für Verholreisen, für Ladungs- und Truppentransporte sowie für Lagerzwecke eingesetzt, und zwar, ohne dass zunächst eine Bezahlung für diese Dienste erfolgt. Erste Zahlungen werden erst im April 1946 geleistet.

Für die Hamburg Süd erscheint die Lage, wie für die anderen Seeschiffsreedereien auch, aussichtslos. Die wenigen verbliebenen Schlepper, Barkassen und Leichter werden vermietet, das Reisebüro unterhält mit kleinen gecharterten Fahrzeugen eine Art »Bäderdienst«, mit dem auch in großer Zahl Flüchtlinge nach Bremerhaven und zu den Nordseeinseln gebracht werden. Das an sich schon museumsreife Segelschiff KAPITÄN HILGENDORF wird, nach entsprechendem Umbau, soweit erlaubt als Leichter CORNELIA im Küstendienst eingesetzt. Außerdem wird in Husum noch ein altes Wohnschiff betrieben. Doch die Einnahmen reichen hinten und vorne nicht. Sie decken nicht einmal die Unkosten, wie der Geschäftsbericht von 1947 festhält. Das nicht zuletzt deshalb, weil die Reederei mit unerschütterlichem Vertrauen in die Zukunft bemüht ist, so viele wie möglich von ihren erfahrenen und bewährten Mitarbeitern zu halten.

1946 Anfang des Jahres wird der deutschen Schifffahrt, soweit noch vorhanden, die Wiederaufnahme des Rhein-See-Verkehrs und der Kohlentransporte nach Emden und Schleswig-Holstein genehmigt. Ab Mitte des Jahres dürfen auch Häfen in der Sowjetischen Besatzungszone (SBZ) angelaufen werden. Einzellizenzen dafür sind allerdings weiter erforderlich.

Der Gesamtumfang des deutschen Tonnagebedarfs wird von den Besatzungsmächten auf der Basis des Jahres 1932 errechnet und mit 200 000 t Tragfähigkeit (etwa 135 000 BRT) festgelegt, in der Annahme, »dass wie 1932 (Anm: eines der schlimmsten Krisenjahre) für die deutsche Friedenswirtschaft im Küstenbereich jährlich ein Verkehrsvolumen von 3,75 Mio. t zu bewegen sein werde.« Dazu als Vergleich: 1938 sind im deutschen seewärtigen Inlandsgüterverkehr – ohne Ostpreußen – 8,8 Mio. t abgefahren worden.

Mit dem Gesetz Nr. 39 legt der Alliierte Kontrollrat fest, dass die deutschen Schiffe als Erkennungsflagge die internationale Signalflagge C zu führen haben. »Dieser Flagge ist keine Ehrenbezeichnung zu erweisen und sie ist nicht zum Gruß von Handels- und Kriegsschiffen zu dippen«.

Wracks säumen bis Hamburg das Fahrwasser der einst viel befahrenen Elbe.

Es kostet viel Kraft, die Grundlagen für den späteren Wiederaufbau zu erarbeiten

Als letztes Schiff der ehemaligen Hamburg Süd-Flotte wird die 1930 gebaute und 1944 durch Bombentreffer schwer beschädigte MONTE PASCOAL beladen mit Gasmunition im Skagerrak versenkt.

1947 Im Januar stellt der Verband Deutscher Reeder in einem grundsätzlichen Memorandum die Situation der deutschen Seeschifffahrt unter völkerrechtlichen, wirtschaftlichen sowie insbesondere devisenpolitischen und sozialen Gesichtspunkten dar. Auf dieser Grundlage unterbreitet der Verband konstruktive Vorschläge für den Wiederaufbau der deutschen Handelsflotte.

Ab Mitte des Jahres wird es den verbliebenen deutschen Schiffen unter bestimmten Auflagen erlaubt, auch wieder ausländische Häfen im Nord- und Ostseebereich anzulaufen. Die Frachtraten dürfen nur auf Dollarbasis geschlossen werden. Eine Vermittlungsstelle in London muss jede einzelne Fahrt genehmigen, die nur für deutsche Rechnung gefahren werden darf. Die Hälfte der noch verbliebenen, ohnehin geringen deutschen Tonnage liegt wegen dieser Bestimmungen auf.

Auf der Pariser Wirtschaftskonferenz stellen Experten fest, dass Deutschland zur Befriedigung seiner geringsten Bedürfnisse eine Handelsflotte von etwa 400 000 BRT benötigen würde.

Im Oktober übernimmt die Hamburg Süd die Generalvertretung der argentinischen Reederei Dodero.

1945–1947

1945 Die Konferenz von Jalta (3. – 11. 2.) beschließt die Aufteilung Deutschlands in Besatzungszonen.

1946 Winston Churchill spricht in Fulton/USA erstmals vom »Eisernen Vorhang« in Europa.

Die USA und Großbritannien schließen ihre Besatzungszonen in Deutschland zu einer Bi-Zone zusammen.

1947 Verkündung der Truman-Doktrin, mit der sich die USA bereit erklären, anderen freien, d.h. nichtkommunistischen Ländern zu helfen. Darauf basiert der wenig später vom US-Außenminister George C. Marshall entworfene und dann nach ihm benannte Plan für ein wirtschaftliches Hilfs- und Wiederaufbauprogramm in Europa unter Einschluss Deutschlands. Auf Betreiben der Sowjetunion bleiben die von ihr besetzten Länder Mittel- und Osteuropas von diesem Programm ausgeschlossen, wodurch die beginnende Teilung Europas durch den »Eisernen Vorhang« sich zu verfestigen beginnt.

Zahlreiche der abzuliefernden Schiffe werden zunächst in Methil (UK) versammelt.

Schnellste und bequemste Verbindung nach und von Südamerika mit den beliebten »Cap«-Schnelldampfern, den Schiffen der »General«-Klasse und den »Monte«-Schiffen. Vorzügliche Beförderung in der 1. Klasse, 2. Klasse, Mittelklasse, 3. Klasse. Studienreisen nach Südamerika.

Anknüpfung an ehemals gute Geschäftsbeziehungen.

Hamburg-Süd

HAMBURG-SÜDAMERIKANISCHE DAMPFSCHIFFFAHRTS-GESELLSCHAFT

/GENERALVERTRETUNG BERLIN/

Telegrammadresse: Platafahrt Berlin / Fernsprecher: 11 09 48/49
Postscheckkonto: Berlin 717 33 / Bankkonto: Deutsche Bank, Depositenkasse A 2, Berlin W 8, Unter den Linden 55

Berlin NW 8
Unter den Linden 39

Gustav Dittmer   HAMBURG 39, Willistrasse 9

3. Mai 1948

Sehr geehrter Herr Hagenbeck,

Zu Ihrem und aller Hamburger grossen Festtag
spreche ich den Wunsch aus, dass es Ihnen bald
und ohne Schwierigkeiten gelingen möge, Ihren
schönen Tierpark auf alte Höhe zu bringen und
aufs neue erstehen zu lassen. Das weltberühmte
Werk des Herrn Carl Hagenbeck wird allen Be-
suchern wieder eine Stätte der Freude und des
Lernens sein.

Ich wünsche Ihnen weiter, dass Sie noch oft Gelegenheit haben werden, im Ausland für Ihren
Tierpark und ihre anderen Unternehmen tätig zu
sein, wie Sie es vor dem Kriege waren.

Gern erinnere ich mich der Zeiten, als ich in
der Passageabteilung die Ehre und das Vergnügen
hatte, für Ihre Reisen nach den Häfen der Ostküste Südamerikas Unterbringungen auf unseren
Schiffen zu empfehlen und für Sie freizuhalten
und so Ihre Reisewünsche zu erfüllen.

Ich hoffe, Sie werden recht bald Veranlassung
haben, wieder nach überseeischen Ländern zu
reisen, um für das Wohl Ihrer Tiere, Ihrer
Mitarbeiter und Ihrer in der ganzen Welt geschätzten Unternehmen in alter, erfolgreicher
Weise zu arbeiten.

Mit verbindlichen Grüssen und besonderer
Hochachtung

          Ihr sehr ergebener

                Gustav Dittmer

Herrn Lorenz
Hagenbeck
H A M B U R G -
Stellingen

Gehoben und von einem Fairplay-Schlepper auf den Haken genommen, um wiederhergestellt zu werden.

Deutschen Reedereien wird es erlaubt, gesunkene Schiffe zu heben und wieder in Fahrt zu setzen

1948

Auf seinem Weg zu einer Gebetsveranstaltung in Neu Delhi wird der indische Freiheitskämpfer Mahatma Gandhi ermordet.

Die Sowjetunion blockiert vom 24. Juni an alle Zufahrtswege nach West-Berlin als Reaktion auf die Währungsreform in den deutschen West-zonen. Die Westsektoren der Stadt werden von nun an von amerikanischen und britischen Flugzeugen (»Rosinenbomber«) auf dem Luftweg versorgt.

1948 Am 1. April wird den deutschen Reede-reien im Verkehr mit Holland, Belgien und Finn-land die selbständige Befrachtung ihrer Schiffe zugestanden.

Im Mai wird im Herter-Report mit verhältnismäßig großem Nachdruck betont, dass die Schaffung einer deutschen Handelsflotte nötig ist: »Der völlige Ausschluss Deutschlands von der See-schifffahrt kann nicht in Übereinstimmung gebracht werden mit irgendeiner praktischen Hoffnung, dass sich Deutschland jemals selbst erhalten kann.«

Am 19. Juni wird in den drei westdeutschen Besatzungszonen die Deutsche Mark (DM) als Währung eingeführt. Die Militäradministration in der Sowjetischen Besatzungszone ordnet zwei Tage später für ihren Bereich ebenfalls eine Währungsreform an.

Im Juli heben die Alliierten die letzten Fahrt-beschränkungen auf. Es bleiben aber noch für einige Zeit bestimmte Tonnagevorbehalte bestehen.

Deutschen Reedereien wird es erlaubt, ihre gesunkenen Schiffe mit einer Größe von bis zu 1500 BRT zu heben und wieder in Fahrt zu setzen.

Am 7. September wird auf dem Gebiet der drei deutschen Westzonen die Bundesrepublik Deutschland gegründet. Bonn wird vorläufi-ger Regierungssitz. Am 7. Oktober erfolgt auf dem Gebiet der Sowjetischen Besatzungszone die Gründung der Deutschen Demokratischen Republik (DDR).

Ende des Jahres wird den deutschen Reedereien die Erlaubnis erteilt, Schiffe bis zu 1500 BRT mit einer kohlegefeuerten Antriebsanlage und unter Beachtung weiterer Auflagen in Auftrag zu geben (Potsdam-Schiffe). Deren Geschwindigkeit darf 12 Knoten, das Ladegeschirr 3 t und der Fahr-bereich 2000 Seemeilen nicht überschreiten.

Die Westalliierten heben im April die letzten Fahrtbeschränkungen für westdeutsche Reedereien auf

Bergungstender bei der Arbeit am Wrack der CAP ARCONA.

1949 Im Januar werden seitens der Alliierten westdeutschen Reedereien Genehmigungen für Einzelreisen ins Mittelmeer erteilt.

Die Westalliierten heben mit dem Washington-Abkommen im April für die deutschen Reedereien die letzten Fahrtbeschränkungen auf. Zum gleichen Zeitpunkt wird ihnen gestattet, gesunkene Schiffe bis zu 2700 BRT, in Ausnahmefällen sogar bis zu 7200 BRT, zu heben, instand zu setzen und wieder in Fahrt zu bringen. Weiter wird der Erwerb von 400 000 BRT

Schiffsraum aus dem Ausland gestattet, und zwar von 300 000 BRT Frachtschiffsraum mit Schiffsgrößen bis zu 7200 BRT und 12 Knoten Geschwindigkeit und von 100 000 BRT Tankschiffsraum mit Schiffsgrößen bis zu 10 700 BRT und 14 Knoten Geschwindigkeit. Die Umsetzung des Abkommens verzögert sich jedoch, da die Briten immer wieder Fortschritte abblocken.

Im September übernimmt die Hamburg Süd die Passagevertretung der französischen Compagnie Générale Transatlantique.

Mühseliger Neubeginn nach dem Krieg. Uralte Schiffe bilden den Grundstock für die neue deutsche Handelsflotte, um deren Umfang und Struktur immer noch in vielen Gremien gerungen wird. Der 433-BRT-Dampfer PIONIER zählt nicht nur zu den größten Schiffen der deutschen Restflotte, nach seinem Baujahr 1873 ist es auch das älteste.

So fängt er wieder an, der »Seeverkehr«.

1949

Gründung der Nordatlantischen Verteidigungsgemeinschaft NATO.

Am 8. Mai Annahme des Grundgesetzes durch den deutschen Parlamentarischen Rat. Nach dessen Inkrafttreten wird am 14. August der erste Deutsche Bundestag gewählt.

Der Kommunistenführer Mao Zedong ruft die Volksrepublik China aus.

Im November tritt das Petersberger Abkommen in Kraft, das für die Schifffahrt im Wesentlichen die noch ausstehenden Durchführungsbestimmungen des Washingtoner Abkommens und sogar noch einige Verbesserungen bringt. So soll die auf 12 Knoten festgelegte Geschwindigkeitsbegrenzung als Dienstgeschwindigkeit verstanden werden. Eine Differenz von 1 ¾ Knoten darf zwischen der Dienstgeschwindigkeit und der Probefahrtgeschwindigkeit stehen. Es wird anerkannt, dass die festgelegte Voraussetzung für den Bau von Schiffen über 7200 BRT und das Vorhandensein einer angemessenen deutschen Küstenschiffsflotte als gegeben angesehen wird. Die Genehmigung für den Bau oder Kauf von sechs Fruchtschiffen von je 3000 BRT und 16,5 Knoten Probefahrtgeschwindigkeit wird in Aussicht gestellt, wobei an deren Stelle auch Schiffe über 7200 BRT, aber nicht mehr als 13 ¾ Knoten Probefahrtgeschwindigkeit und nicht mehr als 60 000 BRT insgesamt treten können. Jedes in Deutschland und für Deutschland gebaute oder erworbene Schiff muss im Einklang mit der üblichen Handelsschiffspraxis stehen. Die Prüfung obliegt nach wie vor dem Military Security Board.

Die 1944 in Bremen durch Bomben versenkte FAUNA gehört zu den gehobenen Schiffen. Sie wird in Bremerhaven repariert und kann 1950 wieder in Fahrt gesetzt werden.

Nach Lockerung der alliierten Vorschriften werden zunächst zwei Motorschiffe in Auftrag gegeben

Herbert Amsinck, am 8. Juni 1899 in Hamburg geboren, schließt als Siebzehnjähriger das Gymnasium mit einem Notabitur ab, da er zum Militärdienst eingezogen wird. Nach Kriegsende und der darauf folgenden Lehrzeit geht der junge Exportkaufmann nach Westindien und tritt 1924 in die Hamburg Süd ein. Stationen in deren Dienst sind zunächst Brasilien, Uruguay, Argentinien, London und Paris, bevor er nach Hamburg zurückkehrt und 1934 in den Vorstand des Unternehmens eintritt. Herbert Amsinck wird zum Zeugen und Mitgestalter der Epoche zwischen den Kriegen, die gekennzeichnet ist von dem stürmischen Wiederaufbau der verlorenen Flotte und der glanzvollen Ära der Passagierschifffahrt mit der CAP POLONIO, den Schiffen der MONTE-Klasse und der CAP ARKONA, die zu Publikumslieblingen diesseits und jenseits des Atlantiks werden. Bei Ausbruch des Zweiten Weltkrieges wird er als Reserveoffizier eingezogen und kehrt erst 1947 aus amerikanischer Gefangenschaft zurück.

Gemeinsam mit John Eggert beteiligt sich Herbert Amsinck entscheidend am Wiederaufbau der Flotte. Seine detaillierten Kenntnisse des Marktes und der Schifffahrt, seine soziale Einstellung den Mitarbeitern gegenüber und nicht zuletzt seine über Jahrzehnte gewachsenen, auf gegenseitigem Vertrauen beruhenden internationalen Verbindungen bringen ihm, und damit der Reederei, im In- und Ausland hohes Ansehen ein. Das kommt auch zum Ausdruck in den Berufungen zum Vorsitzenden internationaler Schifffahrtskonferenzen, in den Verwaltungsrat des Verbandes Deutscher Reeder sowie in den Vorstand des Ibero-Amerika Vereins. Nach seinem Ausscheiden aus dem aktiven Geschäft 1967 übernimmt Herbert Amsinck einen Sitz im Beirat der Hamburg Süd und bleibt bis Ende 1973 Präsident der Schifffahrt-Konferenz Europa/Brasilien. Am 25. Januar 1980 ist er in Hamburg gestorben.

1950 Nach der weitgehenden Lockerung der alliierten Vorschriften gibt die Hamburg Süd unverzüglich, am 8. Januar 1950, zwei Motorschiffe von je ca. 7000 BRT mit Einrichtungen für zwölf Passagiere und einer Geschwindigkeit von 12 Knoten bei den Howaldtswerken in Hamburg in Auftrag, zwei weitere werden wenig später bestellt. Bei diesen Schiffen handelt es sich um einen verbesserten Typ BELGRANO aus der Vorkriegszeit, der damals allerdings keine I.-Klasse-Passagiereinrichtungen hatte.

Am 8. März verstirbt Theodor Amsinck im Alter von einundachtzig Jahren. Dreiundfünfzig Jahre hat er im Vorstand und Aufsichtsrat

Ein herausragendes Gesetz des Bundes stimuliert den Wiederaufbau der Handelsflotte

mitgewirkt – eine große Reederpersönlichkeit. Der Vorstand besteht nun aus John Eggert und Herbert Amsinck. Eggert, nunmehr auch bereits fünfundsiebzig Jahre alt, hatte ja schon einmal, nach dem Ersten Weltkrieg, eine allerdings nicht ganz so schlimme Situation wie die gegenwärtige er- und durchleben müssen.

Im September erlässt die Bundesregierung das Gesetz über Darlehen zum Bau und Erwerb von Handelsschiffen. Es erhält eine herausragende Bedeutung für den Wiederaufbau der deutschen Handelsflotte und ist die erste große staatliche finanzpolitische Förderungsmaßnahme für die deutsche Schifffahrt nach dem Krieg. Bestimmt

wird, dass Zinsen und Tilgung der Darlehen vom Gewinn abhängig gemacht werden. Damit soll das weithin fehlende Eigenkapital der Schifffahrtsunternehmen zumindest teilweise ausgeglichen werden. Das Gesetz hat auch deshalb besondere Bedeutung, weil Bundesregierung, Bundestag und Bundesrat mit ihm ein einhelliges Bekenntnis zur deutschen Seeschifffahrt und zur Notwendigkeit einer deutschen Handelsflotte ablegen.

Der Wiederaufbau der deutschen Handelsflotte erfolgt, was die Linienschifffahrt betrifft, innerhalb der während der Entflechtungsmaßnahmen 1934/35 festgelegten Abgrenzungen, die

1950

Nordkoreanische Truppen überschreiten am 25. Juni die Grenze nach Südkorea und lösen den Koreakrieg aus.

Mit dem aus England angekauften TMS RAVENSBERG, ex CLYDEFIELD – 1928 gebaut, 10 825 tdw – wird ein Einstieg in die Tankschifffahrt versucht. Das Schiff wird aber bereits 1953 aufgelegt und ein Jahr später zum Abbruch verkauft.

Der Wiederaufbau der deutschen Linienschifffahrt erfolgt zunächst in den traditionellen Fahrtgebieten

nationale Konkurrenz ausschloss. Diese Begrenzung wird auch in den nächsten Jahren vernünftigerweise stillschweigend beibehalten. Erst nach und nach kommt es in manchen Verkehren zu gewissen Aufweichungen. Dennoch funktioniert diese »Aufteilung« im Großen und Ganzen noch einige Jahrzehnte.

Im Dezember läuft als erster Nachkriegsneubau in Hamburg die SANTA URSULA vom Stapel. Zu diesem Zeitpunkt waren zwar bereits auch die letzten Beschränkungen seitens der Alliierten aufgehoben, für grundlegende Änderungen in der Konstruktion der bestellten Neubauten war es aber bereits zu spät gewesen. Nur die

Der erste Nachkriegsneubau der Hamburg Süd, das MS SANTA URSULA, verlässt Hamburg zu seiner Jungfernreise.

Die SANTA URSULA war noch weitgehend nach den einschränkenden Bestimmungen der Alliierten gebaut worden

Geschwindigkeit hatte man noch auf 13 Knoten und die Passagierkapazität auf 24 anheben können. Eine neue Ära war angebrochen, nicht nur für die Hamburg Süd, sondern für die gesamte deutsche Seeschifffahrt. Trotz aller Anstrengungen schließt das Jahr mit einem Verlust in Höhe von 715 000 DM ab.

John Eggert, am 5. Oktober 1876 in London als Sohn eines Bankiers geboren, hat in jungen Jahren als Kommis in Chile, Rio Grande do Sul und am Orinoco gearbeitet. Als er 1902 in die Hamburg Süd eintritt, kannte er Südamerika bereits von Pernambuco bis nach Feuerland. 1904 unternimmt er für die Gesellschaft eine Inspektionsreise, die ihn zum Amazonas, zum La Plata und nach Patagonien führt. 1906 wird John Eggert in den Vorstand berufen, und als der Vorstandskollege Johannes Cropp 1916 zur Kosmos-Reederei wechselt, teilen sich Theodor Amsinck und er die Geschäftsleitung als ein erfolgreiches, sich gegenseitig ergänzendes und vertrauensvoll zusammenarbeitendes Gespann. Gemeinsam lenken sie die Geschicke der Reederei durch die schwierigen Kriegs- und Nachkriegsjahre. Gemeinsam schaffen sie den Wiederaufbau der Flotte mit der Infahrtsetzung vieler international beachteter Spitzenschiffe wie der CAP ARCONA und den Motorschiffen der konzeptionell überaus geglückten MONTE-Klasse. Nach dem Ausscheiden von Theodor Amsinck aus dem Vorstand und seinem Wechsel in den Aufsichtsrat 1934 bestimmt John Eggert nun wesentlich den Fortgang der Geschäfte bis 1950 und muss dabei zum zweiten Mal den Verlust der gesamten Flotte erleben. Vom 1. Januar 1951 bis zum 8. Februar 1955 gestaltet er als persönlich haftender Gesellschafter nun ebenfalls zum zweiten Mal den Wiederaufbau mit, dieses Mal gemeinsam mit Herbert Amsinck. 1955 zieht sich John Eggert aus der aktiven Reedereiführung zurück. Er verstirbt am 1. Dezember 1957.

Der Neubau SANTA URSULA kann seine erste Reise bereits unter der neuen deutschen Flagge antreten

1951 Nachdem die Hamburg Süd zum Abschluss des Gesellschaftervertrages am 30. Dezember 1950 von einer Aktien- in eine Kommanditgesellschaft umgewandelt worden ist, erfolgt am 13. Februar die entsprechende Eintragung in das Handelsregister der Stadt. Die Reederei, die das übrig gebliebene Vermögen der alten Hamburg Süd übernommen hat, firmiert jetzt als Hamburg Südamerikanische Dampfschifffahrts-Gesellschaft Eggert & Amsinck. Am KG-Kapital sind beteiligt die Fa. Dr. August Oetker mit 49,40 %, die Vereinsbank in Hamburg mit 46,77 %, die Fa. Theodor Wille mit 2,62 % und die Fa. Nottebohm & Co. mit 1,21 %. Die Leitung der Gesellschaft obliegt John Eggert und Herbert Amsinck, die auch persönlich haftende Gesellschafter sind.

Im April kann nach dreizehnjähriger Unterbrechung mit dem ersten Nachkriegsneubau der Hamburg Süd und dem zur Zeit größten Schiff der deutschen Handelsflotte, dem MS SANTA URSULA (6962 BRT), der Liniendienst zur Ostküste Südamerikas wieder aufgenommen werden. Der begeisterte Empfang des Schiffes und seiner Besatzung überall zeigt, dass die Leistungen der vorangegangenen Jahrzehnte trotz der langen Unterbrechung nicht vergessen waren. »Für uns war es ein unvergessliches Erlebnis, die Hamburg Süd-Flagge nach dreizehn Jahren wieder in unserem Hafen zu sehen«, erklärt Antonio Delfino nach einem großen Empfang im Hotel Ambassador, den die Stadt Buenos Aires zu Ehren der Reederei für Vertreter aus Politik und Wirtschaft, für Verleger und Journalisten sowie für viele Deutsch-Argentinier gegeben hat. Die Begeisterung gilt jedoch nicht allein dem Wiedererscheinen eines Hamburg Süd-Schiffes an sich, sondern gleichermaßen auch dessen wesentlich von Professor Cäsar F. Pinnau geprägten eleganten Erscheinung und Inneneinrichtung. Noch im gleichen Jahr folgen die Schwesterschiffe SANTA ELENA und SANTA CATARINA, ein Jahr später die SANTA ISABEL.

1952 Als Tochtergesellschaft innerhalb der Hamburg Süd-Gruppe wird am 31. Juli die Reederei Rudolf A. Oetker (RAO) für die weltweite Tankschifffahrt gegründet. Deren Eintragung in das Handelsregister erfolgt am 26. November. Ziel ist es, die Schifffahrtsaktivitäten der Linienreederei Hamburg Süd zu diversifizieren.

Das neue Flaggenrecht tritt in Kraft

Flaggenwechsel in Hamburg. Statt der Signalbuchflagge »C« weht nun die neue Bundesflagge am Heck.

Vierzehn Tage nach Verkündigung des Gesetzes zur Einführung der schwarz-rot-goldenen Flagge für die Bundesrepublik Deutschland tritt am 23. Februar das Gesetz über das Flaggenrecht der Seeschiffe und die Flaggenführung der Binnenschiffe in Kraft. An diesem Tage wird auf allen westdeutschen Schiffen die bis dahin geführte Signalbuchflagge »C« durch die schwarz-rotgoldene ersetzt. Stellvertretend für alle deutschen Schiffe wird die Zeremonie in Hamburg im Beisein des Bundesverkehrsministers Dr.-Ing. Seebohm auf dem Neubau MESSINA der Reederei Sloman vorgenommen. In Bremen geschieht dies im Beisein hoher Vertreter des Öffentlichen Lebens auf dem MS ADLER der Argo-Reederei. Die deutsche Handelsflotte wird als einziger deutscher Wirtschaftszweig im Grundgesetz, wie auch schon vorher in den Reichsverfassungen, erwähnt. Im Artikel 27 heißt es: »Alle deutschen Kauffahrteischiffe bilden eine einheitliche Handelsflotte.«

SANTA TERESA und SANTA INES sind besonders gelungene kombinierte Fracht- und Passagierschiffe

1953 Mit der SANTA TERESA und SANTA INES, abgeliefert von der Howaldtswerke Hamburg A.G., kommen zwei weitere Schiffe der SANTA-Klasse in Fahrt. Sie übersteigen mit ihrer Vermessung von 8996 BRT die der Vorgängerinnen um rund 2000 BRT und bei einer Passagierkapazität von je 28 Fahrgästen in einer I. Klasse diese auch noch an Eleganz, und zwar sowohl was die äußere Form als auch die Inneneinrichtung mit den in Mahagoni gehaltenen Passagierkabinen und Gesellschaftsräumen betrifft. Das Ganze wird besonders unterstrichen durch die Gestaltung der bis zum Heck durchgezogenen Aufbauten, mit denen für die Passagiere optimale Aufenthaltbedingungen geboten werden können.

Diese beiden sind die letzten Schiffe der Reederei, die auch noch als Passagierschiffe gelten können.

Außer diesen beiden Schiffen der SANTA-Klasse verstärken die Motorschiffe BURG SPARRENBERG (Bj. 1951, 4142 BRT), ein Ankauf, sowie BABITONGA (4609 BRT) und BELGRANO (6112 BRT), gebaut von den Lübecker Flenderwerken, die Flotte. Auch sie verfügen in beschränktem Umfang über Passagiereinrichtungen.

Die Vorbereitungen für den Einstieg in die weltweite Massengut- und Kühlschifffahrt werden intensiviert.

SANTA INES, 8996 BRT

BURG SPARRENBERG, 4142 BRT

SANTA TERESA, 8996 BRT

BELGRANO, 6112 BRT

BABITONGA, 4609 BRT

RICHARD KASELOWSKY, 12 850 BRT

Die Mitte 1955 von der
Hamburger Werft
August Pahl abgelieferte
RAVENSBERG (2471 BRT)
hat in besonderem Maße
ausgeprägte Linien,
die einer großen Yacht
gleichkommen.

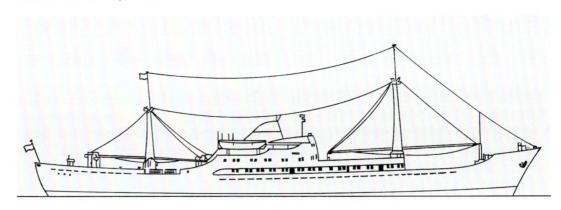

1954 Nachdem es in der Tankschifffahrt mit
dem Ankauf des 1928 gebauten 10 825-tdw-
Tankers CLYDEFIELD (aus England, umbenannt
in RAVENSBERG) 1950 ein gewisses Vorspiel
gegeben hatte, nimmt die Reederei Rudolf A.
Oetker mit der Ablieferung der Tankerneubauten
RICHARD KASELOWSKY (12 850 BRT, 18 340 tdw)
am 20. Januar und RUDOLF OETKER am 30. Juni
(112 858 BRT, 18 340 tdw) von der Deutschen
Werft in Hamburg endgültig ihren Betrieb auf.

Mit der SANTA RITA (6291 BRT) und der SANTA
ROSA (6323 BRT) von den Howaldtswerken
Hamburg, die jedoch nur noch Einrichtungen
für sechs Fahrgäste erhalten haben, wird nicht
nur die SANTA-Klasse, sondern auch das erste
Wiederaufbauprogramm der Reederei abgeschlossen. Nachdem noch einige Ankäufe
dazugekommen sind, kann jetzt wieder ein

vierzehntäglicher Dienst nach nord-, zentral- und
südbrasilianischen Häfen sowie zum Rio de la
Plata geboten werden.

Im Juli gelingt es italienischen Bergern, die
bereits 1951 mit Versuchen begonnen hatten, die
1930 gesunkene MONTE CERVANTES zu heben,
das Schiff aufzurichten und teilweise zu reparie-
ren. Am 14. Oktober sinkt es dann endgültig im
Schlepp auf dem Wege nach Ushuhaia.

Mit Organschaftsvertrag vom 17. Dezember werden die Reeder Union A.G., Kiel, und deren vier
Schiffe übernommen. Sie erhalten die Namen
BONANZA (ex SHEAF HOLME), DÜSTERNBROOK
(Bj. 1929, 4843 BRT), BLUMENAU (ex VOSSBROOK,
6021 BRT) und BELMONTE (ex WULFSBROOK,
2699 BRT).

Mit der neuen CAP-Klasse wird der Schnelldienst
nach Brasilien und Argentinien wieder aufgenommen

Bundespräsident Theodor Heuss als Gast der Hamburg Süd auf der SANTA ROSA. Rechts neben ihm John Eggert.

1954–1955

1954 Die Franzosen kapitulieren in Vietnam.

Im Finale der Fußball-Weltmeisterschaft in Bern schlägt die deutsche Mannschaft am 4. Juli Ungarn mit 3 : 2 und wird Weltmeister.

1955 Auf der Internationalen Luftfahrtausstellung wird mit der französischen »Caravelle« erstmals ein Verkehrsflugzeug mit Düsenantrieb vorgestellt.

Die Bundesrepublik Deutschland wird Mitglied der NATO.

1955 John Eggert und Herbert Amsinck scheiden auf eigenen Wunsch aus der Gesellschaft aus, an ihre Stelle tritt Rudolf August Oetker. Die OHG Dr. August Oetker vereinigt sämtliche kommanditistischen Einlagen auf sich und erhöht sie zugleich auf 13,4 Mio. DM.

Mit einer neuen CAP-Klasse wird die Wiederaufnahme des Schnelldienstes von und nach Brasilien und dem La Plata eingeleitet. Diese Schiffe erreichen eine Geschwindigkeit von 17 Knoten, mit denen sie gegenüber den SANTA-Schiffen die Strecke Antwerpen – Rio um vier Tage verkürzen. Die CAP-Schiffe sind mit ihren großen Kühleinrichtungen für den Schnelltransport von Früchten, Fleisch, Eiern und ähnlich empfindlicher Ladung besonders gut geeignet. Als erstes Schiff der Serie setzt am 29. Januar die CAP BLANCO die Hamburg Süd-Flagge. Auf dem mit

5899 BRT vermessenen, 152 Meter langen, 18,77 Meter breiten und 7,69 Meter tiefgehenden Schiff stehen 150 000 Kubikfuß Kühlraum zur Verfügung. Insgesamt werden acht dieser besonders schnittig aussehenden Schiff von den Lübecker Flenderwerken und von den Howaldtswerken in Hamburg gebaut.

Mit dem Einsatz der GUSTAV PISTOR (Bj. 1953, 5879 BRT), ein Ankauf von der Orion Schiffahrts-Ges. Reith & Co., und der BELGRANO (Bj. 1953, 6112 BRT), beide gebaut von den Lübecker Flenderwerken, erfolgt der Einstieg in die trockene Trampfahrt. Die GUSTAV PISTOR ist das erste deutsche Schiff, das mit Spezialdecks für den Transport von Volkswagen ausgerüstet ist.

CAP BLANCO, 5899 BRT

GUSTAV PISTOR, 5879 BRT

Das Turbinen-Tankschiff CAROLINE OETKER ist bei seiner Indienststellung das größte Schiff der deutschen Handelsflotte.

Das MS ANKARA, 1952 gebaut, 4609 BRT, ist eines der übernommenen DLL-Schiffe.

MS ALEXANDER VON HUMBOLDT, 2124 BRT

CAP CORRIENTES, 4106 BRT

CAP VERDE, 8912 BRT

Neue Engagements verbreitern
die geschäftlichen Aktivitäten signifikant

1956 Nach längeren Verhandlungen übernimmt Rudolf August Oetker, der schon vorher als Kommanditist mit einem Anteil von zwölf Prozent an der in der Levantefahrt tätigen Firma Bock & Godeffroy großes Interesse für dieses Fahrtgebiet gezeigt hat, Anfang des Jahres die Firma und wird ihr persönlich haftender Gesellschafter. Damit geht auch die 1889 in Hamburg gegründete Deutsche Levante-Linie (DLL) und die zu ihr gehörende, ursprünglich 1922 in Stettin gegründete, Tochtergesellschaft Deutsche Seefrachtenkontor GmbH für den Betrieb von Schiffsmaklergeschäften und Schiffahrtsagenturen in den Besitz der Oetker-Gruppe über. Die DLL-Flotte besteht zu diesem Zeitpunkt aus sechs zwischen 1951 und 1953 gebauten Schiffen mit rund 16 000 BRT, 27 000 tdw. Die DLL wird von nun an als Frachtabteilung der Hamburg Süd geführt.

1957 Mit dem am 26. Februar von der Deutschen Werft in Hamburg gelieferten Turbinen-Tankschiff CAROLINE OETKER übernimmt Rudolf A. Oetker das größte Schiff der deutschen Handelsflotte. Die 201,20 Meter lange CAROLINE OETKER ist mit 22 269 BRT vermessen und hat eine Tragfähigkeit von 33 308 tdw.

Unter dem Namen Columbus Line wird mit zunächst zwei bis drei monatlichen Abfahrten der 1914 unterbrochene Liniendienst zwischen den Ostküsten Nord- und Südamerikas wieder aufgenommen. Die erste Abfahrt erfolgt mit dem MS SANTA RITA (6291 BRT) am 15. April.

Als am 1. Dezember John Eggert verstirbt, setzen wieder bereits siebzehn Hamburg Süd-Schiffe ihre Flaggen auf Halbmast. John Eggert war in den Jahren 1906 bis 1955 im Unternehmen tätig und hat dabei sowohl den Wiederaufbau nach dem Ersten Weltkrieg, gemeinsam mit Theodor Amsinck, als auch den nach dem Zweiten Weltkrieg, gemeinsam mit Herbert Amsinck und Rudolf August Oetker, geleitet.

1958 Mit den von den Kieler Howaldtswerken am 28. April bzw. 12. November gelieferten ersten Vollkühlschiffsneubauten CAP DOMINGO (2879 BRT, 17,8 Knoten) und CAP CORRIENTES (4106 BRT, 17,8 Knoten) steigt die Reederei wieder in größerem Umfang in das Kühlladungsgeschäft ein. 1959 folgen die ALEXANDER VON HUMBOLDT (ab 1965 BABITONGA, 2124 BRT, 14,5 Knoten) und 1960 die CAP VALIENTE (4113 BRT, 17,8 Knoten) wieder von den Kieler Howaldtswerken. Die Schiffe werden zunächst im Rahmen der Columbus Line eingesetzt, dann in weltweiter Fahrt.

1959 Es werden Anteile an der in der weltweiten Kühlschifffahrt tätigen Reederei H.C. Horn, Hamburg, erworben.

Die Columbus Line nimmt den Verkehr zwischen der Westküste Nordamerikas und Australien/Neuseeland für Holz und Stückgut auf. Durch zunehmendes nordgehendes Geschäft kann dieser Dienst bald auf Rundreisebasis gestellt werden.

Immer wieder gibt es Gedankenspiele, auch über das Angebot auf den Frachtschiffen hinaus, wieder »richtig« an die große Passagierschiffstradition vergangener Jahrzehnte anzuknüpfen. Die Hamburger Howaldtswerke liefern dazu sogar bereits einen Entwurf, der in seiner Form dem in Belfast im Bau befindlichen britischen Passagierliner CANBERRA entspricht. Es bleiben Gedankenspiele, denn der Ausbau der Frachtschiffsflotte hat nach wie vor absolute Priorität.

Die weißen »Schwäne des Südatlantiks« kommen und finden weltweit Aufmerksamkeit

Die neuen CAP SAN-Schiffe der Hamburg Süd stellen sich der Kundschaft auch auf dem Nordatlantik vor – hier die CAP SAN DIEGO vor der Skyline von New York.

Rio de Janeiro als Ziel ist immer eine Reise wert. Viele nutzen dafür die eleganten Einrichtungen auf den Schiffen der neuen CAP SAN-Klasse.

Rudolf A. Oetker wird Alleininhaber der Reederei und prägt den Charakter des Unternehmens mehr noch als zuvor

1960 Zur Verjüngung und Ergänzung der bestehenden Flotte werden bei drei großen deutschen Werften, den Hamburger und Kieler Howaldtswerken sowie der Deutschen Werft in Hamburg, jeweils zwei schnelle Frachtmotorschiffe einer neuen Klasse in Auftrag gegeben.

1961 Am 6. Januar wird Rudolf A. Oetker Alleininhaber der Hamburg Süd.

Als die beiden 1953 in Fahrt gekommenen Motorschiffe SANTA TERESA und SANTA INES, die noch Einrichtungen für 28 I.-Klasse-Passagiere an Bord hatten, in der Jahresmitte nach Pakistan verkauft werden, endet die große Ära der Passagierschifffahrt für die Hamburg Süd. Gleichzeitig geht damit ein bedeutsames Kapitel deutscher Schifffahrtsgeschichte zu Ende.

Mit der als erstem Neubau der im Vorjahr in Auftrag gegebenen Sechserserie in Fahrt kommenden CAP SAN NICOLAS erregt die Hamburg Süd weltweite Aufmerksamkeit. Sie und ihre nachfolgenden Schwesterschiffe CAP SAN MARCO, CAP SAN LORENZO, CAP SAN AUGUSTIN, CAP SAN ANTONIO und CAP SAN DIEGO erhalten wegen ihrer besonders eleganten Linienführung den Beinamen »Schwäne des Südatlantiks«. Auffällig ist nicht zuletzt, dass die Schiffe keine Schornsteine haben, sondern lediglich Abgasposten, die sich bruchlos in das Gesamtdesign einfügen. Die Neubauten kommen in diesem und im folgenden Jahr für den Schnelldienst nach Südamerika in Fahrt und haben bei einer Vermessung von 9840 BRT, 159,4 Metern Länge und 21,5 Metern Breite eine Tragfähigkeit von rund 10 000 tdw.

Ihre Reisegeschwindigkeit liegt bei 20 Knoten. Sie verfügen außer einer großen Ladekapazität für Stückgüter jeder Art über 250 000-cft-Ladekühlräume, für die sich die Temperaturen so steuern lassen, dass sowohl Kühl- und Gefrierfleisch als auch frische Früchte transportiert werden können. Hinzu kommen Süßöltanks. Sehr beliebt werden die Schiffe wegen der ebenso eleganten Inneneinrichtungen und des kaum zu übertreffenden Services für die Fahrgäste, für die zwölf Plätze zur Verfügung stehen. Diese CAP SAN-Schiffe sind für die Reederei im Nachhinein betrachtet zugleich Höhepunkt und, wie es sich in den kommenden Jahren erweist, Abschluss des Einsatzes konventioneller Linienschiffe.

Die Aktivitäten der Columbus Line werden durch die Aufnahme eines Linienverkehrs zwischen der US-Westküste und Australien/Neuseeland ausgebaut.

1962 Im Juni wird die 1956 mit der Deutschen Levante-Linie übernommene Deutsche Seefrachtenkontor GmbH in Hanseatisches Seefrachtenkontor GmbH umbenannt.

Die vier deutschen Levante-Reedereien (Deutsche Levante-Linie, Atlas Levante-Linie, Argo, Deutsche Orient-Linie) und die schwedische Transmarin einigen sich darauf, ab 15. Juli ihre Mittelmeer- und Schwarzmeer-Dienste gemeinsam zu betreiben und bilden dafür die Nah-Ost Gemeinschaft (NOGEM oder gebräuchlicher NOG). Die DLL der Hamburg Süd hält daran einen Anteil von 22 Prozent.

1960–1962

1960 John F. Kennedy wird der erste katholische und bis dahin jüngste Präsident der USA.

1961 Am 13. August beginnt der Bau der Berliner Mauer. Am folgenden Tag schließt die DDR das Brandenburger Tor gegen den Westen.

1962 In der Nacht zum 17. Februar werden die norddeutschen Küstengebiete von der schwersten Sturmflut seit 1855 heimgesucht. Viele Menschen kommen ums Leben, tausende werden obdachlos.

Fünf Reedereien bilden die Nah-Ost-Gemeinschaft.

Die außergewöhnlichen Linien der CAP SAN-Schiffe sind ein Höhepunkt und für die Hamburg Süd gleichzeitig der Abschluss im Bau konventioneller Frachtschiffe. Abgebildet ist hier die CAP SAN ANTONIO.

Über den Wiedereinstieg in die Passagierschiffahrt wird lange diskutiert

1963 Die Columbus Line verbindet nun auch die US-Ostküste mit Australien und Neuseeland und bietet damit als erste Reederei Abfahrten von beiden Küsten Nordamerikas nach Australasien. Dieser Schritt legt den Grundstein für die folgende Prosperität der Columbus Line und ihre Spitzenposition in diesem Verkehr.

Im Februar wird in der Presse über Pläne der Hamburg Süd berichtet, mit einem großen Neubau wieder in die Passagierschifffahrt einzusteigen, was von Seiten des Unternehmens auch bestätigt wird.

Dazu heißt es Anfang des Jahres in der ersten Ausgabe der neu ins Leben gerufenen Mitarbeiterzeitschrift »Auf Großer Fahrt« mit der Fragestellung: »Eine neue CAP ARCONA? Die zahlreichen Publikationen haben gezeigt, dass dem Thema von allen Seiten großes Interesse entgegengebracht wird. Sie machten darüber hinaus deutlich, dass die CAP ARCONA – das größte und schönste Passagierschiff der Hamburg Süd vor dem Kriege – noch nicht in Vergessenheit geraten ist.

Es wäre indes ungerecht, nur von der CAP ARCONA zu sprechen, wenn von Passagierschiffen die Rede ist. Denn dieses Schiff hatte einst – im Jahre 1939 – zehn Schwestern, die, wenn auch in der Größe hinter der CAP ARCONA zurückstehend, ihr in Bezug auf Popularität nicht nachgaben. Das galt in besonderem Maße für die MONTE-Schiffe, die sich bei dem reisefreudigen Publikum größter Beliebtheit erfreuten und sowohl im Südamerika-Dienst wie auch auf Kreuzfahrten außerhalb der Südamerika-Saison den Fahrgästen die Schönheiten der Welt erschlossen. Noch heute treffen Briefe von ehemaligen Passagieren ein, die mit diesen Schiffen gefahren sind; noch heute berichten die Mitglieder eines Clubs – der seinerzeit unter dem Namen ›Club der MONTE-Freunde‹ sehr bekannt war – von den schönen und erlebnisreichen Stunden, die sie an Bord ihrer MONTE-Schiffe verbracht haben.

Die Hamburg Süd war vor dem letzten Kriege eine der größten und leistungsfähigsten Passagierschiffsreedereien. Sie hat den Fahrgast-Dienst nach 1951 auf den in der Südamerika-Fahrt eingesetzten Neubauten, die

Der von den Howaldtswerken vorgelegte Entwurf für das neue Hamburg Süd-Passagierschiff soll weitgehend der Konstruktion des 44 800-GT-Liners CANBERRA entsprochen haben.

durchweg mit wenigen aber hervorragend ausgestatteten Passagiereinrichtungen versehen
sind, in zeitgemäßem Umfange weiterführen können. Eine neue CAP ARCONA würde an eine alte
Tradition anknüpfen.

So hat die Hamburg Süd in letzter Zeit ein-
gehende Verkehrsanalysen im Passagierdienst
vorgenommen, über die gegebenenfalls zu einem
späteren Zeitpunkt noch zu berichten sein wird.
Das Resultat führte zu umfangreichen Vorarbei-
ten, die der Reederei die notwendigen Angaben
für eine endgültige Entscheidung liefern sollen.
Folgende technischen Daten liegen dem Projekt
zugrunde:

Größe	ca. 30 000 BRT
Maschinenleistung	ca. 46 000 PS
Geschwindigkeit	ca. 25,5 Knoten
Passagiere:	
1. Klasse	ca. 250
Touristenklasse	ca. 1150
Besatzungsstärke	ca. 500

Das Schiff würde etwa 225 m lang werden
(Länge über alles). Die Breite dürfte ca. 28 m
betragen, der Tiefgang etwa 9 m. Die Baukosten würden zwischen 120 und 140 Millionen DM
liegen, die reine Bauzeit müsste mit etwa zwei
Jahren angenommen werden. Die Auswertung
der vorgenommenen Verkehrsanalysen zeigt,
dass der Bau eines solchen Schiffes gerecht-
fertigt wäre. Es ist aber kein Geheimnis, dass
eine derartige Investition finanztechnisch und in
Anbetracht der wirtschaftlichen Lage der Schifffahrt auf größte Schwierigkeiten stößt. Diese
Tatsache wird dadurch besonders unterstrichen,
dass von den deutschen Großreedereien bisher kaum eine Möglichkeit gesehen wurde, ein
derartiges Projekt durchzuführen. Die Hamburg Süd wäre gegebenenfalls mit Hilfe der
Oetker-Gruppe in der Lage, das wirtschaftliche
und unternehmerische Risiko für eine solche
Investition zu tragen.

Zur Durchführung des Projektes würden
der Hamburg Süd Bürgschaften und eventuell
auch Zinsbeihilfen des Bundes und der Hansestadt Hamburg genügen. Diese Bürgschaften
wären allerdings unerlässlich, weil die Landes-
und Schiffshypothekenbanken ohne sie auf-
grund der gesetzlichen Bestimmungen das Risiko
der Gewährung von Fremdgeldern in dem notwendigen Ausmaße nicht übernehmen könnten. Die erforderlichen Bürgschaften öffentlicher
Stellen wären auf Grund der vorausschauend

gesicherten Rentabilität und der Sicherheiten, die
die Oetker-Gruppe bietet, nur zur Beschaffung
der Kredite notwendig.

Diese kurze Abhandlung mag dazu dienen,
die in der Tagespresse erschienenen Abhandlun-
gen abzurunden. Wie die Entscheidung über ein
neues Passagierschiff ausfallen wird, ist heute
noch nicht zu sagen. Es soll über das Projekt an
dieser Stelle wieder berichtet werden, sobald es
der Stand der Entwicklung erlaubt.«

Verkehren soll das neue Schiff allerdings
nicht im Südamerika- sondern im Nordatlantikver-
kehr nach New York. Es könnte, so die Vorstellung
der Reederei, bereits 1965 in Dienst gestellt werden. Die Howaldtswerke legen auch schon einen
Entwurf vor. Sogar der Bau eines zweiten Schiffes wird diskutiert. Die Pläne werden jedoch stillschweigend wieder aufgegeben, wahrscheinlich
unter dem Eindruck der rasch zunehmenden Luft-
verkehrszahlen. Aber auch Finanzierungsfragen
dürften wahrscheinlich eine Rolle gespielt haben.

Am 14. Oktober wird in Cuxhaven in Anwesenheit
des Generalbevollmächtigten der Hamburg Süd,
Herbert Amsinck, das bisher unter dem Namen
DITMAR KOEL fahrende Lotsenversetzschiff zu
Ehren des legendären Hamburg Süd-Kommo-
dores Ernst Rolin auf den Namen KOMMODORE
ERNST ROLIN umgetauft. Das Bundesverkehrs-
ministerium setzt damit sein bereits begonne-
nes Vorhaben fort, alle in der Elbe-, Weser- und
Emsmündung stationierten Lotsenschiffe mit den
Namen verdienter Kapitäne der Handelsschiff-
fahrt zu belegen.

Alle Hamburger Hafenaktivitäten der Hamburg Süd-Gruppe werden am 25. November in
der neu gegründeten Hanseatischen Hafenbe-
triebs GmbH (HBB) zusammenfasst, die aus der
Hamburg Süd Hafenbetrieb und Schiffsmakle-
rei G.m.b.H. hervorgegangen ist. Das Aufgaben-
gebiet der HBB umfasst Kaibetrieb, Stauerei und
Ewerführerei. Sie wird nicht nur für alle zur Hamburg Süd-Gruppe gehörenden Firmen tätig sein,
sondern auch für fremde Auftraggeber.

In Gründung begriffen ist die Hamburg Süd-
Reiseagentur GmbH, die ab 1. Januar nächsten Jahres das gesamte Passagiergeschäft der
zur Hamburg Süd gehörenden Reedereien wahrnehmen wird. Zum Tätigkeitsbereich der neuen
Agentur gehören auch Flugreisen und Touristik.

1963

US-Präsident Kennedy
besucht Deutschland und
hält zum Abschluss in
Berlin vor einer begeisterten Menschenmenge eine
Rede, die mit dem berühmt
gewordenen Satz endet:
»Ich bin ein Berliner«. Er
wird wenig später in Dallas
ermordet.

Wichtige Planungen für den Ausbau der Tankschiffflotte

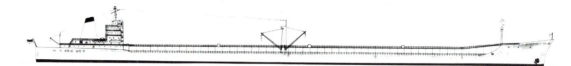

So sollte der neue
Supertanker aussehen.

1964 Als erste deutsche Reederei bestellt die Hamburg Süd Ende Mai 1964 einen Tanker mit einer Tragfähigkeit von 130 000 tdw. Den Auftrag erhalten die Kieler Howaldtswerke, bei denen gleichzeitig noch zwei weitere Tanker mit jeweils 55 000 tdw geordert werden. In einer Mitteilung für die Presse heißt es: »Mit diesen Neubauten wird die Kapazität der Hamburg Süd-Tanker eine halbe Million ts Tragfähigkeit überschreiten. Ein 62 000 Tonnen Tanker ist bereits bei den Howaldtswerken Hamburg im Bau (Anm.: die 1965 in Fahrt kommende ST. NIKOLAI mit 64 273 tdw) und zwei 59 000 Tonnen Tanker wurden kürzlich bei der AG Weser in Bremen kontrahiert (Anm.: die 1966 abgelieferten ST. MICHAELIS und ST. PETRI, beide mit jeweils 77 490 tdw). Das Unternehmen stößt damit in die Spitzengruppe der führenden Tankerreedereien vor.

Bestimmend für die Projektierung eines Tankers dieser ungewöhnlichen Größe war das kontinuierliche Anwachsen des Mineralölkonsums in Deutschland, an dem die deutschen Privatreedereien bis zum heutigen Tage transportmässig noch nicht einmal mit 5 Prozent beteiligt sind. Dieser Tatsache hat die

Hamburg Süd mit den jetzt kontrahierten Neubauten von insgesamt 240 000 tdw Tragfähigkeit Rechnung getragen. Die Schiffe sollen langfristig an die Mineralölgesellschaften verchartert und für die Versorgung ihrer deutschen Raffinerien eingesetzt werden«. Alle drei Aufträge sind später wieder storniert worden.

Am 19. Juli nimmt das zur Hamburg Süd-Gruppe gehörende Kühlschiff CAROLINE HORN (1360 BRT) im Tyrrhenischen Meer den griechischen Dampfer MARIA XILAS (Baujahr 1944, 7173 BRT), der tags zuvor seine Schraube verloren hat, in Schlepp und bringt ihn sicher nach Neapel ein. Unverzüglich setzt die CAROLINE HORN dann ihre Reise nach Palermo fort.

Die Kühlschiffsflotte wird mit den Neubauten POLARLICHT (4851 BRT, 22 Knoten) am 22. September von Blohm & Voss und POLARSTERN (4970 BRT) am 31. Oktober von der Deutschen Werft abgeliefert, weiter ausgebaut. Diese Schiffe sind in ihren technischen Abläufen bereits weitgehend automatisiert. Dadurch kann die Besatzungsstärke um acht bis zehn Personen auf nur

Der 64 273-tdw-Tanker
ST. NIKOLAI kommt 1965
in Fahrt.

Auch der Bereich Kühlschifffahrt wird weiter gestärkt

noch 27 Mann reduziert werden. Die geforderte Dienstgeschwindigkeit von 22 Knoten wird bei den Probefahrten deutlich überschritten. Die beiden Neubauten gehen gleich nach ihrer Übergabe im Rahmen einer langjährigen Charter nach Nordamerika, wo sie in der Fruchtfahrt zwischen Nord- und Südamerika eingesetzt werden. Dort erreicht die POLARSTERN gleich auf ihrer ersten Reise von Ecuador nach Long Beach einen neuen Geschwindigkeitsrekord auf dieser in der Fruchtfahrt sehr stark befahrenen Strecke. Mit 2500 t Bananen in den Laderäumen wird die Strecke in fünf Tagen und 23 Stunden zurückgelegt. Die bis dahin gültige Rekordmarke lag bei sieben Tagen und vier Stunden, gehalten von einem japanischen Schiff.

Die SANTA ISABEL (Bj. 1951, 6982 BRT) wird zum Schulschiff umgebaut. Dabei fallen die Passagiereinrichtungen weg, um dadurch Platz für Unterrichtsräume und zusätzlichen Wohnraum zu schaffen.

1964

In Brasilien stürzt das Militär den Präsidenten Joao Goulart.

In der Sowjetunion entmachtet das ZK der Kommunistischen Partei Chruschtschow. Nachfolger werden Breschnew und Kossygin.

In Chile tritt Eduardo Frei Montalva das Amt des Staatspräsidenten an. Er kann sein als Alternative zum sozialistischen Kuba konzipiertes wirtschaftliches und soziales Aufbauprogramm, darunter die Landreform, jedoch nur teilweise realisieren.

Die Kühlschiffneubauten POLARSTERN (links oben und unten) und POLARLICHT sind bereits weitgehend automatisiert.

An der Hamburger Ost-West-Straße wird ein neues Bürogebäude bezogen

1965 Anfang des Jahres richtet die Columbus-Line einen regelmäßigen Versorgungsdienst für die 60 000 Einwohner der britischen Inselgruppen Gilbert and Ellice Islands im Pazifik ein. Die Schiffe sollen die jährlich benötigten 5000 bis 6000 t Lebensmittel und sonstige Versorgungsgüter auf dem Wege von Australien nach den USA in Tarawa als Zwischenhafen anlanden.

Für die Flotte der Reederei H.C. Horn wird das gesamte Management übernommen.

Am 8. März ziehen die bisher auf verschiedene Gebäude verteilten Firmen der Hamburg Süd-Gruppe in das neue Hamburg Süd-Hochhaus an der Ost-West-Straße, gegenüber der Ruine der alten St.Nikolai-Kirche ein.

Mit dem von den Howaldtswerken in Hamburg am 26. März abgelieferten MT ST. NIKOLAI setzt die Reederei Rudolf A. Oetker ihren ersten Großtanker ein. Das mit 39 520 BRT

Großzügig, modern und funktional, das neue Bürogebäude.

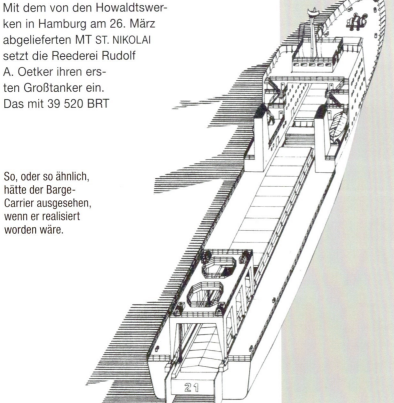

So, oder so ähnlich, hätte der Barge-Carrier ausgesehen, wenn er realisiert worden wäre.

vermessene Schiff hat eine Tragfähigkeit von 64 273 tdw und ist damit der größte nicht einem Mineralölkonzern gehörende deutsche Tanker. Auch die folgenden Neubauten werden nach Hamburger Hauptkirchen benannt.

Gemeinsam mit der Werft Blohm & Voss wird das Projekt eines Barge-Carriers entwickelt – eines Trägerschiffes, das beladene Leichter (Barges) über See transportiert. Damit soll der steigenden Kostenentwicklung im Seetransport und den zunehmenden Hafenverstopfungen in vielen Teilen der Welt begegnet werden. Nach Ansicht der beiden Unternehmen kann dieser neue Typ bei der Wandlung des Weltgüterverkehrs eine wichtige Rolle spielen. Projektiert wird ein Trägerschiff mit einer Länge von 190 Metern für die Aufnahme von 30 Leichtern mit jeweils etwa 300 Tonnen Tragfähigkeit, die über einen über das gesamte Deck verfahrbaren Portalkran über das Heck aufgenommen oder abgesetzt werden können. Es wird davon ausgegangen, dass sich die Umlaufzeiten eines solchen Trägerschiffes im Vergleich mit einem konventionellen Frachter um etwa 50 Prozent verkürzen lassen.

IRMGARD HORN, 1959 gebaut, 852 BRT, Teil der jetzt von der Hamburg Süd gemanagten Horn-Flotte.

Die Hamburg Süd ist für kurze Zeit die größte deutsche Schifffahrtsgruppe

1966 Übernahme der beiden von der AG »Weser« in Bremen gebauten 77 490-tdw-Motortanker ST. MICHAELIS und ST. PETRI. Diese bisher größten Schiffe der Hamburg Süd sind die ersten Schiffe der deutschen Handelsflotte, deren Antriebsanlagen so weit automatisiert sind, dass nachts keine Wache mehr im Maschinenraum gegangen werden muss.

Die Reederei disponiert jetzt eine Flotte von 60 Schiffen mit insgesamt 429 475 BRT und ist damit für kurze Zeit die größte Schifffahrtsgruppe in Deutschland.

1965-1966

1965 Die USA starten mit der Raumkapsel Gemini III ihren ersten bemannten Raumflug.

Der Tanker ST. PETRI auf dem Helgen der AG »Weser« und in der Endausrüstung.

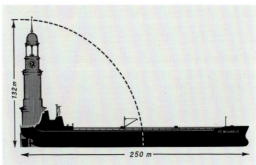

Der MT ST. MICHAELIS in einem interessanten Größenvergleich mit seinem Namensgeber, dem Hamburger »Michel«, eine der Hauptkirchen der Hansestadt.

Die Mittelmeerfahrt wird mit dem Ankauf der Atlas Levante-Linie ausgebaut

Versuche mit schwimm-
fähigen Großcontainern
(Barges) sollen die
Möglichkeiten eines
Barge-Carrier-Einsatzes
dokumentieren.

1967 Am 8. Februar beruft Rudolf August Oetker den bisherigen Generalbevollmächtigten Dr. John Henry de la Trobe als Sprecher
in die Geschäftsleitung der Reederei-Gruppe
Hamburg Süd.

Im Rahmen ihrer 1965 begonnenen Untersu-
chungen für den Einsatz eines Leichter-Träger-
schiffes/Barge-Carriers im Südamerika-Verkehr
wird mit praktischen Versuchen begonnen. Vier
schwimmfähige Großcontainer – CAPTAINER –
mit einer Tragfähigkeit von je 70 tons werden an
Bord von CAP SAN-Schiffen zwischen der Ostküste Südamerikas und Europa eingesetzt. Ihre
Verladung erfolgt mit Hilfe von Schwimmkränen. Den Anfang macht die CAP SAN ANTONIO
(9849 BRT) am 19. April mit der Übernahme von
zwei Behältern, die mit je 65 Tonnen Stahlble-
chen für Buenos Aires beladen sind. Zu einer
späteren Realisierung dieses Seetransportkon-
zeptes kommt es seitens der Hamburg Süd allerdings nicht.

Die DDG »Hansa«, Bremen, verkauft die ihr
gehörende, 1935 in Bremen gegründete Atlas
Levante-Linie (ALL) an die Hamburg Süd-Gruppe.
Die ALL wird nach Hamburg transferiert und in
die Hamburg Süd-Organisation integriert. Ihre
vier Schiffe, NAGUILAN (Bj. 1951, 2699 BRT), WAL-
TER (Bj. 1954, 4389 BRT), PHÖNIZIEN (Bj. 1956,
3178 BRT) und ERIKA (Bj. 1957, 3192 BRT), werden unter langfristiger Rückcharter verkauft. Der
Bremer Reedereibetrieb selbst übernimmt unter
dem Namen Atlas Schiffahrtskontor die Agentur von DLL und ALL in der Hansestadt an der
Weser. Mit der Übernahme der ALL erhöht sich
der Anteil der Hamburg Süd-Gruppe an der
Levantefahrt deutlich, was dazu führt, dass der
NOG-Vertrag Anfang kommenden Jahres nicht
erneuert wird. Die Schiffe von DLL und ALL fahren weiter unter ihren gewohnten Flaggen, so
dass in allen Anzeigen und bei dem Werbema-
terial immer beide Namen und Flaggen erscheinen. Jeweils die Hälfte der zu diesem Zeitpunkt

In der pazifischen Inselrepublik Kiribati entsteht eine Schule für seemännische Ausbildung

im Levantedienst beschäftigten Schiffe führt die DLL- bzw. ALL-Flagge. Um aber die Einheitlichkeit des Dienstes zu demonstrieren, erhalten alle Schiffe die Schornsteinfarben der Hamburg Süd, also weißer Schornstein mit rotem Ring als oberen Abschluss.

In der Inselrepublik Kiribati (bis 1975 britische Gilbert and Ellice Islands) wird gemeinsam mit Partnern ein Marine Training Centre (South-Pacific-Marine Service/SPMC – die Seemannsschule Tarawa) für die Ausbildung einheimischer Seeleute nach deutschen Vorschriften gegründet. Bis 2007 haben mehr als 4000 Kiribatis die insgesamt 36-monatige Ausbildung – ein Jahr Blockunterricht, zwei Jahre an Bord – durchlaufen. Seit etwa 2005 werden dort auch Frauen zu Köchinnen und Stewardessen ausgebildet.

Vor dem Hintergrund der Verknappung der Tankertonnage infolge der Sperrung des Suezkanals drückt der Fraktionsvorsitzende der SPD im Deutschen Bundestag, Helmut Schmidt, seine

Sorge über die zu kleine deutsche Tankerflotte aus. Schmidt fordert, dass ein erheblicher Anteil der deutschen Mineralölimporte auf deutschen Tankern durchgeführt werden müsse, damit die Bundesregierung bei einer eventuellen Krise eine gewisse Einflussmöglichkeit zur Sicherung der Energieversorgung in die Hand bekommt.

1967

Mit einem Präventivschlag der israelischen Luftwaffe gegen Ägypten beginnt der später so genannte Sechs-Tage-Krieg.

Sechs europäische Staaten gründen die Europäische Gemeinschaft.

Die Kadettenausbildung in Kiribati erweist sich bald als überaus erfolgreich.

Die Motorschiffe WALTER und PHOENIZIEN werden mit der Übernahme der ALL in die Flotte integriert.

Dr. John Henry de la Trobe wird
Sprecher der Hamburg Süd-Geschäftsführung

Dr. John Henry de la Trobe Der am 27. Oktober 1923 in Berlin geborene John Henry de la Trobe verbringt seine Jugendjahre in Genf, Paris, München und Tokio, wo er auch sein Abitur macht. Nach dem Studium der Rechte und der Promotion an der Universität Münster tritt er Ende 1949 in die Firma Dr. August Oetker ein, baut deren Zentralverwaltung mit auf, betreut dort auch die Schifffahrtsinteressen und gehört in dieser Eigenschaft zum Beirat der Reedereigruppe. Als Sprecher der Hamburg Süd-Geschäftsführung wirkt Dr. de la Trobe weit über das Unternehmen hinaus. Als Diplomat in Schifffahrtsfragen vertritt er die Reederei vor allem in verschiedenen öffentlichen Gremien und Fachverbänden. 1972 wird er erstmals in das Präsidium des Verbandes Deutscher Reeder (VDR) gewählt und vertritt diesen von 1975 bis 1988, mit Unterbrechungen als VDR-Vorsitzender mit nüchternem Augenmaß und kluger Weitsicht im In- und Ausland. Zu den schifffahrtsbezogenen Tätigkeiten von Dr. de la Trobe gehören weiterhin sein steter Einsatz für das Council of European and Japanese Shipowners Association (CENSA), der Vorsitz im Australien-Neuseeland-Südpazifik-Verein, die Mitgliedschaft im BOX-Club des International Council of Container Operators, das Amt des stellvertretenden Aufsichtsratsvorsitzenden beim Germanischen Lloyd sowie das des Vizepräsidenten des Hamburger Übersee-Clubs. Dr. de la Trobe wurde Ehrensenator der Universität Hamburg und mit dem großen Bundesverdienstkreuz ausgezeichnet. Er steuert die Hamburg-Süd als Sprecher der Geschäftsführung von 1967 bis 1988, seit 1981 verantwortlich für den Schifffahrtsbereich in der Gesamtleitung der Oetker-Gruppe als persönlich haftender Gesellschafter, erfolgreich durch alle Wetterlagen der internationalen Schifffahrt und baut ihre Marktstellung aus. 1989 wechselte er als dessen Vorsitzender in den Beirat und bleibt es bis 1998. Am 24. Mai 2002 ist Dr. John Henry de la Trobe in Hamburg verstorben.

Im Zuge der erweiterten Personalbetreuung beabsichtigt die Hamburg Süd in Zusammenarbeit mit dem »Studio Hamburg« an Bord ihrer Schiffe Fernsehfilme aus der neuesten Produktion vorzuführen. Die Filme sollen während der Seereisen etwa einmal in der Woche den Besatzungen – und sofern Passagiere an Bord sind, auch diesen – vorgeführt werden.

Nach erneutem Kriegsausbruch in Nahost am 5. Juni werden am 10. Juni mit dem MS ANKARA (4609 BRT) der zur Hamburg Süd gehörenden Deutschen Levante-Linie 322 Menschen aus Alexandrien evakuiert und nach Heraklion auf Kreta gebracht. Auf dem Schiff waren mit hoher Improvisationskunst der Besatzung in kürzester Zeit die für den Transport notwendigen Voraussetzungen geschaffen worden.

Mit Infahrtsetzung von sechs Neubauten bietet die Hamburg Süd das größte Kühlraumangebot unter den europäischen Reedereien

Von Blohm & Voss werden nach und nach, bis in das folgende Jahr hinein, sechs Kühlschiffe der POLAR-Klasse (420 000 cbf Kühlraum) übernommen. Es sind die schnellsten und größten deutschen Kühlschiffe. Sie sind ladungstechnisch in der Lage, alle Arten von Kühlgütern zu transportieren. Alle Einrichtungen für den Schiffsbetrieb und die Antriebsanlagen, die für einen 16-stündigen wachfreien Betrieb ausgestattet sind, weisen einen außergewöhnlich hohen Automatisierungsgrad auf, was den Neubauten einen hohen Aufmerksamkeitsgrad vor allem in der Schifffahrts- und Schiffbauwelt verschafft. Nicht zuletzt besticht der POLAR-Typ äußerlich, und damit Hamburg Süd-typisch, durch seine elegante Linienführung, die mit den weit nach achtern versetzten beiden Abgaspforten eine besondere Prägung erhält. Am 31. Oktober wird als erstes Schiff die POLAR ECUADOR an die

Reederei übergeben. Die nächsten folgen in kurzen Abständen. Mit diesen Neuzugängen verfügt die Hamburg Süd dann, einschließlich der CAP-Schiffe, über das größte Kühlraumangebot aller europäischen Reedereien.

Für das vierte Schiff der Serie, das am 25. November vom Stapel läuft, wird zum ersten Mal in der nun fast hundertjährigen Geschichte der Reederei die Frau eines amtierenden südamerikanischen Staatsoberhauptes Taufpatin. Senhora Yolanda Barbosa da Costa e Silva, Gattin des brasilianischen Staatspräsidenten, tauft den Neubau in Anwesenheit zahlreicher Persönlichkeiten des politischen und wirtschaftlichen Lebens auf den Namen POLAR BRASIL.

Ende des Jahres scheidet Herbert Amsinck aus der Geschäftsführung aus und wechselt in den Beirat.

Die brasilianische Präsidentengattin Senhora Yolanda Barbosa da Costa e Silva tauft die POLAR BRASIL.

Eine überaus elegante Formgebung zeichnet die Schiffe der POLAR-Klasse aus.

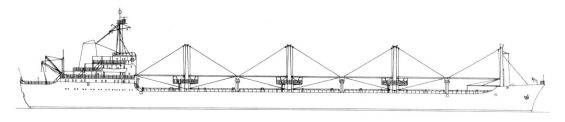

Der Neubau BELGRANO, 15 119 BRT, kann bis zu 1700 Pkw befördern.

Als letztes der POLAR-Serie kommt die POLAR PARAGUAY in Fahrt.

Wegen flaggendiskriminierender Maßnahmen suspendiert die Columbus Line ihren Dienst zwischen den Ostküsten Süd- und Nordamerikas

1968 Mit dem von den Kieler Howaldtswerken gebauten MS BELGRANO (15 119 BRT) wird am 18. Januar ein Bulkcarrier übernommen, der auch für den Autotransport geeignet ist. Das Schiff, das 1700 Pkw befördern kann, wird für das Volkswagenwerk eingesetzt und soll die inzwischen verkauften Bulker/Autotransporter GUSTAV PISTOR (Bj.1953, 5879 BRT) und BLUMENAU (Bj. 1952, 6021 BRT), die zehn Jahre für VW gefahren sind, ersetzen.

Einrichtung eines regelmäßigen Liniendienstes zwischen Europa und Neuseeland gemeinsam mit der Hamburg-Amerika Linie (Hapag) und dem Norddeutschen Lloyd. Die erste Abfahrt wird in der zweiten Januarhälfte mit dem MS CAP ORTEGAL (Bj.1956, 8980 BRT) ab Neuseeland geboten. Die erste südgehende Abfahrt erfolgt am 28. Januar 1969 durch das MS WESERSTEIN (Bj. 1953, 6795 BRT) des Norddeutschen Lloyd, gefolgt am 11. Februar 1969 vom MS WIESBADEN (Bj. 1957, 8361 BRT) der Hapag.

Am 24. Februar läuft mit der POLAR PARAGUAY das letzte der sechs Kühlschiffe der POLAR-Klasse bei Blohm + Voss vom Stapel. Dieses ist in zweierlei Hinsicht von Bedeutung. Einmal ist es der 75. Stapellauf für die Reedereien der Hamburg Süd-Gruppe nach dem Krieg und zum anderen ist dies das 40. Schiff, das die Werft in einer nun fast 90-jährigen Zusammenarbeit für die Hamburg Süd baut.

Ankauf der Gemeinwirtschaftliche Hochseefischerei GmbH, Bremerhaven, deren Flotte aber nicht in die Hamburg Süd-Gruppe integriert wird.

Die Columbus Line suspendiert ihren Dienst zwischen den Ostküsten Nord- und Südamerikas wegen flaggendiskriminierender Maßnahmen in Brasilien und den USA.

Am 20. November kommt es auf der Reise von Brisbane nach Vancouver befindlichen MS CAP COLORADO (Bj.1960, 5376 BRT) etwa 1000 Seemeilen nordöstlich von Honolulu nach einer Explosion zu einem schweren Brand. Maschinenraum und Brücke werden völlig zerstört. Zwei Besatzungsmitglieder kommen ums Leben. Mehrere Schiffe leisten Hilfe. Die CAP COLORADO wird, nachdem der Brand unter Kontrolle ist, nach Yokohama zur Reparatur geschleppt.

Mit der von der Firma Van Nievelt, Goudriaan & Co. übernommenen Hamburg-Chicago Line engagiert sich die Hamburg Süd auch in der Große Seen-Fahrt. Ziel ist es, eine Verbindung von Europa zu den von den USA ausgehenden Cross-Trades zu bekommen. Die erste Abfahrt wird am 24. März 1969 mit dem MS GALATA (Bj.1952, 2676 BRT) geboten.

Am 31. Dezember rettet das MS CAP ORTEGAL (Bj.1956, 8980 BRT) etwa 400 Seemeilen südwestlich des Panamakanals vier Seeleute eines gesunkenen panamesischen Fischkutters, nachdem diese 18 Tage lang in einem kleinen Boot auf See getrieben hatten.

1969 Mit Wirkung vom 15. März wird in Bremen die Atlas Schiffahrtskontor GmbH (ASK) von der DDG »Hansa« übernommen. Diese Übernahme steht im Zusammenhang mit dem 1967 erfolgten Kauf der Atlas Levante Linie. ASK vertritt nach wie vor die Atlas Levante Linie und die Deutsche Levante Linie und zusätzlich aktuell auch die Hamburg-Chicago Linie.

Im Rahmen ihrer Bemühungen, der fortschreitenden technologischen Entwicklung im Schiffsbetrieb Rechnung zu tragen, wird am 1. September mit der Durchführung von besonderen Bootsmannslehrgängen begonnen. Den Teilnehmern werden in einer sechswöchigen Schulung auf der Werft Blohm + Voss Kenntnisse über die Metallverarbeitung, das Werkzeugschmieden, Schweißen und Kunststoffverarbeitung vermittelt. Der anschließende vierwöchige Lehrgang an der

1968–1969

1968 In den USA wird der farbige Bürgerrechtler und Nobelpreisträger Dr. Martin Luther King von einem weißen Rassenfanatiker ermordet.

Niederschlagung des »Prager Frühlings« durch Truppen des Warschauer Paktes.

1969 Der deutsche Massengutfrachter OTTO HAHN, das erste europäische Handelsschiff mit Atomantrieb, wird in Dienst gestellt.

Der US-amerikanische Astronaut Neil Armstrong betritt als erster Mensch die Mondoberfläche, gefolgt von seinem Kameraden Edwin Aldrin.

In seinen Grundzügen beginnt die Einrichtung des Internets.

Angesichts immer weiter fortschreitender Technik wird auch die Ausbildung intensiviert

Die Unterrichtung in der Schweißtechnik ist Teil der Bootsmannausbildung.

Seemannsschule Lübeck-Travemünde (Priwall) beschäftigt sich mit allgemeinen seemännischen Themen wie Ladungsdienst, Konservierungsarbeiten und Schiffssicherheit. Den Abschluss bildet ein einwöchiger Kursus über Arbeitstechnik im Hamburg Süd-Haus in Mölln. Nach erfolgreicher schriftlicher, mündlicher und praktischer Prüfung erhalten die Absolventen den Bootsmannsbrief.

In Zusammenarbeit mit der AEG ist im Hause der Hamburg Süd eine elektronische Schulungsanlage für Schiffsautomation eingerichtet worden. Sie dient der Ausbildung des technischen und nautischen Personals für alle elektronischen

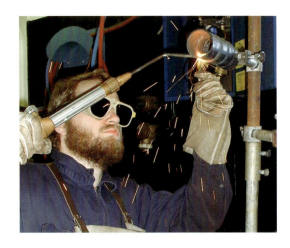

Bordanlagen im Maschinen- und Ladungskühlbereich. Die Kurse sind für die einzelnen Berufsgruppen zeitlich gestaffelt: Nautiker drei Wochen, Ingenieure sieben Wochen und Elektriker acht Wochen.

Anfang Oktober wird ein neuer monatlicher Direktdienst von Europa nach Papua, Neuguinea und Neukaledonien aufgenommen. Die erste Abfahrt wird mit dem gecharterten MS HINRICH WITT (Bj.1969, 4795 BRT) geboten.

Die Besatzung des Kühlschiffes POLAR URUGUAY rettet am 20. Oktober auf der Reise von Almeria nach Las Palmas 15 Fischer des spanischen Trawlers NOTOS (206 BRT). Die Seeleute hatten ihr Schiff nach einer Explosion in den Aufbauten verlassen. Nach Bergung der Schiffbrüchigen gelingt es der Besatzung der POLAR URUGUAY, das Feuer auf dem Trawler zum größten Teil zu löschen und ihn nach Las Palmas zu schleppen.

Am 31. Dezember wird als erstes von sieben für die Levantefahrt bei der Werft Nobiskrug in Rendsburg bestellten Schiffe die CAP SUNION in eine langfristige Zeitcharter genommen. CAP SARAY, CAP SIDERO, CAP SERRAT, CAP ANAMUR,

---

Jackie Onassis an Bord der CAP NORTE

Am 16. April 1969 besucht, nach einer späteren Information der Reederei: »Jackie Onassis mit ihrem Sohn, John Kennedy, und dessen Klassenkameraden aus der Collegiate School, New York City, die Hoboken-Werft in New York. Ihr plötzlich geäußerter Wunsch, mit den Kindern ebenfalls ein Schiff besichtigen zu dürfen, brachte die Werft ein wenig in Verlegenheit, da man erst die Erlaubnis der Schiffseigentümer einholen müsste. Der Hamburg Süd-Kapitän Heinrich Monenschein, der im Büro der Hoboken-Werft das Gespräch mit anhörte, erbot sich sofort, Mrs. Onassis und den Kindern die CAP NORTE zu zeigen. Nach der Besichtigung, von der Mrs. Onassis ebenso begeistert war wie die Kinder, dankte sie Kapitän Monenschein für seine Gastfreundschaft und den interessanten Rundgang auf der CAP NORTE. Die Bethlehem Steel Corporation, zu der die Hoboken-Werft gehört, sprach Mr. Walter Nielsen, Executive Vice President der Columbus Line, ihren besonderen Dank für spontane Hilfsbereitschaft Kapitän Monenscheins aus.«

Für den Einsatz in der Levantefahrt ist ein spezieller Schiffstyp entwickelt worden

CAP MATAPAN und CAP CARMEL folgen. Bei diesen mit gut 5000 BRT vermessenen, 16,5 Knoten schnellen Neubauten mit einer Tragfähigkeit von 7250 t handelt es sich um einen von der Werft entwickelten Typ RENDSBURG mit einer speziellen Ausrüstung für die Mittelmeerfahrt. Er ist allerdings so ausgelegt, dass er auch in anderen Fahrtgebieten eingesetzt werden kann. Die ersten vier Schiffe wurden von der Reederei Sartori & Berger in Auftrag gegeben und werden von der Hamburg Süd (DLL/ALL) langfristig in Charter genommen. Die anderen drei Schiffe hatte die Hamburg Süd selbst bestellt. Sie alle kommen bis 1971 in Fahrt und haben bei einer Länge von 125,00 Metern, einer Breite von 17,20 Metern und Tiefgängen von 7,64 Metern als Volldecker und 6,56 Metern als Freidecker eine Vermessung von 5025, 2816 BRT. Zum Ladegeschirr gehört

Die CAP ANAMUR ist ein Neubau des RENDSBURG-Typs.

ein schwenkbarer 60-t-Schwergutbaum. Die Schiffe können bereits jeweils bis zu 210 Container (TEU) laden. Sie erweisen sich allerdings nach den Vorschriften der neu 1970 neu erlassenen Schiffsbetriebs- und Ausbildungsordnung (SBAO) als zu personalaufwändig, dass sie bald unter eine fremde Flagge gebracht werden.

Schiffbrüchige des spanischen Tankers NOTOS kommen bei der POLAR URUGUAY längsseits.

Ein Markstein in der
Flottenentwicklung
ist der Bau der
ersten drei Vollcon-
tainerschiffe für die
Columbus Line. Hier
das erste, die spätere
COLUMBUS NEW
ZEALAND, noch vor
dem Stapellauf.

KIELLEGUNG BAUNUMMER 15
1. VOLLCONTAINERSCHIFF
FÜR DIE
COLUMBUS LINE
21200 tdw
BAUWERFT: HOWALDTSWERKE-DEUTSCHE WERFT AG.
WERKE HAMBURG

Mit der Indienststellung von drei Vollcontainerschiffen beginnt die »Containerisierung« der Hamburg Süd-Flotte

1970 Die Columbus Line gründet gemeinsam mit der Dart Containerline; Bermuda, und der Fabre Line, Marseille, in New York eine Container Terminal Gesellschaft unter dem Namen Global Container Services, Inc. Diese Gesellschaft will auf dem Manhattan gegenüberliegenden Ufer des Hudson bis Mitte 1972 in zwei Stufen einen Containerterminal mit einer Umschlagkapazität von 140 000 TEU p.a. errichten.

Ein besonderes Ereignis ist am 23. März die Kiellegung für das erste Vollcontainerschiff der Hamburg Süd bei der Howaldtswerke-Deutsche Werft AG in Hamburg. Dies geschieht durch Einschwingen einer 48 Tonnen schweren Doppelboden-Mittelschiffssektion auf die Helling, wo zuvor, wie es der Tradition entspricht, ein Kupferpfennig auf den Kielpallen gelegt worden ist. Die elfjährige Martine Letts, Tochter des australischen Konsuls in Hamburg, hat diesen symbolischen Akt vollzogen. Dieses Schiff ist die spätere COLUMBUS NEW ZEALAND.

Mit der ST. KATHARINEN wird am 15. Dezember von der Howaldtswerke-Deutsche Werft AG der erste von fünf Produktentankern übernommen. Der zweite folgt 1971 als ST. JACOBI. Die Schiffe haben bei einer Vermessung von 17 782 BRT eine Tragfähigkeit von 29 640 tdw und können bis zu 30 verschiedene Ladungen vom Rohöl über Derivate bis zu Melasse, Talg, Fischöl und Hexane transportieren.

Der Große Seen-Dienst wird wieder aufgegeben.

1971 Die Howaldtswerke-Deutsche Werft AG, Hamburg, liefert drei Containerschiffe für den Dienst der Columbus Line zwischen der US-Ostküste und Australien/Neuseeland ab. Als erstes Vollcontainerschiff der Reederei überhaupt kommt im April die bereits erwähnte COLUMBUS NEW ZEALAND in Fahrt. Das speziell für dieses Fahrtgebiet konzipierte Schiff ist mit 19 146 BRT vermessen und hat eine Stellplatzkapazität von 1187 TEU. Zwei Dampfturbinen leisten 25 000 PS für eine Geschwindigkeit von 22 Knoten. Es trifft am 4. Juni in Melbourne als ersten australischen Hafen ein.

Die COLUMBUS NEW ZEALAND präsentiert sich, wie auch die dann folgenden Containerschiffe, im Gegensatz zu den bisher in Weiß gehaltenen Schiffskörpern der CAP- und CAP SAN-Schiffe nun in einem strahlenden Rot, wobei jedoch mit den weißen Aufbauten und den weißen Containern die traditionelle Farbkombination der Reederei erhalten geblieben ist.

Es folgen die COLUMBUS AUSTRALIA und die COLUMBUS AMERICA. Sie gehören mit ihrer Kühlcontainerkapazität von jeweils 553 TEU zu den größten Kühlcontainerschiffen in der Welt und ersetzen die neun bis dahin in diesem Fahrtgebiet eingesetzte Stückgutfrachter. Die Columbus Line bietet mit ihnen einen ersten Liniendienst mit Vollcontainerschiffen zwischen der Ostküste Nordamerikas und Australien/Neuseeland. Die Schiffe werden 1986 wegen zu hoher Brennstoffkosten auf Motorantrieb für eine Geschwindigkeit von 18,5 Knoten umgestellt.

1970–1971

1971 Die USA kündigen die Funktion des Dollar als Leitwährung in der Welt auf.

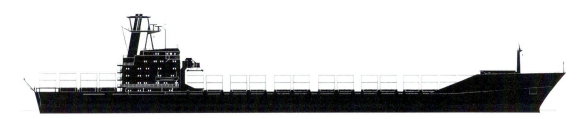

COLUMBUS NEW ZEALAND
COLUMBUS AUSTRALIA
COLUMBUS AMERICA

In der Levantefahrt kommt es zu einem weiteren Zusammenschluss

1972 Die Columbus Line bezieht am 1. April in New York in dem kurz zuvor fertiggestellten World Trade Center im 32. Stockwerk neue Büroräume.

In New York geht der Global Containerterminal am 1. Juni offiziell in Betrieb. Bauherr und Betreiber sind die Global Terminal and Container Services Inc., zu denen sich 1970 die Reedereien Columbus Line, Dart Container Line und Fabre Lines zusammengeschlossen haben.

1973 Am 1. April wird als neuer Zusammenschluss der in der Levantefahrt engagierten deutschen Reedereien die Deutsche Nah-Ost

Linien GmbH gebildet (Kurzform DNOL), Sitz wird Hamburg. Die Flotte besteht zunächst aus 34 konventionellen Frachtern in der gewohnten mittleren Größe. Die DNOL selbst hat keine eigenen Schiffe, sondern die Partner stellen eigene oder gecharterte Schiffe zur Verfügung. Alle erhalten eine einheitliche Flagge und Schornsteinmarke.

Im Mai werden durch mehrere der Hamburg Süd nahe stehende Gesellschaften bei der Werft Companhia Commercio e Navegacao (MAUA), Rio de Janeiro, sechs Frachtschiffe des Typs »SD-14« bestellt. Die jeweils rund 15 000 tdw tragenden Schiffe kosten zusammen etwa

Die CAP SAN ANTONIO gerät auf der Ausreise nach Brasilien im Englischen Kanal in Brand, in dessen Folge leider auch Menschenleben zu beklagen sind.

Der Container beginnt auch in anderen Fahrtgebieten eine dominierende Rolle einzunehmen

90 Mio. DM und stellen den ersten großen Exportauftrag der brasilianischen Werftindustrie dar.

In den ersten Nachtstunden des 14. Dezember bricht im Englischen Kanal südlich Hastings auf dem auf der Ausreise von Bremen nach Santos befindlichen MS CAP SAN ANTONIO (9849 BRT) ein Feuer aus, das schnell auf den gesamten Mittschiffsaufbau übergreift und schwere Schäden verursacht. Zwei Passagiere und vier Besatzungsmitglieder kommen dabei ums Leben. Der Brand wird mit Bordmitteln und von mehreren Schleppern sowie durch Feuerwehrleute aus Dover bekämpft und bis zum 18. Dezember nachmittags gelöscht. Das manövrierunfähige Schiff wird nach Rotterdam eingebracht und anschließend in Bremerhaven repariert. Als höchstwahrscheinliche Brandursache konnte später der unachtsame Umgang mit einer brennenden Zigarette ermittelt werden.

Der Dienst der Columbus Line zwischen der US-Westküste und Australien/Neuseeland wird auf Containertonnage umgestellt. Die in den nächsten Jahren erfolgende ständige Verbesserung der Tonnage und Optimierung der Fahrpläne wird der Grundstein dafür, dass die Columbus Line-Dienste zu einem wesentlichen Teil der Hamburg Süd-Aktivitäten werden.

1974 Der Ende der sechziger Jahre eingerichtete Liniendienst zwischen Nordeuropa und den Pazifischen Inseln wird ab März containerisiert. Die eingesetzten Schiffe sind mit eigenem Ladegeschirr ausgerüstet, um auch Häfen bedienen zu können, die nicht über eigene geeignete Umschlaganlagen verfügen. Die Kapazität der eingesetzten Schiffe beläuft sich auf jeweils 422 TEU, darunter Anschlüsse für 144 Kühlcontainer. Die erste Abfahrt wird mit dem langfristig gecharterten MS COLUMBUS CARIBIC (ex TRISTAN, 8412 BRT) geboten.

In der Levante-/Nahost-Fahrt wird mit dem langfristig gecharterten MS NAHOST KLIPPER (ex PELIKAN, 1450 BRT) erstmals ein Containerschiff expediert. Das 16 Knoten schnelle Schiff kann 191 Container (TEU) an Bord nehmen. Es folgt die NAHOST KURIER (ex PINGUIN, 1032 BRT). MS NAHOST KLIPPER wird 1977 verlängert, wodurch sich die Stellplatzkapazität auf 273 TEU erhöht.

Die Linien der DNOL erbringen 1974/75 mit rund 200 Abfahrten eine Gesamttransportleistung von etwa zwei Millionen Tonnen. Wegen der boomartigen Ladungszunahme vor allem im Großanlagengeschäft muss die Tonnage ständig erweitert werden. Ende Februar 1975 werden

1972–1974

1972 Die Tankergrößen erreichen 500 000 tdw.

1973 Juan Domingo Perón gewinnt nach langjährigem Exil erneut die Präsidentschaftswahlen in Argentinien.

1974 Ein Militärputsch beendet die Diktatur in Portugal.

Die NAHOST KLIPPER ist das erste nach Nahost expedierte Containerschiff.

beispielsweise 49 Schiffe mit 300 000 tdw eingesetzt. Eine der weniger positiven Auswirkungen dabei ist, dass der Betrieb in etlichen Häfen, in denen Verstopfungen ohnehin nichts Ungewöhnliches sind, nun wegen Überlastung völlig zusammenbricht. Liegezeiten von 30, manchmal 40 Tagen sind keine Seltenheit. In Beirut sind es mitunter sogar bis 80 oder 90 Tage.

COLUMBUS CARIBIC und
COLUMBUS CANADA,
Anzeige von 1976 in der
australischen Financial
Review, Sydney. Beides
sind Charterschiffe mit
12 500 tdw Tragfähigkeit
und Stellplätzen für bis zu
420 bzw. 380 TEU.

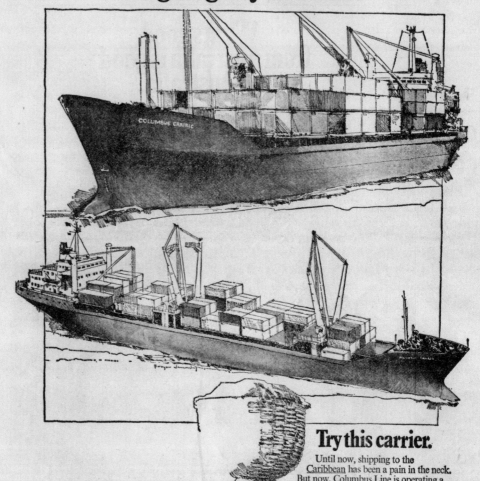

Are Caribbean export opportunities weighing on your mind?

Try this carrier.

Until now, shipping to the Caribbean has been a pain in the neck. But now, Columbus Line is operating a full container service – starting with Columbus California and Columbus Canada. Centralised cargo is loaded in Sydney and Melbourne, and offloaded in Kingston (Jamaica), Port of Spain (Trinidad) and Bridgetown (Barbados). Shipping to the Caribbean? Put the load on our shoulders.

COLUMBUS LINE
Speed afloat. Service ashore.

AGENTS. Columbus Overseas Services Pty. Ltd. SYDNEY: 333 George Street, Phone 290 2966. MELBOURNE: Phone 67 8121. Seabridge Australia BRISBANE 221 6122. FREMANTLE 35 2013. PORT ADELAIDE 47 4088.

Die in der Ukraine gebauten Mehrzweckfrachter können zu Containerschiffen umgerüstet werden

1975 Im Hamburger Hafen wird der Hamburg Süd-Terminal in Betrieb genommen. Er besteht aus den Schuppen 80/81 und wird von der Hanseatischen Hafenbetriebsgesellschaft Eggert & Amsinck betrieben. Deren Angebot wird durch eine Stauereiabteilung und eine eigene Ewerführerei abgerundet.

Am 2. Februar feiert die Hanseatische Seeverkehrs-Gesellschaft (HSG), Hamburg, ihr 50-jähriges Bestehen. Als Tochtergesellschaft der Hamburg Süd ist die HSG erfolgreich als Inlandsfrachtkontor tätig.

1925 war die Gesellschaft in das Hamburger Handelsregister eingetragen worden. Noch im gleichen Jahr sind alle Stammanteile an die Deutsche Levante Linie GmbH übergegangen. Nach deren Übernahme 1956 durch die Hamburg Süd wurde gleichzeitig auch die HSG in die Reedereigruppe integriert. Zu Beginn dieser neuen Ära hat die HSG als Inlandsorganisation ausschließlich die Interessen der Hamburg Süd wahrgenommen. Erst Ende der sechziger Jahre dehnte sie ihren Aufgabenbereich aus, indem sie auch die Vertretung anderer Reedereien übernahm. Derzeit bietet sie die Dienste von 16 namhaften deutschen und ausländischen Reedereien an und präsentiert sich der Verladerschaft mit Niederlassungen in Düsseldorf, Frankfurt, München, Nürnberg und Stuttgart als leistungsfähiges und serviceorientiertes Unternehmen.

Als erstes seit 1944 wieder von einer ausländischen Werft für die Reederei gebautes Schiff wird am 8. Dezember der mit umfangreichem Ladegeschirr ausgestattete Mehrzweckfrachter SANTA RITA (11 800 BRT) vom Typ »DNEPR«, der auch bis zu 300 Container aufnehmen kann, von der ukrainischen Kherson Shipyard, Kherson, in Dienst gestellt. Die Schwesterschiffe SANTA ELENA und SANTA ROSA folgen im Jahr darauf. Da es sich bei ihnen um Serienfrachter handelt, bei denen die ukrainische Werft die deutschen Bauvorschriften allerdings nur teilweise erfüllen

konnte, werden sie nach ihrer Ablieferung auf einer deutschen Werft entsprechend nachgerüstet, damit sie unter deutscher Flagge fahren können. Sie sind so konzipiert, dass ein späterer Umbau zu Vollcontainerschiffen möglich ist. Ihr Einsatzbereich ist der Liniendienst zwischen Europa und der Ostküste Südamerikas.

1975

In China wird die Terrakotta-Armee entdeckt.

Drei Mehrzweckfrachter vom Typ »DNEPR« werden in Kherson für die Hamburg Süd gebaut.

Die COLUMBUS CARIBIC, das erste der von der Hamburg Süd im Dienst Europa – Neuseeland eingesetzten Vollcontainerschiffe, kommt im Februar westlich von Auckland dem in Seenot geratenen MS UNION EAST zur Hilfe.

Aus einem Tanker wird ein Schiff, das mehr als 50 000 Schafe transportieren kann

1976 Am 3. Februar wird als erster von vier auf der brasilianischen Werft Estaleiros Maua S.A., Rio de Janeiro, georderten Serienfrachtern vom Typ SD-14 die SANTA ISABELLA (9314 BRT) abgeliefert. Diese Schiffe sind der erste große Exportauftrag der brasilianischen Schiffbauindustrie. Sie werden in der weltweiten Trampfahrt eingesetzt.

Unter dem Namen ATLAS LIVESTOCK Carriers beteiligt sich die Hamburg Süd künftig auch am Seetransport lebender Tiere und setzt damit ihre seit Jahren betriebene Diversifizierungspolitik konsequent fort. Die Basis dieser neuen Aktivität bildet ein langfristiger Kontrakt über den Transport lebender Schafe von Australien in den Iran. Als erster Transporter wird im April die ATLAS PIONEER unter Singapur-Flagge eingesetzt. Dabei handelt es sich um einen 52 000-tdw-Tanker, der nach einem entsprechenden Umbau in Japan pro Reise 51 000 Schafe transportieren kann, wobei die strengen Auflagen des australischen Transportministeriums und der australischen Landwirtschaftsbehörde für den Transport lebender Tiere besondere Beachtung verlangen. Alles klappt reibungslos. Unerwartete Schwierigkeiten bereitet dann jedoch die andere Seite: Nachdem die ATLAS PIONEER ihre erste Reise mit 50 000 Schafen von Australien nach dem Persischen Golf erfolgreich absolviert hat, verhängt die Hafenbehörde von Bandar Shapour plötzlich ein Anlegeverbot mit der Begründung, dass das Schiff eine zu große Kailänge in diesem an Kaiplätzen armen Hafen beansprucht. Deshalb wird die ATLAS PIONEER in eine Charter nach arabischen Ländern umdirigiert, jedoch bereits im folgenden Jahr wieder verkauft.

Am 9. Juli übernimmt die Hamburg Süd im südfranzösischen Hafen La Ciotat als ersten Rohöltanker den 92 000 t tragenden Neubau ST. VINCENT. Er läuft zwei Tage nach der

Stapellauf des MT ST. VINCENT in La Ciotat.

Die Columbus Line verbindet jetzt alle drei Küsten des nordamerikanischen Kontinents mit Australien/Neuseeland

1976

Der Tod Mao Tse Tungs wird bekanntgegeben.

Dem Landegerät der US-amerikanischen Raumsonde »Viking 1« gelingt die erste weiche Landung auf dem Mars.

Ein ungewöhnlicher Anblick, aus einem Tanker ist ein Schaftransporter geworden.

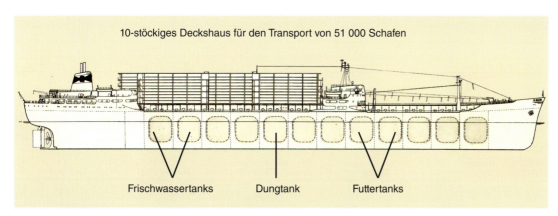

10-stöckiges Deckshaus für den Transport von 51 000 Schafen

Frischwassertanks   Dungtank   Futtertanks

Übernahme zu seiner Jungfernreise nach Libyen aus, um von dort 65 000 t Rohöl zur US-Atlantik-küste zu bringen.

Im Rahmen ihres Europa – Südpazifik-Dienstes richtet die Hamburg Süd ab Mitte Juli einen neuen Liniendienst ein, der Australien mit der Karibik verbindet. Mit zunächst zwei Schiffen wird alle sechs Wochen eine Abfahrt geboten. Mit dem Einsatz eines dritten Schiffes Ende des Jahres wird die Abfahrtsdichte auf vier Wochen verkürzt. Wenig später wird der Dienst auch auf

den US-Golf ausgeweitet. Damit verbindet die Columbus Line jetzt alle drei Küsten des nord-amerikanischen Kontinents mit Australien/ Neuseeland.

Die Reederei beginnt mit dem Verkauf ihrer Kühl-schiffe der POLAR-Klasse. Den Anfang machen POLAR ECUADOR und POLAR ARGENTINA, 1977 folgen POLAR BRASIL und POLAR PARAGUAY sowie schließlich 1978 POLAR COLOMBIA und POLAR URUGUAY. Alle Schiffe werden in sechs- bzw. fünfjährige Rückcharter genommen.

Die Containerisierung schreitet auch im Südpazifik voran

1977 Der monatliche Vollcontainerdienst nach Noumea (Neukaledonien) wird im Februar auf Papeete (Tahiti) ausgeweitet. Erstes Schiff ist die COLUMBUS CANADA (531 TEU).

Die Hamburg Süd unterstützt das Königreich Tonga bei der Entwicklung seiner Schifffahrt und eines Ausbildungsprogramms für Seeleute. Dazu wird im Mai die Shipping Corporation of Polynesia mit Sitz in der Hauptstadt Tongas, Nuku Alofa, gegründet. Die Majorität dieses Unternehmens liegt bei der Regierung von Tonga. Die Hamburg Süd zeichnet hauptsächlich für das Management verantwortlich.

Bundeskanzler Helmut Schmidt besucht am 19. November die Hamburg Süd und führt Gespräche mit der Geschäftsleitung und dem Betriebsrat.

Am Schuppen 80/81 im Hamburger Hafen wird eine erste Containerbrücke in Betrieb genommen.

Eine Sondermarke der Deutschen Bundespost erinnert an die CAP POLONIO.

Noch vor Jahresende werden fünf neue Schiffe geordert, und zwar zwei 480 000-cbf-Kühlschiffe bei den Flenderwerken in Lübeck und drei 628-TEU-Containerschiffe bei der AG »Weser« Seebeckwerft in Bremerhaven. Damit folgt die Reederei dem schon vor Jahren eingeschlagenen Kurs antizyklischen Verhaltens. Mit der Auftragsvergabe soll auch zur Stabilisierung der kriselnden deutschen Schiffbauindustrie beigetragen werden.

Mit der Auftragsvergabe an deutsche Werften, hier die POLAR COSTA RICA vor ihrem Stapellauf, soll auch der deutschen Schiffbauindustrie in schwerer Zeit eine notwendige Unterstützung gegeben werden.

Eine besonders enge Verbindung der Hamburg Süd besteht zu dem Königreich Tonga

1978 Im November informiert sich Bundespräsident Walter Scheel während seines Staatsbesuches in Neuseeland auch auf der im Hafen von Auckland liegenden COLUMBUS NEW ZEALAND (Bj. 1971, 19 146 BRT, 1187 TEU).

In der Levantefahrt kommt es im Dezember zur Einrichtung des NECOL-Dienstes. NECOL steht für Near East Container Lines. Es werden Containerschiffe eingesetzt, die aber keineswegs die konventionellen Angebote ersetzen, sondern sie nur ergänzen sollen. Alle eingesetzten Containerschiffe verfügen über bordeigenes Ladegeschirr, da viele der bedienten Häfen mit der Entwicklung noch nicht Schritt gehalten haben.

Am 31. Dezember rettet die CAP SAN DIEGO im Atlantik westlich von Lissabon sieben Schiffbrüchige des in Seenot geratenen zypriotischen Kümos DECIMUM.

1979 Mit der POLAR HONDURAS und POLAR COSTA RICA werden von der Lübecker Flender Werft zwei weitere Kühlschiffsneubauten übernommen. Beide sind mit 9996 BRT vermessen und erreichen eine Geschwindigkeit von 22 Knoten.

Im Fahrtgebiet Europa – Neuseeland kommt es zu einer engen Zusammenarbeit mit der britischen ACT-Gruppe.

Mitte des Jahres wird am Terminal 80/81 in Hamburg eine Containerbrücke für die Abfertigung von Vollcontainerschiffen in Betrieb genommen. Sie ist 56 Meter hoch, hat eine Tragfähigkeit von 43 Tonnen bei maximaler Auslage von 35 Metern am Haken und 35 Tonnen unter dem Spreader.

Am 23. November tauft die Königin von Tonga, Halavevalu Mata'aho, ein rund 5536 Tonnen tragendes Ro/Ro-Containerschiff auf den Namen FUA KAVENGA. Während der anschließenden Gästefahrt übernimmt König Taufa'ahau

Tupou IV. den Neubau von der Hamburger Sietas Werft. Es handelt sich dabei um ein Schwesterschiff des am 17. Oktober ebenfalls von der Sietas Werft gelieferten Ro/Ro-Containerschiffes FORUM SAMOA. Beide Schiffe sind im Rahmen eines Entwicklungshilfeprojektes der Bundesregierung für Tonga und West Samoa gebaut worden. Das Projekt wurde von der Hamburg Süd in enger Abstimmung mit dem Bundesministerium für wirtschaftliche Zusammenarbeit, dem Auswärtigen Amt und der Kreditanstalt für Wiederaufbau betreut. Eigner der Schiffe sind die South Pacific Forum Lines, das Management liegt bei der Columbus Overseas Service Pty.

Mit der Übernahme der COLUMBUS QUEENSLAND (1200 TEU, 596 Kühlcontaineranschlüsse) am 6. Dezember als letztem Schiff einer Dreierserie von der AG »Weser« Seebeckwerft – es ist das elfte Vollcontainerschiff der Reederei – wird der Flottenausbau der Columbus Line vorerst abgeschlossen.

Auf dem Weg zur Taufe des Neubaus FUA KAVENGA. Im Bild vorn der König des Inselreiches, ganz rechts Dr. Henry de la Trobe und neben ihm die Taufpatin.

Die in Zeitcharter fahrende POLAR ARGENTINA glänzt mit einer Rekordreise

1980 Der Europa/Südpazifik-Dienst wird gemeinsam mit der britischen Bank Line betrieben.

Am 25. Januar verstirbt Herbert Amsinck – seit 1934 Mitglied des Vorstandes und seit Ende 1967 des Beirates der Reederei.

Am 22. Februar um 19.12 Uhr beendet das in Zeitcharter der Hamburg Süd fahrende Kühlschiff POLAR ARGENTINA (5623 BRT) eine Rekordreise. In 72 Tagen, 15 Stunden und 24 Minuten hat das Schiff 25 897 Meilen zurückgelegt und dabei einmal den Erdball umrundet. Die Reise begann am 12. Dezember 1979 um 3.48 Uhr in Puerto Bolivar (Ecuador) und führte via Panama-Kanal, Suez-Kanal, Jeddah, Kuwait, Dubai, Singapur, Inchon, Nagoya, Yokohama und Manta wieder zurück nach Guayaquil in Ecuador. Die POLAR ARGENTINA

war auf der Strecke von Ecuador zum Persischen Golf mit Bananen, und von Japan zur Westküste Südamerikas mit Autos beladen. Die reine Seezeit betrug für die Erdumrundung 55 Tage, 15,3 Stunden und die Durchschnittgeschwindigkeit lag bei 19,39 Knoten. Dabei war das Schiff von Ecuador bis zum Persischen Golf sogar mit einer reduzierten Geschwindigkeit gefahren.

Der seit mehr als zehn Jahren unter der Flagge der Columbus-Line regelmäßig betriebene südgehende Pazifik-Liniendienst nach Tahiti und Neukaledonien wird ab März nach Samoa, Fiji, Tonga, Papua-Neuguinea sowie Solomon Islands erweitert. Gleichzeitig wird ein nordgehender Verkehr vom Südpazifik nach Europa ins Leben gerufen. Eingesetzt werden zunächst die beiden 1976 in Brasilien gebauten

Die POLAR ARGENTINA absolvierte eine Rekordreise.

Auch in der Fahrt zur Ostküste Südamerikas beginnt die Containerisierung

Die 1975 in Kherson gebaute SANTA RITA ist 1979 in Lübeck zu einem Containerschiff mit eigenem Geschirr umgebaut und in COLUMBUS TARANAKI, 1980 in MONTE OLIVIA umbenannt worden.

Mehrzweckfrachter SANTA INES und SANTA TERESA (9158 BRT). Die erste Abfahrt bietet die SANTA TERESA am 20. März ab Rotterdam.

Auch in der Fahrt zur Ostküste Südamerikas beginnt die Containerisierung. Eingesetzt werden die 1975/76 in Kherson gebauten MONTE OLIVIA (ex SANTA RITA, COLUMBUS TARANAKI) und MONTE SARMIENTO (ex SANTA ROSA, COLUMBUS TASMANIA), die eigens für den Containertransport umgebaut worden sind und nun eine Stellplatzkapazität von jeweils 750 TEU bieten. Sie erreichen eine Geschwindigkeit von 18,5 Knoten und sind mit bordeigenem Ladegeschirr ausgerüstet, um sie von den weitgehend noch unzureichenden Hafenfazilitäten unabhängig zu halten. Am 10. April wird mit der MONTE SARMIENTO ab Buenos Aires der neue Dienst eröffnet. Geboten werden neben dem beibehaltenen konventionellen Dienst mit den beiden Containerschiffen zunächst Abfahrten alle drei Wochen.

Das Königreich Tonga hat bei der Rolandwerft in Bremen ein Ro/Ro-Passagier-Landungsfahrzeug zur Ablieferung Juli nächsten Jahres in Auftrag gegeben. Consultant für dieses Projekt ist wiederum die mit diesem pazifischen Königreich besonders verbundene Columbus Line. Das 250 tdw tragende Schiff kann 330 Tagespassagiere befördern sowie 10 Fahrgäste in fünf Doppelbettkabinen. Der Neubauauftrag erfolgt im Rahmen des Entwicklungsprogramms der Bundesregierung, das außer diesem Schiff die bereits im vergangenen Jahr abgelieferten Ro/Ro-Containerschiffe FORUM SAMOA und FUA KAVENGA sowie die Errichtung einer Seemannsausbildungsstätte in Tonga umfasst.

Im Verlauf der Pressekonferenz zur Bilanz 1979 stellt Rudolf August Oetker seinen Sohn August vor und teilt dessen Berufung in die Gruppenleitung mit. Vom nächsten Jahr an, wenn er 65 Jahre alt geworden sei und 40 Jahre in strenger Pflicht gestanden habe, werde er sich »behutsam aus den Tagesgeschäften zurückziehen«, erklärte er. Die Übertragung der Verantwortung auf die jüngere Generation solle bewusst Schritt für Schritt erfolgen.

Die MONTE ROSA ist der erste Containerschiffsneubau für den Südamerika – Ostküstendienst

1981 Die Hamburg Süd wird wieder in eine Kommanditgesellschaft (KG) umgewandelt mit der Fa. Dr. August Oetker, Bielefeld, als Komplementär. Rudolf-August Oetker zieht sich, wie angekündigt, aus dem Tagesgeschäft zurück und wird alleiniger Kommanditist und Vorsitzender des Beirates. Sein Sohn, Dr. h.c. August Oetker, tritt als persönlich haftender Gesellschafter in das Unternehmen ein.

Mit der von der Seebeck Werft in Bremerhaven gebauten MONTE ROSA (21 863 BRT), die eine

Linke Seite: Auf der zur A.G. Weser gehörenden Seebeck Werft in Bremerhaven wird der Neubau 1029 sorgfältig für den Stapellauf vorbereitet. Er wird auf den Traditionsnamen MONTE ROSA getauft und ...

Stellplatzkapazität von 1185 TEU bietet, kommt der erste Containerschiffsneubau der Hamburg-Süd für den Südamerika-Ostküstendienst in Fahrt. Es folgt 1982 die MONTE CERVANTES, ebenfalls von Seebeck.

1982 Der Deutsche Bundestag nimmt einstimmig eine Entschließung an, mit der er sich zu einer den internationalen Handelsinteressen der Bundesrepublik Deutschland dienenden nationalen Handelsflotte bekennt.

Das 1969 beschlossene Internationale Schiffsvermessungs-Übereinkommen tritt in Kraft. Die Vermessung der Schiffe wird nun nicht mehr in BRT, sondern nach einer neuen Berechnungsformel in BRZ (englisch GT = Gross Tons) angegeben.

... gleitet danach problemlos in sein künftiges Element.

Die MONTE ROSA läuft zu einem spätere Zeitpunkt heimkehrend von Südamerika in Hamburg ein.

Australische und neuseeländische Gewerkschaften boykottieren Schiffe der Columbus Line

In Australien und Neuseeland kommt es wiederholt zu Boykottaktionen von Gewerkschaften gegen Schiffe der Columbus Line, die für die Reederei hohe Kosten verursachen. Die Übergriffe sollen dazu dienen, der Forderung der Gewerkschaft Nachdruck zu verleihen, die Schiffe unter australische bzw. neuseeländische Flagge zu verbringen und die deutschen Besatzungen gegen australisches bzw. neuseeländisches Bordpersonal auszutauschen. Es bedarf großer Anstrengungen, auch auf Regierungsebene, diese Konflikte beizulegen. Dazu beigetragen haben sicher auch vom Gesamtbetriebsrat der Hamburg Süd initiierte Gegendemonstrationen auf deutscher Seite.

1983 Einrichtung eines Container-Gemeinschaftsdienstes nach Südamerika mit CMB, Belgien, Havenlijn, Niederlande, und SEAS, Frankreich.

Am 5. April gelingt es der Besatzung des Containerschiffes COLUMBUS CALIFORNIA im Sturm vor Australien vier Personen von der australischen Yacht INTEGRITY zu retten. Dabei zeichnete sich besonders der Matrose Heisch aus, als er außenbords von einem Netz aus einem der geschwächten Schiffbrüchigen an Bord half. Manfred Heisch und Kapitän Hans-Joachim Schneekloth erhalten eine besondere Auszeichnung der Deutschen Gesellschaft zur Rettung Schiffbrüchiger (DGzRS).

1984 Im Herbst übernimmt die Hamburg Süd die Anteile des bisherigen DNOL-Partners Transmarin GmbH, womit ihr Gesamtanteil an diesem Zusammenschluss auf 60 Prozent wächst.

Der Südpazifik-Dienst wird mit angekaufter eigener Tonnage unter der Flagge Samoas betrieben, MS TAMAITAI SAMOA (Bj.1970, 10 549 BRT) und TAUSALA SAMOA (Bj 1969, 10 543 BRT). Die Schiffe werden mit Unterstützung des Entwicklungshilfeministeriums auch als Ausbildungsschiffe für einheimische Seeleute genutzt.

Die COLUMBUS AMERICA (Bj. 1971, 19 146 BRT, 1187 TEU) rettet am 23. November drei kanadische Fischer von ihrem Boot MISTY BLUE 2.

Mit dem Verkauf der CAP SAN MARCO endet die Ära der berühmten CAP SAN-Schiffe

1985 Die Deutsche Orient-Linie GmbH scheidet als Mitglied der DNOL aus. Auch ihre Anteile übernimmt die Hamburg Süd.

Im April wird mit dem MS CAP SAN MARCO (Bj. 1961, 9828 BRT) das letzte der berühmten CAP SAN-Schiffe außer Dienst gestellt und verkauft. Das Schiff war 23 Jahre und drei Monate unter der Flagge der Hamburg Süd in Fahrt. Dabei hat es 1,9 Mio. Seemeilen (rund 3,5 Mio. Kilometer) zurückgelegt, was in etwa 875 Erdumrundungen entspricht und fast neunmal der Entfernung von der Erde zum Mond. Dabei wurden mehr als zwei Millionen Tonnen Ladung befördert und annähernd 2500 Passagieren höchsten Komfort in der gelockerten Atmosphäre eines dafür exzellent ausgestatteten Frachtschiffes geboten.

Die Mathias-Thesen-Werft in Wismar liefert im Mai mit den MS SANTA RITA und SANTA ROSA zwei 16794-BRZ-OBC-Carrier, die auch über eine Stellplatzkapazität von 863 TEU verfügen. Der Einsatz der Schiffe erfolgt unter Liberia-Flagge zunächst in der Südamerika-Fahrt.

Im Sommer bzw. im Herbst erfolgt die Übernahme der beiden vor rund vier Jahren bei der EMAQ-Werft in Brasilien bestellten Bulkcarrier BAHIA (22 383 BRZ) und OLINDA (22 466 BRZ), die im Herbst gleichen Jahres an die DDR verkauft und nach Umbau im Frühjahr 1986 als MAXHÜTTE und STASSFURT übergeben werden.

Am 28. August werden mehr als 1500 Briefe an Freunde und Kunden der Columbus Line in aller Welt von den Pitcairn-Inseln verschickt, und zwar versehen mit einer an diesem Tage neu herausgegebenen 50-Cent-Briefmarke, auf der das Containerschiff COLUMBUS LOUISIANA (Bj. 1979, 19 193 BRT, 1211 TEU) der Columbus Line abgebildet ist.

Die unter der Flagge Samoas fahrende TAMAITAI SAMOA wird auch als Ausbildungsschiff genutzt.

Mit der CAP SAN DIEGO setzt Hamburg einer außergewöhnlichen Schiffsklasse ein Denkmal

1986 Columbus Line und Bank Line bieten mit ihrem durch den Suez-Kanal nach Papua-Neuguinea betriebenen Dienst auch direkte Abfahrten nach Jakarta und Surabaya in Indonesien.

Die 1970/71 von der Howaldtswerke-Deutsche Werft AG in Hamburg gebauten Containerschiffe COLUMBUS NEW ZEALAND, COLUMBUS AUSTRALIA und COLUMBUS AMERICA (alle 19 146 BRT, 1187 TEU) werden auf ihrer Bauwerft wegen zu hohen Treibstoffverbrauchs von Turbinen- auf Motorantrieb umgerüstet.

Die Hamburg Süd und die Hapag-Lloyd AG beschließen im November eine weitgehende Zusammenarbeit, um dem zunehmenden internationalen Wettbewerb besser begegnen zu können. Danach übernimmt die Hapag-Lloyd AG mit ihrer Inlandorganisation die Vertretung des Südamerika-Ostküstendienstes der Hamburg Süd für Westeuropa. Die Hamburg Süd übernimmt dagegen den Südamerika-Ostküstendienst der Hapag-Lloyd AG und stellt ihre Abfahrten zwischen Europa und Indonesien ein, die als Way-Ports im Südpazifik-Dienst bedient worden sind.

Die CAP SAN DIEGO als Museumsschiff an der Hamburger Überseebrücke.

Die Hamburg Süd gelangt durch weiteren Ankauf in den Vollbesitz der Deutschen Nah-Ost-Linien

Nachdem auch die Bremer Nah-Ost-Linie als letzter Partner in der DNOL ihren 20-prozentigen Anteil veräußern will, übernimmt die Hamburg Süd auch diesen und gelangt damit am 6. Dezember in den Vollbesitz der Deutschen Nah-Ost-Linien.

Der Hamburger Senat erwirbt von chinesischen Abbrechern die CAP SAN DIEGO (Bj. 1961, 9850 BRT), das letzte noch existierende Schiff der berühmten CAP SAN-Klasse. Es trifft am 31. Oktober in Hamburg ein, wird mit Platz an der Überseebrücke als Museumsschiff hergerichtet und 1988 der Stiftung Hamburger Admiralität übertragen. Die CAP SAN DIEGO wird von einer ehrenamtlich tätigen Besatzung betreut und von ihr soweit wieder hergestellt, dass sie sogar gelegentlich bei besonderen Anlässen wieder Fahrten bis Cuxhaven bieten kann.

1987 In Partnerschaft mit der niederländischen Reederei van Nievelt Goudriaan & Co. wird die Europe-Paraguay Line erworben, die einen konventionellen Liniendienst zwischen Europa und Paraguay betreibt. Anfang 1990 geht die Linie ganz auf die Hamburg Süd über.

Mitte des Jahres richtet die Columbus Line nach achtzehnjähriger Pause wieder einen Dienst zwischen der Ostküste Nordamerikas und der Ostküste Südamerikas ein. Der neue Dienst wird am 5. Juni mit der Abfahrt des gecharterten MS COLUMBUS OLIVOS (10 733 BRZ) von New York nach den Haupthäfen Brasiliens, Uruguays und Argentiniens eröffnet. Es folgt die ebenfalls gecharterte COLUMBUS ONTARIO (9184 BRZ).

1988 Zusammen mit der britischen Bank Line eröffnet die Hamburg Süd den Asia South Pacific-Dienst zwischen Südostasien und Indonesien/Papua-Neuguinea.

Die Columbus Line richtet einen Dienst Westaustralien-Südostasien/Fernost ein.

Mit der britischen Blue Star Line Ltd. als Partner wird der Star Reefers Pool mit Sitz in London gegründet. Star Reefers nimmt seine Tätigkeit am 1. Januar folgenden Jahres auf und setzt zunächst etwa 25 Kühlschiffe mit Größen zwischen 340 000 und 610 000 cbf ein.

Ab Mitte des Jahres betreibt die Hamburg Süd gemeinsam mit den Deutschen Afrika-Linien (DAL) die Deutsche Schiffahrts-Agentur (DAS), die die Aufgaben der Hanseatischen Seeverkehrsgesellschaft m.b.H. übernimmt, und Trans Europe Container Operators (TECO), die sich mit der Ladungsakquisition im Inland bzw. mit der operationellen Abwicklung der Containertransporte befassen.

Dr. John Henry de la Trobe scheidet als Sprecher der Geschäftsführung aus und wird Vorsitzender des Beirates der Reedereigruppe Hamburg Süd.

Die in Langzeitcharter in der Levantefahrt eingesetzte KALYMNOS, 6659 BRT, bietet Stellplätze für 541 Container.

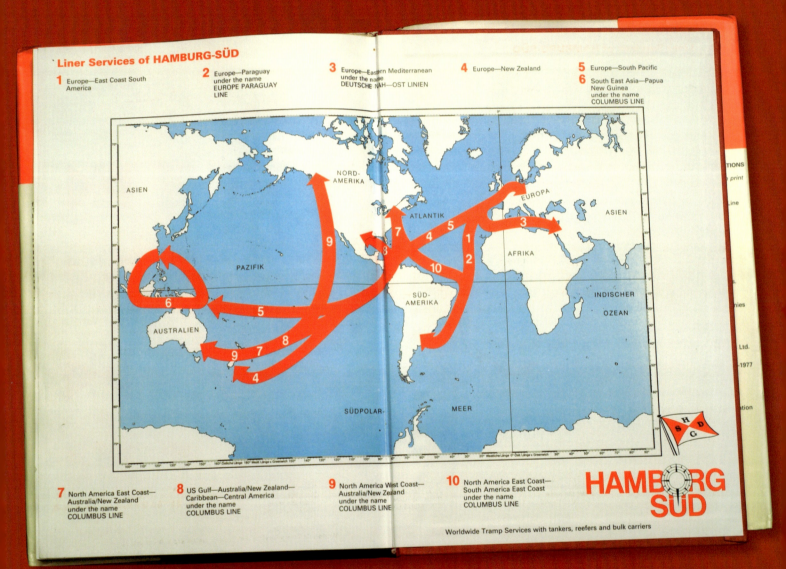

Ausdehnung der Liniendienste im Jahr 1989.

Mit der Übernahme von Ybarra Sud beginnt der Einstieg in die Mittelmeer-Südamerika-Ostküstenfahrt

1989 Horst Schomburg wird mit Wirkung vom 1. Januar Sprecher der Geschäftsführung.

Horst Schomburg Am 8. September 1929 in Hamburg geboren, macht Horst Schomburg nach seinem Abitur 1949 eine kaufmännische Lehre bei der Esso AG, für die er später als Bezirksleiter in Schleswig-Holstein tätig wird. Am 8. Dezember 1954 tritt Horst Schomburg in die für die Hamburg Süd tätige brasilianische Schifffahrtsagentur L. Figueiredo, Fischer, Renlingen in Santos ein, die 1958 von der Hamburg Süd übernommen und in Hamburg Süd Agencias Maritimas S.A. umfirmiert wird. 1960 übernimmt er die Leitung dieser Agentur.

Am 1. Januar 1966 kehrt Horst Schomburg nach Hamburg zurück, wird Mitglied der Geschäftsführung und am 1. Januar 1989 deren Sprecher. Als solcher ist er gleichzeitig verantwortlich für den Schifffahrtsbereich in der Gesamtleitung der Oetker-Gruppe. Zum Jahresende 1994 scheidet er aus dem aktiven Geschäft aus und übernimmt den Vorsitz des Beirates der Reedereigruppe bis 1995.

Die Hamburg Süd bestellt für ihre DNOL zwei Containerschiffe bei der Warski-Werft in Stettin (Stettiner Werft). Die Schiffe erhalten Stellplätze für 1012 TEU, 90 Kühlcontaineranschlüsse und zwei 38-t-Kräne als Decksgeschirr. Die Geschwindigkeit beträgt 17,5 Knoten. Sie erhalten die Traditionsnamen KAIRO und ANKARA. Während die KAIRO noch für die Hamburg Süd/DNOL vom Stapel läuft und dann an die Projex-

Schiffahrtsgesellschaft, Hamburg, verkauft wird, geht die ANKARA gleich für diese zu Wasser. Beide Neubauten treten nach ihrer Ablieferung 1992 eine Charter bei der Hamburg Süd/DNOL an.

Mit Wirkung vom 9. Mai werden alle im deutschen Schiffsregister eingetragenen und die deutsche Flagge führenden Schiffe der Reederei in das neue deutsche Zusatzregister eingetragen. Die Umstellung soll behutsam und sozialverträglich geschehen.

Es werden 49 Prozent Anteile der spanischen Linie Ybarra y Cia Sudamerica SA erworben, womit der Einstieg in die Mittelmeer – Südamerika-Ostküstenfahrt gelingt.

Übernahme des bei den Lübecker Flenderwerken gebauten Containerschiffes CAP TRAFALGAR, dem 1990 und 1991 noch die CAP POLONIO und die CAP FINISTERRE folgen. Die mit ca. 29 800 BRZ vermessenen Neubauten haben eine Stellplatzkapazität von ca. 2000 TEU und sind die zur Zeit größten im Verkehr zwischen Europa und der Ostküste Südamerikas eingesetzten Containerschiffe.

1989

Im August beginnt die Massenflucht von DDR-Bürgern über Ungarn und Österreich. Am 4. September fordern Tausende mit einer ersten »Montagsdemonstration« größere Reisefreiheit. Am 7. Oktober erklärt Michael Gorbatschow während der 40-Jahr-Feier der DDR in Ost-Berlin: »Wer zu spät kommt, den bestraft das Leben!« und am 9. November fällt die »Berliner Mauer«. Damit beginnt die Wiedervereinigung Deutschlands.

Der in der Levantefahrt eingesetzte Neubau KAIRO hat eine Stellplatzkapazität von 1012 TEU.

Mit weiteren Übernahmen wird die Marktpräsenz in mehreren Segmenten gestärkt

1990 Im Januar wird von der holländischen Reederei van Nievelt Goudriaan & Co. B.V., Rotterdam, die Rotterdam-Zuid Amerika Lijn (RZAL) und die zu ihr gehörende Havenlijn erworben. Sie trägt mit ihrem Ostküstendienst zu einer weiteren Stärkung des Marktanteils der Hamburg Süd in diesem wesentlichen Fahrtgebiet bei.

Infolge des anhaltenden Umschlagwachstums verlegt die HHB – Hanseatische Hafenbetriebsgesellschaft am 1. Oktober ihren gesamten Umschlagbetrieb an den Terminal O'Swaldkai.

Das Containerschiff CAP POLONIO (29 739 BRZ) rettet am 4. Oktober auf seiner Jungfernreise nördlich von Madeira zehn Besatzungsmitglieder des in Funchal beheimateten Fischkutters MADALENA DO MAR, der eine Schraube verloren hat und Wasser macht. Nach Abbergung der Fischer wird der Kutter in Schlepp genommen und nach Funchal eingebracht.

Im Oktober wird die britische Furness Withy Group übernommen. In ihr sind Houlder Bros., Royal Mail Lines, Manchester Liners, Price Line,

CAP POLONIO, 29 739 BRZ, 1960 TEU

In Lübeck läuft als letzter von drei Containerschiffsneubauten die CAP FINISTERRE vom Stapel

Naviera Interamericana S.A./Guayaquil und die seit über hundert Jahren in der Südamerikafahrt bedeutende Pacific Steam Navigation C. (PSNC) zusammengeschlossen. Diese Übernahme verschafft auf einen Schlag viele Vorteile: Mit ihr gelingt der Eintritt in den Verkehr zwischen Großbritannien und der Ostküste Südamerikas, mit der Royal Mail Lines darüber hinaus die Etablierung im karibischen Raum und der Ostküste Mittelamerikas sowie mit der PNSC in der Westküstenfahrt. Dieses alles wird ohne jegliche Konkurrenzkämpfe allein durch die Übernahme

der Rechte der dort schon lange aktiven Reedereien erreicht.

Ebenfalls im Oktober kommen die Columbus Line und die Bank Line, London, überein, ihren Gemeinschaftsdienst in der Europa-Südpazifikfahrt zu beenden. Die Columbus Line führt ihren Europa-Südpazifikdienst im Rahmen eines Slotcharterabkommens mit der Compagnie Générale Maritime, Paris, fort.

Als letzter der drei Lübecker Neubauten läuft die CAP FINISTERRE vom Stapel. Dass dieser so gut gelungen war, erfreut den Eigner, Richard August Oetker, sichtlich.

Die Ausbildung des seemännischen Nachwuchses hat, wie schon immer, hohe Priorität

Spleißen, notwendige seemännische Handarbeit. Unterrichtung an der Ankerbremse.

Fachmännisch auszuführende Malarbeiten gehören selbstverständlich zur Pflege eines Schiffes.

Die Übernahme der Laser Lines erschließt wichtige skandinavische Märkte

1991 Die Übernahme der Laser Lines Ltd. AB, Stockholm, bringt eine weitere beachtliche Verstärkung im Verkehr zur Karibik, nach Zentralamerika und zur südamerikanischen Westküste. Ein weiterer Vorteil ist die mit der Übernahme erreichte verstärkte Präsenz im skandinavischen Raum.

Von der Lübecker Flender Werft wird als letztes einer Serie von drei Containerschiffen die CAP FINISTERRE (29 841 BRZ, 33 146 tdw, 1960 TEU, 18,5 Knoten) übernommen, die in ihren Einrichtungen mit einem Mehraufwand von 850 000 DM speziell als Ausbildungsschiff konzipiert worden ist. Mit diesem Schiff will die Reederei nicht nur in gewohnter Weise für den eigenen Nachwuchs Sorge tragen, sondern bewusst auch ein Zeichen setzen, denn Ausbildung zu betreiben ist in der deutschen Seeschifffahrt schon längst nicht mehr selbstverständlich, obwohl immer mehr über Nachwuchsmangel geklagt wird.

Das Ausbildungskonzept der Hamburg Süd berücksichtigt die neue Bordorganisation, die den modernen Schiffsbetrieb als technische Einheit sieht. Danach sind die vorher getrennten Bereiche »Deck« und »Maschine« zusammengefasst worden, um dem Nachwuchs die erforderliche qualifizierte Kenntnis über den Gesamtschiffsbetrieb zu vermitteln. Dementsprechend umfassend ist die Ausbildung ausgerichtet. Neben dem theoretischen Unterricht liegen die Schwerpunkte der insgesamt 30-monatigen Ausbildung in einer sechsmonatigen Praxis an Bord des Ausbildungsschiffes. Handwerkliche Schulung, Wachdienst und Sicherheitsdienst sind dabei ebenso an der Tagesordnung wie die Vermittlung von Kenntnissen im allgemeinen Maschinenbetrieb und Ladungsdienst. Auf jeder Reise der zwischen Europa und der südamerikanischen Ostküste eingesetzten CAP FINISTERRE werden zwölf Auszubildende von einem nur dafür zur Verfügung stehenden Ausbildungsoffizier mit tatkräftiger Unterstützung der

16-köpfigen Besatzung an die Seefahrt herangeführt. Die Ausbildung endet mit dem Erwerb des Facharbeiterbriefes als »Schiffsmechaniker«. Im Anschluss daran beginnen die Schiffsmechaniker ihr Studium zur Erlangung eines nautischen und technischen Patentes. Nach erfolgreichem Abschluss kehren sie mit beiden Patenten als Schiffsbetriebsoffiziere an Bord zurück.

1992 Der von der Gruppe zum Jahresende eingesetzte Schiffspark umfasst insgesamt 71 Einheiten, davon 46 Charterschiffe. Die Stellplatzkapazität der in den Liniendiensten und Kooperationen eingesetzten Flotte beträgt ca. 30 000 TEU, davon knapp 10 000 TEU für Kühlcontainer. Die Ausrichtung auf containerisierte Kühlladung spiegelt sich auch im Containerpark wider, der bei einem Gesamtbestand per Jahresende von etwa 50 000 Containern immerhin knapp 13 000 Container für den Transport von Kühlgut umfasst.

1993 Das die deutsche Schiffahrt beherrschende Thema im ersten Halbjahr ist die Privatisierung der Deutschen Seereederei, Rostock. Die Hamburg Süd macht sich dabei für ein Kooperationskonzept stark, das aber letzten Endes nicht den Zuschlag der Treuhand erhält. Es wird aber weiter sondiert, ob sich nicht dennoch Kooperationsansätze zur Stärkung der deutschen Linienschifffahrt gefunden werden können.

Die Hamburg Süd bestellt bei der brasilianischen Werft Verolme Estaleiros Reunidos do Brasil S.A. drei 69 000-tdw-Panamax Bulkcarrier (B+W-Lizenz). Die Schiffe sollen ab Ende 1995 sukzessive geliefert werden. Im folgenden Jahr wird der Auftrag noch um zwei 44 000-tdw-Handymax-Bulker erweitert.

1991–1993

1991 Helmut Kohl wird erster Bundeskanzler des wieder vereinigten Deutschlands. Der Deutsche Bundestag stimmt für Berlin als künftigen Sitz von Parlament und Regierung.

Die Staats- und Regierungschefs der Europäischen Gemeinschaft beschließen im niederländischen Maastricht die Gründung der Europäischen Union.

1992 In Rio de Janeiro wird mit der Konferenz für Entwicklung und Umwelt das größte Gipfeltreffen der Geschichte eröffnet. Die Ergebnisse bleiben jedoch stark hinter den Erwartungen zurück.

1993 Der europäische Binnenmarkt als gemeinsamer Markt ohne Binnengrenzen für Personen, Waren, Dienstleistungen und Kapital tritt in Kraft.

Ein neuer kommunikativer Auftritt verbindet große Tradition mit dem Blick auf die Zukunft

1994 Für die inzwischen stark gewachsene Unternehmensgruppe einschließlich der Beteiligungen wird ein neuer kommunikativer Auftritt geschaffen. »Gerade in der Zeit verschärfter weltweiter Rezession und fortschreitender Globalisierung der Märkte, in der sich Unternehmen zugleich einer immer kritischer werdenden Umwelt stellen müssen, wollen wir Vertrauen für unsere vielschichtige Reedereigruppe und unser Angebot auch durch ein einheitliches, zukunftsorientiertes und ebenso unserer Tradition verpflichtetes Erscheinungsbild gewinnen«, begründet die Geschäftsführung diesen Schritt. »Hamburg Süd« ist die neue gruppenübergreifende Dachmarke. Unter Beibehaltung der Traditionsfarben Rot und Weiß in der wehenden Flagge greift die Bezeichnung Hamburg Süd den bereits seit langem gebräuchlichen abgekürzten Namen der Gesellschaft auf.

»The Shipping Group« positioniert die Gruppe als ein großes, internationales Unternehmen der Schifffahrt auf der Basis einer langen und eigenständigen Tradition, eines hohen Servicestandards und einer führenden Schiffstechnologie, heißt es dazu und weiter: »Das neue Logo wird die Reedereigruppe Hamburg Süd für Mitarbeiter, Kunden, Partner und die Öffentlichkeit als ein starke, leistungsfähige, hochqualifizierte und auf die Zukunft ausgerichtete Gemeinschaft von Unternehmen der

HAMBURG SÜD

Schiffahrt und verwandter Dienstleistungen unverwechselbar machen.«

Da Umschlagbetriebe künftig nur noch bei Durchsatz hoher Volumina wirtschaftlich betrieben werden können, wird zum Jahresende der Hanseatische Hafenbetrieb einschließlich der Ewerführerei und des Kühlhauses an die Hamburger Hafen- und Lagerhaus AG verkauft.

Horst Schomburg scheidet zum Jahresende als Sprecher der Geschäftsführung aus der aktiven Geschäftsführung aus. Mit Beginn des folgenden Jahres wird er den Vorsitz im Beirat der Reedereigruppe übernehmen. Nachfolger als Sprecher der Geschäftsführung wird mit Wirkung vom 1. Januar kommenden Jahres Dr. Klaus Meves. Mit dem Eintritt von Dr. Ottmar Gast wird die Geschäftsführung zusätzlich erweitert. Dr. Gast führt als stellvertretender Sprecher der Geschäftsführung u.a. die Bereiche Logistik und EDV.

1995 Nach über 15-jähriger Pause wird am 25. April als erstem von vier Kühlschiffen gleicher Bauart durch Ankauf aus Norwegen mit der POLAR ARGENTINA wieder Kühlschiffstonnage unter die eigene Flagge genommen. Die vier mit 10 629 BRZ vermessenen, 10 600 tdw

Mit ihrem bordeigenen Geschirr sind die CAP TRAFALGAR und ihre Schwesterschiffe optimal den Bedingungen in den Häfen der Ostküste Südamerikas angepasst.

Nach langer Pause kommt erstmals wieder Kühlschiffstonnage unter die eigene Flagge

tragenden Schiffe haben jeweils eine Kühlraumkapazität von 14 360 cbm. Sie sind 1992/93 auf der Danziger Werft (Stocznia Gdanska) für eine skandinavische Investorengruppe gebaut und bis dahin von Reksten Management bereedert worden. Bis Ende Januar folgenden Jahres werden noch POLAR BRASIL, POLAR COLOMBIA und POLAR ECUADOR in die Flotte eingereiht und im Rahmen des Star Reefers-Pools eingesetzt.

Aliança und Hamburg Süd vereinbaren als die beiden bedeutendsten Linienreedereien im Nordeuropa/Südamerika-Ostküstenverkehr eine engere und langfristige Zusammenarbeit in diesem Verkehr unter dem Namen »Aliança/Hamburg Süd Agreement«.

Um der zunehmenden Bedeutung der durchgehenden Transportkette vom Versender zum Empfänger gerecht zu werden, sowie eine wesentliche Stärkung der Servicequalität und größere Kundennähe zu erreichen, wird damit begonnen, die weltweiten Absatz- und Logistikfunktionen neu zu ordnen und zu optimieren. Die operativen Zuständigkeiten werden dezentralisiert, indem eine mehrstufige Organisation mit Zentral- und Regionalfunktionen sowie verschiedenen Area-Offices aufgebaut wird. Mit Beginn des kommenden Jahres werden außerdem die Logistikaufgaben in einem eigenen Zentrum in Hamburg gestärkt, das neben den bisherigen Tätigkeiten der Equipmentsteuerung auch für die Inlandslogistik verantwortlich ist.

1994–1995

1994 Einweihung des Euro-Tunnels zwischen Frankreich und Großbritannien.

1995 Einer Concorde der Air France gelingt die Umrundung der Erde in der Weltrekordzeit von 31 Stunden, 27 Minuten und 49 Sekunden.

Dr. Klaus Meves, am 16. April 1943 in Essen geboren, hat nach dem Besuch des Gymnasiums Martino-Katharineum in Braunschweig 1963 die Reifeprüfung abgelegt und anschließend an der Technischen Hochschule Carolo-Wilhelmina in Braunschweig in den Fächern Maschinenbau, Betriebswirtschaftslehre und Volkswirtschaftslehre das Studium aufgenommen. 1965 wechselte er in das Studienfach Betriebswirtschaftslehre der Georg-August-Universität Göttingen, 1966 in das gleiche Studienfach an der Universität Hamburg. Im Mai 1969 legte er dort das Examen in Betriebswirtschaft ab, begann das Doktoranden-Studium wiederum an der Technischen Universität Carolo-Wilhelmina in Braunschweig und schloss dieses 1973 mit der Erlangung der Doktorwürde ab.
Bereits seit Februar 1973 war Klaus Meves für jeweils drei Tage in der Woche als Angestellter bei der Hamburg Süd tätig. Im Oktober 1973, nach Abschluss der Dissertation, wurde er Projektleiter in der Hauptabteilung Marketing, deren Führung er im März 1974 als Hauptabteilungsleiter übernahm. Es folgten ab März 1974 in gleicher Funktion die Hauptabteilung Planung und Analyse und ab Dezember gleichen Jahres das Frachtzentrum Südamerika als Prokurist. Am 1. Januar 1988 wurde Dr. Meves Mitglied der Geschäftsführung und am 1. Januar 1995 deren Sprecher sowie Mitglied der Gruppenleitung der Oetker-Gruppe. Unter seiner Leitung baut die Hamburg Süd ihre Dienste als Nord-Süd-Carrier stetig aus und erweitert ihr Portfolio durch den Kauf ausländischer Wettbewerber signifikant. Ebenso wird mit einem umfangreichen Neubauprogramm der Eigenanteil an der disponierten Flotte bedeutend vergrößert.

Als Sprecher der Geschäftsführung der Hamburg Süd nimmt Dr. Meves folgende Mandate wahr: Mitglied des Präsidiums des Verbandes Deutscher Reeder, Verwaltungsbeirat der Deutschen Schiffsbank AG, Beirat Nord der Deutschen Bank AG, Wirtschaftsbeirat des Germanischen Lloyd, Mitglied des Vorstandes im Lateinamerika-Verein, Mitglied des Aufsichtsrates der Neumann Gruppe GmbH, Mitglied der Deutsch-Brasilianischen Gemischten Kommission und des International Council of Containership Operators (ICCO) sowie Board Member in der European Community of Shipowners Association, der European Liner Affairs Association und des World Shipping Council.

Mit der CAP ROCA wird das bis dahin größte Containerschiff übernommen

1996 Im März wird mit der von Hapag-Lloyd angekauften CAP ROCA (ex NEW YORK EXPRESS, BERLIN EXPRESS (Bj. 1990, 35 303 BRZ) das bis dahin größte Containerschiff der Reederei übernommen. Es hat eine Stellplatzkapazität von 2640 TEU. Nachdem es entsprechend den Anforderungen des neuen Fahrtgebietes umgebaut worden war, u.a. durch die Installation von zwei 40-t-Bordkränen, wird am 1. April die erste Ausreise zur Ostküste Südamerikas geboten.

Hamburg Süd Norden AB heißt vom 1. April an die Sales-, Marketing- und Logistik-Organisation der Reedereigruppe in Stockholm. Diese Umbenennung ist ein weiterer Schritt auf dem Weg zu einem einheitlichen Corporate Image der Reedereigruppe unter der gemeinsamen Flagge Hamburg Süd. So heißt dann auch ab 9. April die Sales-, Marketing- und Logistikorganisation der Reedereigruppe in Hamburg Hamburg Süd Deutschland. Sie übernimmt unter der alten Adresse und mit der bisherigen Mannschaft alle Aufgaben der bisher zur Gruppe gehörenden Agenturen Hanseatisches Seefrachtenkontor und Nah-Ost Schiffahrtsagentur. In der zweiten Hälfte des Jahres werden dann ebenfalls die von TECO Trans Europa Container Operators GmbH für die Hamburg Süd wahrgenommenen Aufgaben in die neue Organisation Hamburg Süd Deutschland integriert.

Mit der CAP ROCA wird das bis dahin größte Containerschiff der Reederei übernommen.

International vorgeschriebene Sicherheits- und Umweltvorschriften werden vorfristig erfüllt

Ausbau des Hafens Kingston/Jamaika zum neuen Hub-Port für die Liniendienste der Hamburg Süd und Columbus Line zwischen Europa und Südamerika, Nordamerika und Australien/Neuseeland sowie Nord- und Südamerika.

Mit CAP VILANO und CAP CORRIENTES erhalten die Containerfrachter LASER STREAM (Bj. 1977, 1496 TEU) und LASER PACIFIC (Bj. 1991, 1905 TEU) der Hamburg Süd-Tochter Laser Lines typische Hamburg Süd-Namen. Die Liniendienste nach Mittelamerika und zur Westküste Südamerikas, in denen diese beiden Einheiten zum Einsatz kommen, werden künftig nicht mehr unter dem Namen Laser Lines,

sondern – wie bereits der Brasilien/La Plata-Verkehr – als Hamburg Süd betrieben.

Am 27. Juni werden der Gruppe die Zertifikate für Qualitätssicherung nach DIN EN ISO 9001 sowie für die zur Zeit noch freiwillige Sicherheitsnorm ISM (International Safety Management) überreicht. Mit dem Erwerb des ISM-Zertifikates »Document of Compliance« erfüllt die Hamburg Süd bereits jetzt die erst ab 1. Juli 2002 international vorgeschriebenen Sicherheits- und Umweltvorschriften für die Landorganisation sowie für die Schiffe.

1996

Der Rohbau der Petronas-Zwillingstürme wird als höchstes Gebäude der Welt im malaysischen Kuala Lumpur fertiggestellt.

Dreimal Hamburg Süd – Vergangenheit und Zukunft: Links die CAP SAN DIEGO als letzer »Schwan des Südatlantiks« und nunmehr als Museumsschiff im traditionellen Weiß, in der Mitte die gerade angekaufte CAP ROCA in dem unübersehbaren Rot und rechts das in Zeitcharter fahrende Kühlschiff POLAR ARGENTINA – auch bereits ein Traditionsname in diesem Segment.

»Hamburg Süd – The Shipping Group«

Eine Bestandsaufnahme zum 125-jährigen Jubiläum

Geschäftsführung:
Dr. Klaus Meves (Sprecher), Dr. Ottmar Gast,
Robert Baack, Joachim A. Konrad, Dr. Henning
Winter.

Besitzverhältnis:
Die Hamburg Südamerikanische Dampfschiff-
fahrts-Gesellschaft Eggert & Amsinck ist eine
Kommanditgesellschaft. Komplementär ist die
Firma Dr. August Oetker, Bielefeld.

**Tochtergesellschaften und
Zweigniederlassungen:**
Columbus Line (USA, Kanada, Australien,
 Neuseeland)
DNOL Deutsche Nah-Ost Linien
DSA Deutsche Schiffahrts-Agentur
Furness Withy Shipping Ltd. (UK, Australien)
Hamburg Süd Agencias Maritimas (Brasilien)
Hamburg Süd Sucursal Argentina
HAMBURG-SÜD Reiseagentur
Hamburg Süd DEUTSCHLAND
Hamburg Süd NORDEN AB
Pacific Steam Navigation Company (England,
 Chile, Peru)
Rudolf A. Oetker
Trans Europe Container Operators
Ybarra Sud (Spanien)

Mitarbeiter:
Im Jahresdurchschnitt etwa 2000, davon 500 auf
See und 1000 im Ausland.

Gesamtumsatz:
Einschließlich der Trampaktivitäten in den Jahren 1993 bis 1995 in etwa gleich bleibend
1,7 Mrd. DM p.a.

Die wichtigsten Liniendienste:
Nordeuropa/Südamerika Ostküste (Ham-
 burg Süd) – Liniendienst in Kooperation mit
 Aliança, Brasilien. Anlaufhäfen sind Rotter-
 dam, Tilbury, Hamburg, Bremen, Antwer-
 pen, Le Havre, Salvador de Bahia, Rio de
 Janeiro, Santos, Buenos Aires, Montevi-
 deo, Rio Grande, Itajai, Sao Francisco do
 Sul, Paranagua, Suape, Lissabon. Mit einer
 Flotte von sieben Containerschiffen mit

2640/2000/1200 TEU wird ein wöchentlicher
 Dienst geboten. Zubringerdienst: Asuncion,
 Norwegen, Schweden, Finnland.
Nordeuropa/Südamerka Westküste (Hamburg Süd) – Liniendienst im Rahmen des Euro-
 sal Konsortiums. Anlaufhäfen sind Amsterdam, Hamburg, Bremerhaven, Felixstowe,
 Antwerpen, Le Havre, Bilbao, Kingston, Cris-
 tobal, Buenaventura, Guayaquil, Paita, Callao, Arica, Valparaiso, Bahia, Malaga. Mit
 einer Flotte von sieben Containerschiffen mit
 einer Kapazität von 1900 und 2100 TEU wird
 alle zehn Tage eine Abfahrt geboten. Ergänzt
 wird dieser Dienst durch einen monatlichen
 Gemeinschaftsdienst für Stückgüter durch
 Hamburg Süd/CSAV.
Nordeuropa/Karibik/Südamerika Nordküste (Ham-
 burg Süd, Pacific Steam Navigation) – Die-
 ser Dienst wird im Rahmen des New Caribbean
 Service (NCS) durchgeführt. Anlaufhäfen sind
 Bremerhaven, Hamburg, Felixstowe, Amster-
 dam, Le Havre, Port of Spain, La Guaira, Puerto
 Cabello, Willemstad, Oranjestad, Cartagena,
 Puerto Limon, Santa Marta, Kingston. Eine
 Flotte von sechs 1500-TEU-Containerschiffen
 bietet wöchentliche Abfahrten. Zubringerdienst:
 Rio Haina, Port-au-Prince, Belize, Porto Cortez,
 Santo Tomas de Castilla.
Mittelmeer/Südamerika Ostküste (Ybarra/CGM
 Sud) – Liniendienst als Mitglied des Medecs
 Service. Anlaufhäfen sind Genua, Marseille,
 Barcelona, Cadiz, Las Palmas, Teneriffa, Valen-
 cia, Livorno, Neapel, Vitoria, Rio de Janiro, San-
 tos, Buenos Aires, Montevideo, San Francisco
 do Sul, Rio Grande Salvador. Eingesetzt wer-
 den vier Containerschiffe mit 1000/1200 TEU,
 die zehntägliche Abfahrten bieten.
Ostküste USA/Ostküste Südamerika (Colum-
 bus Line) – Gemeinschaftsdienst von Columbus Line und Aliança in Zusammenarbeit mit
 Ivaran Lines. Anlaufhäfen sind New York, Philadelphia, Baltimore, Norfolk, Jacksonville,
 Miami, Rio de Janeiro, Santos, Buenos Aires,
 Montevideo, Imbituba, Salvador, Fortaleza.

Weite Wege müssen die Hamburg Süd-Container auf den Straßen zurücklegen. Hier werden in einem Kühlcontainer Trauben in Brasilien transportiert.

Eingesetzt wird eine Flotte von zehn Containerschiffen mit 750/1300 TEU.

Nordamerika Westküste/Südamerika Westküste (Columbus Line) – Gemeinschaftsdienst von Columbus Line, FMG und CSAV. Anlaufhäfen sind Callao, Buenaventura, Los Angeles, San Francisco, Vancouver, Seattle, Iquique, San Antonio. Drei Containerschiffe mit je 750 TEU bieten alle 17 Tage eine Abfahrt.

Nordamerika Ostküste/Australien/Neuseeland (Columbus Line) – Gemeinschaftsdienst von Columbus Line und Blue Star Lines. Anlaufhäfen sind Melbourne, Sydney, Auckland, Brisbane, Port Chalmers, Wellington, Philadelphia, Norfolk, Jacksonville, Houston, Kingston. Acht Containerschiffe mit 1200/1300 TEU bieten neuntägliche Abfahrten.

Nordamerika Westküste/Australien/Neuseeland (Columbus Line) – Gemeinschaftsdienst von Columbus Line und Blue Star Lines. Anlaufhäfen sind Sydney, Melbourne, Auckland, Wellington, Suva, Honolulu, Seattle, Oakland, Los Angeles. Sechs Containerschiffe mit 1200/1400 TEU bieten alle neun Tage eine Abfahrt.

Nordeuropa/Australien/Neuseeland und Südpazifik. Diese Region bedient die Hamburg Süd im Rahmen einer Slotchartervereinbarung mit P & O und CGM.

Nordeuropa/Mittelmeer/Nahost (Deutsche Nah-Ost Linien/DNOL) – Gemeinschaftsdienst von DNOL, DSR-Senator, Ellerman/KNSM. Anlaufhäfen sind Felixstowe, Hamburg, Rotterdam, Antwerpen, Tunis, Alexandria, Port Said, Beirut, Tartous, Mersin, Istanbul, Saloniki, Izmir, Salerno. Vier Containerschiffe mit 1600/1700 TEU bieten alle neun Tage eine Abfahrt.

Rudolf A. Oetker Trampdienst: Neben den Liniendiensten betreibt die Hamburg Süd-Gruppe verschiedene Trampaktivitäten unter dem Namen der Reederei Rudolf A. Oetker. Disponiert werden Trockenfrachter (Bulkcarrier), Tanker und Kühlschiffe. Die Trampaktivitäten erbringen etwa 35 Prozent des Gruppenumsatzes.

Der Star Reefers Pool, ein Joint Venture mit Blue Star Lines, operiert etwa 35 konventionelle Kühlschiffe. Star Reefers gehört zu den größten unabhängigen Kühlschiffsgruppierungen weltweit.

Die Trockene Fahrt (Massengut) wird in Hamburg, London und Melbourne bearbeitet. Die Schiffe sind hauptsächlich zwischen Europa und Südamerika, Nordamerika und Südamerika sowie von und nach Australien im Einsatz.

Produktentanker sind zur Zeit hauptsächlich im Fernen Osten eingesetzt.

Mit einer Flotte von eigenen und gecharterten Schiffen
disponiert die Hamburg Süd ca. 1 000 000 tdw

CAP POLONIO, 1960 TEU

CAP FINISTERRE, 1960 TEU

COLUMBUS QUEENSLAND, 1182 TEU

DARWIN, 54 158 tdw

ANCON, 3640 tdw

POLAR ARGENTINA, 10 588 tdw

Eine Dauerausstellung auf dem Museumsschiff CAP SAN DIEGO zeigt die Geschichte der Reederei auf

Die Flotte

Die Hamburg Süd beschäftigt rund 60 eigene und gecharterte Schiffe mit einer Gesamttonnage von ca. 1 000 000 tdw. Die Flotte eigener Schiffe besteht aus:

I. Containerschiffe

Schiffsname	Baujahr	tdw	TEU
COLUMBUS NEW ZEALAND	1971	22 440	1187
COLUMBUS AUSTRALIA	1971	22 440	1187
COLUMBUS AMERICA	1971	22 440	1187
COLUMBUS VICTORIA	1979	23 165	1211
COLUMBUS QUEENSLAND	1979	24 320	1182
COLUMBUS CANADA	1979	22 995	1189
COLUMBUS CANTERBURY	1981	23 520	1189
COLUMBUS CALIFORNIA	1982	23 520	1157
CGM MAGELLAN	1984	37 043	1902
CAP CORRIENTES	1984	34 680	1905
CAP TRAFALGAR	1989	33 216	1960
CAP POLONIO	1990	33 205	1960
CAP FINISTERRE	1991	33 146	1960
CAP ROCA	1991	42 221	2640
14 Schiffe mit		398 351	21 816

II. Gastanker

Schiffsname	Baujahr	tdw
AYANGUE	1968	3640
ANCON	1969	3640
DARWIN	1977	54 158
Drei Schiffe mit		61 438

III. Kühltonnage

Schiffsname	Baujahr	tdw	cft*
POLAR ARGENTINA	1992	10 588	523 653
POLAR BRASIL	1992	10 588	523 044
POLAR COLOMBIA	1992	10 588	523 178
POLAR ECUADOR	1992	10 629	523 178
POLAR URUGUAY	1993	10 629	536 501
POLAR CHILE	1993	10 629	531 160
Sechs Schiffe mit		63 651	3 163 714

*Kubikfuß

Dazu noch ein Beispiel für die Leistungsstärke: In den vorangegangenen 25 Jahren haben sich die Transporte der Hamburg Süd im Bereich Liniendienste, Trockene Trampfahrt (nur Reisecharter), Produkten- und Kühlschifffahrt von rund 5 auf 16,1 Mio. Frachttonnen p.a. mehr als verdreifacht.

Für Pünktlichkeit und Zuverlässigkeit steht beispielhaft die 1971 in Dienst gestellte COLUMBUS NEW ZEALAND (1200 TEU): Sie legte bis Juni dieses Jahres auf ihrer Route zwischen der US-Ostküste und Australien/Neuseeland auf 122 Rundreisen 2 928 000 Seemeilen zurück und beförderte dabei 217 160 TEU.

Aus Anlass des Jubiläums richtet die Hamburg Süd auf dem als Museumsschiff in Hamburg an der Überseebrücke liegenden MS CAP SAN DIEGO eine Dauerausstellung ein, in der die Entwicklung des Unternehmens in ihrem speziellen Fahrtgebiet Südamerika dargestellt wird.

Die Columbus Line und Blue Star Line, USA, bieten ab Mitte August den ersten regelmäßigen wöchentlichen Liniendienst zwischen der US-Westküste und Australien/Neuseeland. Gleichzeitig wird die Westküstenflotte durch die Hereinnahme eines siebten Schiffes, der COLUMBUS CANTERBURY (ex MONTE ROSA, Bj. 1982, 24 270 BRZ, 1157 TEU), vergrößert.

Ausstellungseröffnung auf der CAP SAN DIEGO anlässlich des 125-jährigen Jubiläums.

Mit der Möglichkeit, die Ladung per Internet zu buchen, startet ein neuer Kundenservice

1997 Auch an der südamerikanischen Westküste wird das Erscheinungsbild des Unternehmens vereinheitlicht und die Organisation neu strukturiert. Ab 1. Januar firmiert die Marketing-, Sales- und Logistik-Organisation in Chile als Hamburg Süd-Columbus Line Chile und in Peru als Zweigniederlassung Hamburg Süd-Columbus Line Peru. Vorher wurde die Reederei in beiden Ländern von der Pacific Steam Navigation Company vertreten.

Vor dem Hintergrund der zunehmenden Konzentration in der Weltschifffahrt haben Hamburg Süd und Hapag-Lloyd seit Ende des vergangenen Jahres Möglichkeiten einer weit reichenden Zusammenarbeit in der Container-Linienschifffahrt untersucht, um die sich daraus erwachsenden möglichen Synergieeffekte auszuschöpfen. Das Ergebnis hat zwar gezeigt, dass eine derartige Kooperation für beide Seiten mit Vorteilen verbunden gewesen wäre, dennoch entscheidet sich die Hamburg Süd-Gruppe

dafür, die unternehmerische Eigenständigkeit zu erhalten und die eigene Position als leistungsfähiger Nord-Süd-Carrier weiter auszubauen.

Am 8. November eröffnet die Hamburg Süd-Reiseagentur ihre erste Filiale in der neu gebauten Einkaufspassage des Levantehauses an der Hamburger Mönckebergstraße.

Nachdem in den vergangenen Jahren die zentrale Absatz- und Logistikorganisation neu ausgerichtet und mit größerer operativer Entscheidungsbefugnis ausgestattet worden ist, werden jetzt erste Schritte zu einer Reorganisation der Zentrale in Hamburg eingeleitet. Mit der Abschaffung der Profit-Center-Organisation sowie der Straffung von Arbeitsabläufen verringert sich die Zahl der Arbeitsplätze in Hamburg um rund 20 Prozent auf dann noch 400. Der mit dem Betriebsrat vereinbarte sozialverträgliche Personalabbau erfolgt überwiegend durch Fluktuation sowie Vorruhestandsregelungen. Im Seebetrieb wird der Austausch deutscher durch ausländische Seeleute fortgesetzt, um die Besatzungskosten auf ein international konkurrenzfähiges Niveau zu bringen.

1998 Rechtzeitig zum Jahresbeginn wird ein neuer Kundenservice gestartet: die Ladungsbuchung im Internet. Damit gehört die Hamburg Süd einschließlich der Columbus Line weltweit zu den wenigen Reedereien, die ihren Kunden via Kommunikations-Highway eine derartige Serviceleistung anbieten.

Mit Wirkung vom 1. Januar übernimmt die Hamburg Süd Argentina in Buenos Aires als eigene Sales-, Marketing- und Logistik-Organisation die restlichen noch bei der Agentur Antonio Maria Delfino S.A. Naviera y Comercial, Buenos Aires, verbliebenen Aufgaben, nachdem bereits 1995 alle kommerziellen Aktivitäten auf die Hamburg Süd Argentina übertragen worden waren.

Der Bulkcarrier SANTA ROSA, 41 363 tdw, ist auf der Varna Shipyard gebaut worden.

Die Hamburg Süd bringt mit dem »Volumax-Container« die größte Kühlbox mit 70 Kubikmetern Innenvolumen zum Einsatz

Ebenfalls ab Jahresbeginn wird der Dienst zwischen Nordeuropa und Paraguay (Europe-Paraguay Line) von den eigenen Niederlassungen unter der Flagge der Hamburg Süd weitergeführt. Die Übernahme des Dienstes steht im Zusammenhang mit der Reorganisation der Reedereigruppe und der damit verbundenen Dezentralisierung.

Im Rahmen von Umstrukturierungsmaßnahmen werden alle bisher mit dem Schiffsbetrieb betrauten Abteilungen zusammengefasst und in eine eigenständige Gesellschaft, die Columbus Shipmanagement GmbH, integriert. Sie nimmt am 2. Januar ihre Geschäftsaktivitäten auf. Neben dem Management der Hamburg Süd-eigenen Schiffe und den Schiffen anderer Eigner mit den Schwerpunkten technisches Management, Crewing und Materialwirtschaft, wird die neue Gesellschaft auf dem Gebiet der Beratung in allen Fragen des Schiffsbetriebs tätig. Hierzu gehören insbesondere die Planung und Durchführung von Schiffsneu- und umbauten.

Die Hamburg Süd ist als Vorreiterin in der Kühlschifffahrt schon immer entscheidend an der Entwicklung moderner Kühlcontainerschiffe und Kühlcontainer beteiligt gewesen. Mit dem neuen 40-Fuß-Integrated High Cube Reefercontainer »Volumax« hat die Reedereigruppe jetzt die größte Kühlbox im internationalen Kühlladungstransport mit einem Innenvolumen von 70 Kubikmetern zum Einsatz gebracht.

Im Zuge der weiteren Straffung der Europa-Organisation werden mit Wirkung vom 5. Juni die Aktivitäten in Frankreich unter dem eigenen Namen Hamburg Süd France fortgeführt, die alle Aufgaben der bisher dort tätigen Agentur Ageco übernimmt.

Im September/Oktober wird mit der COLUMBUS NEW ZEALAND (Bj. 1970, 1187 TEU) erstmals in der Geschichte der Hamburg Süd ein Schiff im Ausland verschrottet. Der Abbruch erfolgt im indischen Alang.

Erwerb der Linienaktivitäten der South Seas Steamship Co. Ltd., San Francisco, einem Spezialisten im Verkehr zwischen der Westküste Nordamarikas und den pazifischen Inseln/Neuseeland.

Am 20. November wird der Kauf der Container- und Bulkschifffahrts-Aktivitäten der Empresa de Navegacao Aliança S.A., Rio de Janeiro, abgeschlossen. Das Unternehmen wird unter dem Namen Aliança Transportes Maritimos S.A. mit Schiffen unter brasilianischer Flagge und Hauptsitz in Rio de Janeiro fortgeführt. Durch den Kauf stärken beide Unternehmen ihre Position in den Fahrtgebieten zwischen der Ostküste Südamerikas und Europa, den USA und der Karibik.

1997–1998

1997 Nach dem Auslaufen des britischen Pachtvertrages von 1898 wird Hongkong als Sonderwirtschaftszone wieder chinesisch.

1998 Das renovierte und umgebaute Reichstagsgebäude in Berlin wird als neuer Sitz des Deutschen Bundestages eingeweiht.

Entscheidung der EU-Staats- und Regierungschefs über den Beginn der Europäischen Währungsunion zum 1.1.1999 mit zunächst elf Mitgliedstaaten. Damit wird der Euro eingeführt.

Ein Teil der neuen »Volumax«-Container im Depot.

Die Abrundung der Geschäftsfelder
wird durch Zukäufe fortgesetzt

SEA PUMA, Crowley,
2456 TEU Containerschiff

1999 Von der Crowley American Transport Inc., Jacksonville/Florida, werden vier von ihr zwischen den USA und Südamerika betriebene Liniendienste übernommen.

Erwerb der South Pacific Container Line Inc., die mit Sitz in San Francisco einen Containerdienst zwischen der Westküste Nordamerikas sowie Tahiti, American Samoa, Tonga, Neuseeland und Hawaii unterhalten hat.

Aliança übernimmt die Linienaktivitäten von Transroll Navegacao S.A., Rio de Janeiro, mit ihren Liniendiensten zwischen Europa und der Südamerika-Ostküste. Sie werden unter dem Namen Transroll International weitergeführt.

Ab 1. Juli werden alle Geschäfte der Tochterfirma Deutsche Nah-Ost Linien KG (DNOL) unter Beibehaltung des Agenturnetzes auf die

Hamburg Süd übertragen. Dieses ist ein weiterer konsequenter Schritt auf dem Weg zu einem einheitlichen Corporate Image der Reedereigruppe mit der gemeinsamen Flagge und dem Namen Hamburg Süd.

Die im Besitz der Deutschen Levante-Linie (DLL) befindliche, 1922 in Stettin gegründete Hanseatische Seefrachtenkontor GmbH wird mit der DLL verschmolzen und im Handelsregister gelöscht.

Horst Schomburg, von 1989 bis 1994 Sprecher der Geschäftsführung der Hamburg Süd, wird 70 und scheidet aus dem Beirat der Hamburg Süd aus.

Für die Reederei beginnt ein in ihrer Geschichte beispielloses Neubauprogramm. Es werden bei der koreanischen Werft Samsung Heavy

KAIRO, DNOL,
1.709 TEU Containerschiff

Die Hamburg Süd initiiert ein in ihrer Geschichte einmaliges Neubauprogramm

Industries sechs Schiffe einer neuen CAP SAN-Klasse mit einer Stellplatzkapazität von 3800 TEU und zwei bordeigenen 45-t-Kränen bestellt. Ihr Zulauf für das Fahrgebiet zwischen den Ostküsten Süd- und Nordamerikas beginnt am 30. Januar 2001 mit der CAP SAN NICOLAS als erstem Neubau. Den Abschluss bildet am 27. Februar 2002 die CAP SAN RAPHAEL.

Die Hamburg Süd und ihr Schwesterunternehmen, die Dr. August Oetker Nahrungsmittel KG, helfen den Erdbebenopfern in der türkischen Region Izmir mit umfangreichen Sachleistungen und befördern Hilfsgüter verschiedener Spender und Organisationen frachtfrei nach Istanbul.

2000 Seit Anfang des Jahres beteiligt sich die Hamburg Süd an einem über gut zwei Jahre laufenden WWF-Projekt und testet in diesem Rahmen den Einsatz biozidfreier Farben auf den beiden Containerschiffen CAP ROCA und CAP POLONIO.

Der Erwerb der Interamerika-Dienste der amerikanischen Reederei Crowley American Transport (CAT) wird am 4. Januar erfolgreich abgeschlossen.

Mit der Einführung des zertifizierten Umweltmanagement-Systems nach der Norm ISO 14001 im Juli ist die Hamburg Süd-Gruppe das erste große international tätige Linienschifffahrts-Unternehmen, das weltweit über ein zertifiziertes, integriertes Qualitäts- und Umweltmanagement-System verfügt. Damit unterstreicht sie ihre Verpflichtung, den Umweltschutz in die unternehmerischen Tätigkeiten und Entscheidungen einzubeziehen.

1999–2000

1999 Mit einem Staatsakt im Berliner Reichstag wird das 50-jährige Bestehen der Bundesrepublik Deutschland begangen.

2000 Bei dem Absturz einer Concorde in der Nähe von Paris kommen alle 113 Passagiere ums Leben.

Der Produktentanker ST. PETRI wird überwiegend in Fernost eingesetzt. Er transportiert unter andere Fuel-Oil, Rohöl und Kondensate.

Doppeltaufe auf der
Samsung Werft in Korea.
Die Containerschiffs-Neu-
bauten CAP SAN MARCO
und CAP SAN NICOLAS
werden mit einer farben-
prächtigen Zeremonie
ihrem Element übergeben.

Die Hamburg Süd ist eine der Gründungsgesellschaften des E-Comerce-Portals INTTRA

2001 Im Rahmen einer Doppeltaufe werden am 1. Februar auf der Werft Samsung Heavy Industries in Korea die beiden ersten von sechs baugleichen Containerschiffen auf die traditionsreichen Namen CAP SAN NICOLAS und CAP SAN MARCO getauft. Die mit zwei 45-t-Kränen ausgestatteten 50 200 tdw tragenden Neubauten haben eine Stellplatzkapazität von 3800 TEU und sind für eine Dienstgeschwindigkeit von 22,5 Knoten ausgelegt. Sie sind für den Einsatz im Interamerika-Ostküstendienst vorgesehen und kommen noch im Laufe des Jahres in Dienst. Um dort die Kapazität nicht zu erhöhen, werden dem Zulauf der Neubauten entsprechend, sukzessive elf bislang in diesem Verkehr beschäftigte Schiffe mit Stellplätzen zwischen 1250 TEU und 2500 TEU aus diesem Segment herausgezogen.

Zur Abrundung des Angebotes wird der zwischen den Westküsten Nord-und Südamerikas betriebene Dienst mit wöchentlichen Abfahrten nach Fernost ausgedehnt. Ab November wird auch von der Ostküste Südamerikas eine wöchentliche Fernost-Anbindung eingerichtet.

Die Hamburg Süd ist eine der Gründungsgesellschaften des E-Commerce-Portals INTTRA. Zielsetzung ist ein möglichst umfassendes Dienstleistungsangebot bei standardisierter Schnittstelle zum Kunden mit erheblich verbesserter Prozess-Produktivität. Ab Oktober bietet

INTTRA erste Dienstleistungen an, die Ladungsbuchung, die Transportverfolgung von Containern sowie die Fahrplaninformation beinhalten. INTTRA steht für INTernational TRAde and TRAnsportation.

Ab November wird, beginnend mit der EVER GUEST, ab Hongkong im Rahmen einer Slotchartervereinbarung mit der taiwanesischen Evergreen Line ein wöchentlicher Dienst von Asien über Südafrika zur Ostküste Südamerikas geboten.

Ebenfalls ab November arbeitet die Aliança mit der brasilianischen Reederei Docenave im Kabotagedienst entlang der brasilianischen Küste zusammen. Die Aliança bringt drei von insgesamt sieben Schiffen ein, die in zwei Linien mit zwei wöchentlichen Abfahrten die Range von Buenos Aires bis Manaus abdecken.

Die Fahrt auf dem Amazonas erfordert immer höchste Konzentration, vor allem wenn der Fluss Niedrigwasser führt.

Die Trampschiffreederei Rudolf A. Oetker (RAO) besteht seit 50 Jahren

2002 Am 27. Februar wird der letzte Neubau einer Serie von sechs baugleichen 3800-TEU-Containerschiffen auf der koreanischen Samsung Heavy Industries Werft auf den Namen CAP SAN RAPHAEL getauft.

Mit einer Investition von mehr als 40 Mio. USD für 2300 Container wird der bisher größte Auftrag über Volumax-Kühlcontainer vergeben. Bestellt werden 40-ft- und 20-ft-Container mit modernen Kühlaggregaten, die mit hochleistungsfähigen Scoll-Kompressoren ausgestattet sind und das umweltfreundliche Kältemittel R134a verwenden.

Am 24. Mai verstirbt nach langer schwerer Krankheit in Hamburg der langjährige Sprecher der Hamburg Süd-Geschäftsführung und Vorsitzende ihres Beirates Dr. John Henry de La Trobe.

Ab 1. Juli nimmt die Columbus Line einen neuen Dienst auf, der Australien und Neuseeland mit Asien verbindet. In Kooperation mit Fesco und Hyundai werden zwei wöchentliche »Fixed-Day«-Services geboten.

Die Trampschiffreederei Rudolf A. Oetker KG (RAO), Teil der Hamburg Süd-Gruppe, feiert ihr 50-jähriges Bestehen. Die Aktivitäten von RAO umfassen:
1. Bulkschifffahrt, z.B. Erz, Kohle und Getreide
2. Produktentankerfahrt, z.B. Rohölprodukte wie Benzin sowie Melasse und pflanzliche Öle
3. Konventionelle Kühlschifffahrt, z.B. Bananen, Früchte und Fleisch
4. Containertrampschifffahrt
   Eingesetzt werden gegenwärtig drei eigene Schiffe und etwa 80 gecharterte Einheiten.

Ab November führen sechs der wichtigsten Containerlinien im Europa-Australasien-Nordamerika-Verkehr, Hamburg Süd, CMA CGM, Contship, Hapag-Lloyd, Marfret und

Das 3800 TEU-Containerschiff CAP SAN RAPHAEL fährt im Interamerika-Dienst der Hamburg Süd zwischen der Nordamerika- und Südamerika-Ostküste, hier auf dem St. Johns River.

CAP SAN MARCO

Erstmals werden in den Liniendiensten mehr als 1 Mio. TEU transportiert

P&O Nedlloyd, ein neues Linien Service System für ihre bereits bestehenden Operationen auf der längsten Welthandels-Route ein. Fünf bestehende Dienste werden durch zwei wöchentliche »Fixed-Day Round the World-Rotationen« ersetzt. Alle sechs Carrier konkurrieren jedoch weiter am Markt und bieten ihre Dienste unabhängig voneinander an. Eingesetzt werden zehn Neubauten mit je 4100 TEU.

Ebenfalls im November werden bei der koreanischen Daewoo Shipbuilding & Marine Engineering Co. Ltd. sechs 5552-TEU-Containerschiffe einer neuen MONTE-Klasse für den Dienst zwischen Europa und der Ostküste Südamerikas bestellt. Sie erhalten Anschlüsse für 1095 TEU Kühlcontainer und sind besonders für die geringen Tiefgänge in den südamerikanischen Häfen ausgelegt. Dank ihrer höheren Geschwindigkeit von 23,3 Knoten können verkürzte Transitzeiten und mehr direkt angelaufene Häfen geboten werden. Als erstes Schiff wird am 29. Juli 2004 die MONTE CERVANTES abgeliefert, am 10. August 2005 mit der MONTE VERDE, dann umbenannt in ALIANÇA MAUA, das letzte der Serie.

2003 Mit Wirkung vom 1. Januar werden die unter dem Namen Ellerman betriebenen Überseeliniendienste der Andrew Weir Shipping (UK) ins östliche Mittelmeer nach Israel, Indien/Pakistan und Ostafrika übernommen. Das Gesamtvolumen der übernommenen Aktivitäten beträgt ca. 140 000 TEU p.a.

Per 5. April werden die Asien – Südamerika-Linienaktivitäten der taiwanesischen Reederei Kien Hung erworben, um damit die Präsenz in den Südamerika-Fernostdiensten zu stärken. Ziel der Akquisition ist es, über den bislang nur kleinen Marktanteil in diesem Verkehr hinaus den aus Südamerika heraus global operierenden Kunden adäquate Logistikdienstleistungen als Verbindung mit den wichtigen Wachstumsgebieten in Süd-/Ostasien und Fernost zu bieten.

Dieses verbesserte Dienstleistungsangebot kann sich auf eine eigene Organisation in Fernost mit insgesamt 17 Büros in Taiwan, China, Hongkong und Südafrika stützen. Kien Hung hat im vorangegangenen Jahr mit dem Einsatz von 20 Schiffen und ca. 45 000 Containern in sieben Liniendiensten ca. 280 000 TEU gefahren, davon 220 000 TEU in den Diensten von und nach Südamerika. Im Verlauf der Übernahme müssen zunächst erhebliche Anlaufschwierigkeiten überwunden werden, die größtenteils die Aufarbeitung von Altlasten betreffen. Die Marke Kien Hung wird noch im August in Hamburg Süd umbenannt.

Im Juni wird die Zusammenarbeit mit Docenave im brasilianischen Kabotage-Verkehr beendet. Die damit verbundene Steigerung der Fahrplanzuverlässigkeit führt dazu, dass immer mehr Verlader den verbesserten Dienst in Brasilien nutzen.

Die Errichtung eines regionalen Headquarters mit zunächst 109 Mitarbeitern Anfang November in Hongkong verstärkt die Asienaktivitäten der Hamburg Süd-Gruppe weiter.

Das Transportvolumen der Reedereigruppe hat erstmals die 1-Mio.-TEU-Marke überschritten.

2002–2003

2002 Mit der Ausgabe von Euro-Banknoten und -Münzen in zwölf europäischen Ländern wird die 1999 begonnene Währungsunion vollendet.

Der vor der nordspanischen Küste auseinander gebrochene Tanker PRESTIGE verursacht eine schwere Umweltkatastrophe.

2003 In Asien tritt erstmals die schwere Lungenentzündung SARS auf.

Die großen Mengen von Kühlcontainern an Bord der Schiffe zeigen die hohe Bedeutung dieses speziellen Ladungssegments für die Hamburg Süd. Mit der Bestellung der neuen MONTE-Klasse wird dem weiterhin in hohem Maße Rechnung getragen.

Auch in der modernen Seeschifffahrt ist trotz vieler Erleichterungen harte Handarbeit unverzichtbar geblieben.

Das aktuell geplante Investitionsvolumen ist das höchste in der bisherigen Firmengeschichte

2004 Zum 1. Januar ersetzt die Reedereigruppe ihre Marken Columbus Line und Crowley American Transport durch die Marke Hamburg Süd.

Um den hohen Charter- und Leasingraten zu begegnen und den Anteil eigener Betriebsmittel zu erhöhen, ist ein Investitionsvolumen in Höhe von 250 Mio. Euro geplant – das höchste in der bisherigen Firmengeschichte. Dazu gehört unter anderem der weitere Ausbau der gruppeneigenen Flotte mit dem Ankauf der vier von der Kvaerner Warnowwerft in Warnemünde gebauten, zwischen Juli 2003 und Februar 2004 in Fahrt gekommenen und zuvor bereits bareboat eingecharterten 2532-TEU-Containerschiffe CAP CARMEL, CAP PALMAS, CAP MELVILLE und CAP NELSON (25 700 BRZ, 2526 TEU). Weitere Investitionsschwerpunkte bilden neue Container sowie Restzahlungen für die zwei der sechs in Korea bestellten Kühlcontainerschiffe, die im Laufe des Jahres geliefert werden.

Der 16. März wird von der Stadt San Francisco offiziell zum »Hamburg Süd-Day« proklamiert. Michaela Alioto-Pier, Supervisor der Stadt San Francisco, überreicht Dr. Klaus Meves, Sprecher der Geschäftsführung der Hamburg Süd, anlässlich eines Empfangs im World Trade Club

eine entsprechende Urkunde. In ihr wird ausdrücklich darauf hingewiesen, dass zwischen der Hamburg Süd und der Stadt San Francisco bereits seit 1976 eine enge und produktive Beziehung besteht.

Mit dem Auslaufen der Charter der POLAR URUGUAY Mitte des Jahres wird das Engagement in der konventionellen Kühlschifffahrt beendet und sich auf die Stärken im Transport von containerisierter Kühlladung konzentriert. Dabei ist anzumerken, dass die zur Zeit in Fahrt kommenden Neubauten der MONTE-Klasse jeweils über eine wesentlich größere Reefer-Kapazität als konventionelle Kühlschiffe verfügen.

Hamburg Süd-Day in San Francisco: (vorn) Michela Alioto-Pier, Supervisor der Stadt San Francisco; (hintere Reihe, v.l.) Gale Searing (Director Western Area), Michelle Barragan (Director des Büros San Francisco), Dr. Klaus Meves (Sprecher der Geschäftsführung der Hamburg Süd), Jill Simpson (Port of San Francisco) und Jürgen Pump (Senior Vice President Hamburg Süd North America).

Seit Mitte April 2004 bietet die zur Hamburg Süd-Gruppe gehörende Aliança einen neuen Anden-Dienst zwischen der Ostküste und der Westküste Südamerikas an. Mit dem vierzehntägigen Fixed-Day Service ermöglicht der brasilianische Carrier seinen Kunden die schnellsten Transitzeiten zwischen den wichtigen Märkten in Brasilien, Uruguay, Argentinien und Chile.

Auch die Hamburg Süd beginnt damit, wieder Schiffe unter deutsche Flagge zu bringen

2005 Nachdem bereits ab Anfang des vergangenen Jahres alle Agenturaufgaben für die Ellerman-Liniendienste durch die eigene Hamburg Süd-Organisation übernommen worden sind, wird jetzt auch die Marke Ellerman durch den Namen Hamburg Süd ersetzt.

In Verfolgung der während der 5. Nationalen Maritimen Konferenz in Hamburg seitens der Reederschaft gegebenen Zusagen, die Zahl der unter deutscher Flagge fahrenden Schiffe wieder aufzustocken und die Ausbildungsplätze zu erhöhen, werden die CAP ROCA (Bj. 1990, 2228 TEU) und CAP TRAFALGAR (Bj. 1990, 1960 TEU) wieder zurückgeflaggt. Schon vorher war entschieden worden, auch die

sechs in Korea im Bau befindlichen Containerschiffs-Neubauten unter die deutsche Flagge zu bringen. Gleichzeitig werden Vorbereitungen getroffen, die Zahl der Ausbildungsplätze für Schiffsmechaniker von zehn auf 22 bis 24 zu erhöhen.

Hamburg Süd und Aliança decken jetzt allein den Interamerika – Ostküstendienst mit den sechs neuen eigenen CAP SAN-Schiffen ab. Mit ihrer Stellplatzkapazität von 3800 TEU sind es die größten in diesem Verkehr eingesetzten Schiffe. Jedes hat Anschlüsse für 800 Kühlcontainer. Die erste Abfahrt wird mit der CAP SAN RAPHAEL am 4. März ab New York geboten.

ALIANÇA SAO PAULO bei Blohm + Voss.

Mit weiteren neuen Aufträgen wird noch einmal zugelegt

Im März wird in Kooperation mit China Shipping, Cosco und Gold Star Line ein weiterer Dienst mit wöchentlichen Abfahrten zwischen Australien/Neuseeland und Südostasien mit einer verbesserten Hafenabdeckung und zusätzlichen Transhipment-Möglichkeiten in Asien aufgenommen.

Mitte des Jahres bestellt die Hamburg Süd bei der koreanischen Daewoo Shipbuilding & Engineering Co. Ltd. insgesamt 16 Containerschiffe. Sechs Neubauten mit jeweils 3752 TEU Stellplatzkapazität bilden die BAHIA-Klasse, von der am 9. Februar 2007 die BAHIA als erstes Schiff in Fahrt kommt und am 23. August 2007 die BAHIA NEGRA als letztes. Sie werden in den Dienst zwischen Südamerika Ostküste und Asien/Südafrika eingefädelt. Sechs weitere Neubauten einer RIO-Klasse für den Dienst zwischen den Ostküsten der USA und Südamerikas erhalten Stellplatzkapazitäten von jeweils 5900 TEU. Drei von ihnen werden bei der Daewoo-Tochter Daewoo Mangalia Heavy Industies SA (DMHI) in Rumänien gebaut. Die erste Ablieferung erfolgt am 2. April 2008 mit der RIO DE LA PLATA, die letzte ist mit der RIO MADEIRA für Ende 2009 geplant. Hinzu kommen noch vier Nachbauten der MONTE-Klasse, von denen ebenfalls drei in Rumänien auf Kiel gelegt werden. Die MONTE TAMARO kommt Ende November 2007 als erstes Schiff der Serie in Fahrt, zwei folgten im Laufe des Jahres 2008, das dritte Schiff 2009.

Der Bulkcarrier SANTA RITA fährt in RAO-Langzeitcharter.

Erstmals wird Buenos Aires von einem 5000-TEU-Containerschiff angelaufen

Mit der MONTE SARMIENTO macht am 22. August erstmals eines der neuen 5552-TEU-Schiffe am Exolgan-Terminal in Buenos Aires fest. Mit seiner Breite von 40 Metern und einem Tiefgang von 12,50 Metern ist die MONTE SARMIENTO das größte Containerschiff, das bisher den Hafen der argentinischen Hauptstadt angelaufen hat. Um die sichere Zufahrt zu gewährleisten, mussten zunächst bestimmte Voraussetzungen geschaffen werden. Dazu gehörten zum Beispiel die Vertiefung der Fahrrinne des Rio de la Plata an einigen Stellen, die Versetzung einer Kaimauer gegenüber dem Exolgan-Liegeplatz und die Verbreiterung des Hafenbeckens von 90 auf 130 Meter. Die insgesamt rund 200 Kilometer lange Lotsen-Passage von Montevideo den Rio de la Plata hinauf bis zum Terminal legte die MONTE SARMIENTO in etwa zehn Stunden zurück. Dreizehn Kilometer vor dem Hafen wurde der »Canal Sud«

Das Schiff verlässt die Pier des Container-Terminals Exolgan.

Die MONTE SARMIENTO beim Auslaufen aus dem Puerto Sur von Buenos Aires.

beim Ein- und späterem Auslaufen für den Gegenverkehr gesperrt. Die ausgebaggerte Fahrrinne ist ab dort nur etwa 45 Meter breit und bietet einem Schiff ähnlicher Größe dadurch nicht genügend Sicherheits- und Manövrierabstand. Auf den letzten fünf Kilometern bis zum Hafen nahmen Schlepper die MONTE SARMIENTO auf den Haken. Kurz vor Erreichen des Terminals passierte das Schiff dann noch einen neuralgischen Punkt. In etwa 56 Metern Höhe quert die Hochspannungsleitung eines Kraftwerkes das Fahrwasser. Da offizielle Angaben fehlten, hatte die Reederei eine Spezialfirma damit beauftragt, durch entsprechende Messungen sicherzustellen, dass die MONTE SARMIENTO mit ausreichendem Sicherheitsabstand darunter hindurch fahren konnte. Wenig später wurde das Schiff im Wendebecken von den Schleppern vorsichtig gedreht und rückwärts an einen der vier Liegeplätze geschleppt.

Insgesamt war 2005 in jeder Hinsicht ein gutes Jahr, bilanziert die Geschäftsleitung

Auf der Lloyd Werft in Bremerhaven erhält die CAP FINISTERRE im September nach vorangegangenen Tests als erstes Schiff der Hamburg Süd-Flotte eine biozidfreie Unterwasserbeschichtung. Damit setzt die Reederei ihren bereits vor rund fünfzehn Jahren eingeschlagenen Weg zur Anwendung umweltverträglicher Farbanstriche konsequent fort.

Am 10. November wird im Hafen von Santos von Ana Maria Furlan, Ehefrau des brasilianischen Ministers für Entwicklung, Industrie und Außenhandel, Luiz Fernando Furlan, ein Neubau auf den Namen ALIANÇA MAUA getauft. Dabei handelt es sich um das letzte von sechs auf der Werft Daewoo Shipbuilding & Marine Engineering (DSME) im Auftrag der Hamburg Süd gebauten 5552-TEU-Containerschiffen, das bei seiner Ablieferung Ende August zunächst den Namen MONTE VERDE erhalten hatte. Es wird nun unter Aliança-Flagge im Europa – Südamerika-Ostküstendienst der Reedereigruppe eingesetzt.

Im Zuge der nachhaltigen Ausweitung ihres Informations- und Service-Angebotes ermöglicht es die Hamburg Süd ab November, die bisher nur im Internet und über EDI (Electronic Data Interchange) verfügbare »Track and Trace«-Funktion nun auch via E-Mail abzurufen.

Zum 18. Dezember erhält die Hamburg Süd ohne Umzug eine neue Adresse. Sie lautet nun Willy-Brandt-Straße 59 – 61. Der Grund: Der Hamburger Senat hatte beschlossen, mit der Umbenennung der ehemaligen Ost-West-Straße den deutschen sozialdemokratischen Politiker Willy Brandt (1913 – 1992) zu ehren, der unter anderem in schwierigster Zeit von 1957 bis 1966 Regierender Bürgermeister von West-Berlin und von 1969 bis 1974 Bundeskanzler der Bundesrepublik Deutschland war. 1971 hat er den Friedensnobelpreis erhalten.

Zum 31. Dezember übernimmt die Hamburg Süd die Geschäfte der spanischen Traditionsreederei Ybarra y Cia. Sudamerica S.A. (Ybarra Sud), an deren Aktivitäten sie bereits seit 1989 beteiligt ist. Die Liniendienste zwischen dem westlichen Mittelmeer und der Ostküste Südamerikas werden unter dem bestehenden Markennamen Ybarra Sud fortgeführt.

Insgesamt war das Jahr ein gutes, bilanziert Dr. Klaus Meves. Die Investitionen kletterten gegenüber dem Vorjahr um 28 Prozent auf 387 Mio. Euro und damit auf das bis dahin höchste Niveau in der Geschichte der Reedereigruppe. Rund zwei Drittel davon sind in die Schlusszahlungen für die Schiffe der MONTE-Klasse und in die Anzahlungen für 16 weitere Containerschiffs-Neubauten geflossen, die bis 2008/2009 zur Ablieferung kommen sollen. Mit den restlichen Investitionsmitteln wurde der Ausbau des Eigenbestandes des Container-Equipments finanziert, insbesondere durch die Beschaffung neuer Kühlcontainer.

Faszination Schifffahrt – das Foto spricht für sich.

Neue Container für mehr Umweltschutz

2006 Um zu einem nachhaltigen Schutz der Umwelt beizutragen, hat die Hamburg Süd unter anderem die Minimierung des Tropenholzanteils in den Fußböden ihrer Container und den Verzicht aus TBT-haltige Antifouling-Anstriche im Unterwasserbereich ganz oben auf die Agenda ihres integrierten Qualitäts-, Umwelt- und Sicherheitsmanagementsystems geschrieben. Nachdem Ende vergangenen Jahres das erste Schiff der Reederei mit einer biozidfreien Unterwasserbeschichtung aus Silikonfarbe versehen wurde, ist jetzt bei der China International Marine Containers (CIMC) in dem nördlich von Shanghai gelegenen Taicang die erste Serie von 500 20-ft-Trockencontainern in Auftrag gegeben worden, die mit umweltfreundlichen »Hybrid«-Fußböden versehen werden. Das Besondere daran ist, dass diese Fußböden zu 100 Prozent aus schnell wachsendem Birken- und Lärchenholz bestehen und keine Tropenholzanteile beinhalten. Ausschlaggebend war ein vorangegangener Test mit 50 »Hybrid«-Open-Top-Containern. Bereits seit zehn Jahren hat die Hamburg Süd umweltfreundliche Container getestet. Oberstes Ziel

dabei war die Reduzierung des Anteils von tropischen Harthölzern bei der Verwendung als Container-Fußböden, wenn möglich sogar der totale Verzicht darauf.

Im Fahrtgebiet zwischen der nordamerikanischen Ostküste und Australien/Neuseeland fuhr die Hamburg Süd bis Februar als Partner im »Round-the-World«-Dienst mit P&O Nedlloyd, CP Ships, CMA CGM und Hapag-Lloyd. Nachdem dieses Konsortium, als Folge des Kaufs von P&O Nedlloyd durch Maersk, aufgelöst worden ist, betreibt die Hamburg Süd seit Ende Februar einen eigenen Dienst mit sechs 2000-TEU-Schiffen und einer 14-tägigen Frequenz. Dieser »Trident«-Service deckt nicht nur das ursprüngliche Fahrtgebiet zwischen der US-Ostküste und Australien/Neuseeland ab. Erstmals wird mit ihm den Kunden auch eine nennenswerte Kapazität zwischen Europa, den USA und Australien/Neuseeland geboten. Zudem eröffnet der Dienst zahlreiche Transhipmentmöglichkeiten in der Karibik. Die erste Abfahrt von Europa südgehend wird am

Brückenbetrieb beim Einlaufen.

Auch Indonesien wird bedient. Blick von der Brücke der MONTE OLIVIA beim Einlaufen in Jakarta.

Weitere Cross Trade Aktivitäten zwischen Australien/Neuseeland und Asien bzw. Nordamerika

wird am 26. Februar mit der CAP VINCENT (ex NEPTUN, Bj. 1998, 23 722 BRZ, 1835 TEU) von Tilbury geboten, die erste Abfahrt nordgehend mit Ladung für die USA und Europa erfolgt am 22. Februar mit der COLUMBUS WAIKATO (ex TAURUS später CAP VICTOR, Bj. 1998, 23 722 BRZ, 1835 TEU) von Sydney. Der »Trident«-Service wird ab März 2007 mit der Einstellung von weiteren sechs Containerschiffen mit einer Stellplatzkapazität von je 2500 TEU und 450 Kühlcontaineranschlüssen auf wöchentliche Abfahrten verdichtet.

Auf dem 5552-TEU-Containerschiff ALIANÇA MAUÁ (Bj. 2005) hat am 15. Mai mit Seedje Katharina Fink erstmals ein weiblicher Kapitän das Kommando auf einem Schiff der Reederei übernommen. Sie ist mit 31 Jahren überdies einer der jüngsten Schiffsführer. Seedje Katharina Fink hat nach dem Abitur die Schiffsmechaniker-Ausbildung und nach den erforderlichen Fahrtzeiten das Nautik-Studium absolviert. Im Dezember 2001 ist sie von der Elsflether Maritime Reederei als 1. Offizier zur Hamburg Süd gekommen.

Am 3. Juli werden die seit März laufenden Verhandlungen mit der Fesco Ocean Management Limited (FOML), einer Tochtergesellschaft der russischen Far Eastern Shipping Company (FESCO), zur Übernahme der Cross Trade Aktivitäten zwischen Australien/Neuseeland und Asien bzw. Nordamerika erfolgreich abgeschlossen. Mit sofortiger Wirkung werden die drei Liniendienste in den Verkehren

- Asien – Australien
- Asien – Neuseeland
- Australien/Neuseeland – US-Westküste (zwei Strings)

übernommen und als »FANZL Fesco Australia New Zealand Liner Services« betrieben. Um einen sicheren und reibungslosen Übergang der Geschäftsaktivitäten zu gewährleisten, werden auch rund 15 000 Container sowie die Charterverträge für die zurzeit in den Liniendiensten eingesetzten neun Containerschiffe mit Stellplatzkapazitäten zwischen 1000 und 1750 TEU übernommen. Hinzu kommen drei weitere 2740-TEU-Neubauten, die in der zweiten Jahreshälfte in Dienst gestellt werden.

2006

Wiedereinweihung der in den letzten Kriegstagen 1945 durch alliierte Bomber total zerstörten Frauenkirche in Dresden. Der originalgetreue Wiederaufbau war fast ausschließlich durch private Spenden, auch aus dem Ausland, ermöglicht worden.

Seedje Katharina Fink übernimmt als erster weiblicher Kapitän der Reederei die ALIANÇA MAUÁ.

Die CAP SAN DIEGO
wird bei Blohm &
Voss Repair gedockt
und überholt. Das
Traditionsschiff ist
dank liebevoller
Pflege nach wie vor
fahrbereit, wenn
auch eingeschränkt.

Die Gründung einer Tochtergesellschaft in China unterstreicht die wachsende Bedeutung dieses Marktes

Die kontinuierliche Entwicklung und das verstärkte Engagement in China haben Anlass dazu gegeben, im August in China eine hundertprozentige Tochtergesellschaft zu gründen. Hamburg Süd (China) Ltd. mit Sitz in Shanghai wird als Area Office geführt und ist zuständig für die Betreuung des Marktes in Zentral- und Nordchina. Außerdem ist die Hamburg Süd an allen wichtigen lokalen Märkten, wie Shenzhen, Guangzhou, Xiamen, Ningbo, Quingdao und Tianjin mit eigenen Representative Offices vertreten.

Ab November arbeiten die Reedereien Hamburg Süd, Hapag-Lloyd, Hyundai Merchant Marine und Shandong Yantai International Marine Shipping Container Company im Fahrtgebiet Australien – Asien zusammen. Sie stellen ihre bisher einzeln betriebenen Dienste ein und ersetzen diese durch einen wöchentlichen, auf Korea ausgeweiteten »fixed-day«-Dienst mit fünf 2500-TEU-Schiffen, von denen die Hamburg Süd zwei stellt.

Die Hamburg Süd gibt bekannt, dass sie an der Fachhochschule Flensburg über eine Laufzeit von drei Jahren eine Stiftungsprofessur für den erstmals im Wintersemester 2007/2008 angebotenen Nautikstudiengang »Seeverkehr und Logistik« finanzieren wird, um die Ausbildung des nautischen Nachwuchses zu fördern. Parallel dazu ist ebenfalls das eigene Ausbildungsprogramm ausgebaut worden. So hat sich die Zahl der Auszubildenden auf See in diesem Jahr nahezu verdoppelt. Bis 2005 wurden jährlich in einer Gruppe bis zu zehn Auszubildende auf den Beruf vorbereitet. Jetzt sind es zwei Ausbildungsgruppen mit jeweils bis zu zehn Teilnehmern.

Die am 29. November vergangenen Jahres auf der Werft STX Shipbuilding in Busan im »Doppelpack« getauften Produktentanker ST. MICHAELIS und ST. GABRIEL treten eine sechsjährige Zeitcharter bei der Rudolf A. Oetker KG (RAO) an.

Rudolf-August Oetker –
Schifffahrt war für ihn ein Anliegen

»Schifffahrt ist vor allem Faszination«, hat er gesagt, und irgendwann hinzugefügt, »Manchmal reicht es, zur richtigen Zeit am richtigen Ort zu sein«.

Am 16. Januar 2006 verstirbt Rudolf-August Oetker, vier Monate nach seinem neunzigsten Geburtstag. Mit ihm verliert Deutschland einen seiner profiliertesten Unternehmer und die deutsche Schifffahrt einen herausragende Garanten, der ihr über das geschäftliche Denken hinaus auch immer persönlich sehr verbunden war.

Als Rudolf-August Oetker nach dem Abitur von 1937 bis 1939 eine Banklehre bei der Vereinsbank in Hamburg absolvierte, erlebte er die Anfänge der Oetker-Schifffahrt hautnah mit. Im Jahr 1936 hatte sein Stiefvater Dr. Richard Kaselowsky ein 25-prozentiges Aktienpaket der Hamburg Südamerikanischen Dampfschiff-fahrts-Gesellschaft erworben und war Mitte 1937 in den Aufsichtsrat der Reederei gewählt worden. Dr. Kaselowsky sorgte auch dafür,

dass der junge Bankkaufmann Rudolf-August Oetker 1942 – rund ein Jahr nach seinem Eintritt als geschäftsführender Gesellschafter in das Bielefelder Familienunternehmen – in den Aufsichtsrat der Reederei berufen wurde. Dem Vermächtnis seines Stiefvaters, der mit seiner Mutter und den beiden Halbschwestern bei einem Luftangriff 1944 ums Leben gekommen war, fühlte er sich nach dessen Tod in der Gesamtverantwortung für das Familienunternehmen und im Aufsichtsrat der Reederei in besonderem Maße verpflichtet. Mit außergewöhnlicher Tatkraft stellte er die Weichen für den Wiederaufbau des Gesamtunternehmens und damit auch der durch den Krieg in Verlust geratenen Flotte. Er meisterte diesen Kraftakt in atemberaubendem Tempo. Schiffe zu bauen, darin sah Rudolf-August Oetker »die Chance«. Im Dezember 1950 lief mit der SANTA URSULA das erste neue Hamburg Süd-Frachtschiff vom Stapel, und im folgenden Jahr konnte der Liniendienst zur Ostküste Südamerikas wieder aufgenommen werden.

In einem Nachruf zum Tode von Rudolf-August Oetker heißt es in der Mitarbeiterzeitschrift der Hamburg Süd: »Sein Name ist untrennbar mit dem deutschen Wirtschaftsaufschwung nach dem Zweiten Weltkrieg verbunden. Rudolf-August Oetker führte das Familienunternehmen in dritter Generation. Unter seiner weitsichtigen Leitung wurde eine erfolgreiche Diversifikation zu einer internationalen Unternehmensgruppe vollzogen. Bis zuletzt war Rudolf-August Oetker als Vorsitzender des Beirates der Dr. August Oetker KG, der Holding der Oetker-Gruppe, tätig. Die operative Führung hatte er im Jahr 1981, im Alter von 65 Jahren, an seinen ältesten Sohn Dr. h.c. August Oetker übergeben. Vor fünf Jahren übertrug Rudolf-August Oetker den größten Teil seiner Unternehmensanteile an die nächste und übernächste Generation und sicherte damit das gesellschaftsrechtliche Fundament der Oetker-Gruppe als Familienunternehmen.

»Manchmal reicht es, zur richtigen Zeit am richtigen Ort zu sein«

Er war immer dabei: Rudolf-August Oetker stößt auf den Stapellauf der CAP SAN NICOLAS an.

Eine Vorliebe für die Schifffahrt hatte er bereits in den Jugendjahren entwickelt. Nicht nur die Sammlung von Schiffsmodellen seines Stiefvaters Dr. Richard Kaselowsky faszinierte ihn, auch dessen Schwärmerei für alles, was mit der Seefahrt zu tun hatte, färbte auf ihn ab. »Ja, und dieses Interesse hat sich im Laufe der Zeit auch auf mich übertragen. Als ich in den Aufsichtsrat der Hamburg Süd kam, war ich noch nicht einmal 25 Jahre alt…«, erinnerte sich Rudolf-August Oetker wenige Tage vor seinem 90. Geburtstag in einem Interview mit dem Mitarbeiter-Magazin der Hamburg Süd. Auf seine gute »Spürnase« angesprochen, antwortete er seinem bodenständigen Naturell entsprechend offen und ehrlich: »Ich habe viel Glück gehabt in meinem Leben, das muss ich sagen. Manchmal reicht es, zur richtigen Zeit am richtigen Ort zu sein…«

Die Hamburg Süd hat stets vom guten Verhältnis zu Rudolf-August Oetker profitiert. Dass die Reederei von Beginn an auch eine Herzensangelegenheit für ihn war, drückte er anlässlich des Hamburg Süd-Herrenessens am 22. November 1996 im Hamburger Oetker-Gästehaus »In de Bost« einmal mit den Worten aus: »Eine Reederei ist eine Faszination, sie ist eigentlich kein Geschäft, das haben wir bei der Hamburg Süd … mehrfach erlebt … Ein Reeder muss ein Optimist sein, zu denen ich mich auch rechne…«

Seine Unternehmensstrategie war gekennzeichnet durch Diversifikation und Risikoausgleich innerhalb der Oetker-Gruppe. »Man darf das Schiff nicht an einem einzigen Anker und das Leben nicht an eine einzige Hoffnung binden«, lautet dazu ein Zitat von Rudolf-August Oetker. Mitarbeiter und Freunde haben an ihm besonders geschätzt, dass er geradeaus war und ohne Umschweife zur Sache kam. Auch dies charakterisiert die Person Rudolf-August Oetker, über den in einem Zeitungsbericht zu lesen war, dass er »bescheiden, feinsinnig und wohltuend normal« sei. Einer seiner hervorragendsten Eigenschaften war sicherlich der Blick für das Wesentliche.

Die Hamburg Süd trauert um den Menschen und die Unternehmerpersönlichkeit Rudolf-August Oetker, der einer von uns war und der die Entwicklung der Reedereigruppe mehr als sechs Jahrzehnte geprägt hat.«

Rudolf-August Oetker und seine Frau Maja Oetker beim Stapellauf des Kühlschiffes POLAR BRASIL am 25. November 1967.

Vieles hat sich in den Jahrzehnten, in denen er dabei war, verändert

Ein Zitat

Rudolf-August Oetker im November 1996: »Ich habe die Hamburg Süd aus kleinsten Anfängen nach dem Zweiten Weltkrieg wieder wachsen sehen. Vieles hat sich in den mehr als fünfzig Jahren, in denen ich die Freude hatte, dabei sein zu dürfen, verändert. Zuerst hatten wir unsere mit Liebe in Hamburg und Kiel gebauten SANTA-

Zur Feier des 40-jährigen Dienstjubiläums von Kapitän Manfred Stroncik gratulierte Rudolf-August Oetker im Mai 1996 persönlich.

Schiffe, dann die CAP-Schiffe und dann die von Professor Pinnau genial entworfenen eleganten CAP SAN-Schiffe.

Danach kam die große Wende zu den rein funktionalen Containerschiffen. Und heute sind die Schiffe nur noch ein Teil des Reedereigeschäftes. Alles dreht sich um den Container. Sein richtiger Einsatz entscheidet über das Wohl und Wehe der Reederei.

In früheren Jahren bin ich oft auf Hamburg Süd-Schiffen gereist. In der letzten Zeit habe ich die Schiffe mehr in den Häfen besucht. Jedes Mal wurde ich mit großer Sympathie und voller Vertrauen von Offizieren und Mannschaft empfangen. Deshalb fühle ich mich diesen Menschen verpflichtet und würde alles tun, soweit es wirtschaftlich möglich ist, die Reederei zu erhalten.«

Erinnerungen

Stellvertretend für die Erinnerungen, die viele Hamburg Süd-Mitarbeiter an Rudolf-August Oetker haben, hier nur zwei aus dem Gedächtnis von Kapitän Manfred Stroncik, der 44 Jahre im Dienste der Reederei stand und vielen Kollegen noch als »Commodore« oder »Carlos Santana der Meere« bekannt ist. Er traf während seiner Laufbahn mehrmals mit dem »Chef« zusammen: »Das erste Mal begegnete ich Herrn Oetker im Herbst 1956. RAO hatte gerade, wenn ich mich recht erinnere, den zweiten Tanker erworben und auf den Namen »Heinrich Christian Oetker« getauft. Das Schiff lag in Hamburg am Reiherstieg bei der Deutschen Werft zu Reparaturarbeiten und zur Tankreinigung. Ich war damals Leichtmatrose und zur Tankreinigung in einem der Centertanks hinterm Spardeck beschäftigt. Als ich gerade im Begriff war, aus dem Tankdom an Deck zu steigen, vernahm ich die gefährlich höfliche Stimme des Ersten Offiziers, der zu mir sagte: »Na, wo möchtest du denn hin?« Vor mir stand ein halbes Dutzend Männer in Overalls. Der Kapitän, der Erste Offizier, der Leitende Ingenieur, zwei Herrn von der Werft und ein Unbekannter mittleren Alters, groß und schlank. Ich sagte zum Ersten Offizier: »Pinkeln«. Etwas Dümmeres fiel mir nicht ein, denn bereits vor einer halben Stunde war ich ihm mit der gleichen Absicht auf dem Achterdeck über den Weg gelaufen. Doch der große Unbekannte rettete mich aus dieser unangenehmen Situation, indem er sagte: » Na, Seemann, wie sieht es aus da unten?« Ich entgegnete: »Jede Mange Ölschlamm, unbeschreiblich, das muss man gesehen haben.« Darauf antwortete er: »Na gut, begleite mich nach unten, wenn du dir dass Pinkeln verkneifen kannst.« Als wir unten ankamen, fragte ich, wer er den sei. Er fragte zurück: »Neugierig?«. Ich antwortete: »Ja es interessiert mich halt. »Ich bin Rudolf Oetker«, sagte er. Ich war völlig überrascht und konnte noch ein »Du lieber Gott« hervorbringen. Darauf grinste er freundlich, schüttelte den Kopf und sagte: »Nein, Oetker.«

Viele Mitarbeiter haben Erinnerungen an Rudolf-August Oetker

Dr. h.c. August Oetker und Rudolf-August Oetker genießen 2005 einen Ausflug auf die MONTE ROSA und die fachkundigen Ausführungen des Leitenden Ingenieurs Harald Bube (l.) und des Ersten Offiziers Seedje Katharina Fink (r.). Seedje Katharina Fink wurde im Mai 2006 der erste weibliche Kapitän in der Geschichte der Hamburg Süd.

Auch bei einem Zusammentreffen an Bord der CAP FINISTERRE im Hafen von Buenos Aires, das muss 1995 oder 1996 gewesen sein, bewies Herr Oetker, dass er das Herz auf dem rechten Fleck trägt. Wir erwarteten ihn zum Mittagessen, und es gab die üblichen Aufgeregtheiten um Dekoration, Essen, Getränke, Gäste usw. Als wir schließlich vollzählig um den Tisch saßen, starrten alle auf die Dekoration, die kunstvoll exotisch und doch irgendwie deplaziert erschien. Der Erste Steward hatte alle erdenklichen Sorten von Schwartau-Konfitüre, die wir im Proviant hatten, in die Dekoration aus verschiedenfarbigen Servietten mit roten und weißen Nelken dekoriert. Herr Oetker betrachtete das Kunstwerk nachdenklich und interessiert. Schließlich veränderte sich sein Gesichtsausdruck zu einem amüsierten Lächeln, ehe er sagte: »Sehr kreativ, wirklich, sehr fantasievoll. Hoffentlich wird meinen Produkten hin und wieder auch diese Ehre zuteil.« Unser Chefsteward war völlig konsterniert und stammelte: »Aber, das sind doch ihre Produkte, Herr Oetker«, worauf dieser geduldig erklärte, dass sein Neffe mit dieser Feststellung gar nicht einverstanden sein würde. Dann klärte er über die wirklichen Besitzverhältnisse auf und dass die Schwartau-Werke kein Bestandteil der Oetker-Gruppe seien. Der Erste Steward musste anschließend noch eine ganze Weile den Spott der Besatzung ertragen: »Die Provianträume sind voll mit Erzeugnissen aus Bielefeld, und was machst Du? Du packst die Schwartau-Marmelade auf den Tisch.«

Die Reihe der Containerschiffsbestellungen wird fortgesetzt, um den Eigenanteil an der eingesetzten Flotte zu erhöhen

Die erste Vierertaufe in Korea. Für die Hamburg Süd sind die ST. MARIEN und ST. JOHANNIS dabei.

2007 Mit Wirkung vom 1. Januar ersetzt die Hamburg Süd ihre Marke Ybarra y Cia. Sudamerica S.A. (Ybarra Sud) durch die Marke Hamburg Süd Iberia S.A., um sich auch in diesem Fall weltweit mit der einheitlichen Marke Hamburg Süd zu präsentieren.

Am 26. Januar kann auf der Werft STX Shipbuilding in Busan/Korea eine Weltpremiere gefeiert werden, als nämlich die beiden von RAO eingecharterten Schwesterschiffe ST. MARIEN und ST. JOHANNIS (je 51 300 tdw) zusammen mit zwei weiteren Produktentankern Teil einer Vierertaufe auf der Werft sind.
Dazu eine Anmerkung: Seit den sechziger Jahren benennt RAO seine Produktentanker nach Hamburger Kirchen. Unter den derzeit gecharterten 13 Einheiten befinden sich zwölf »Kirchenschiffe«, Einziger »Nicht-Hamburger« ist dabei die nach der berühmten venezianischen Kirche benannte ST. MARCO. Eine weitere Ausnahme macht die »nichtkirchliche« LEPTA MERMAID.

Die Reihe der Containerschiffsbestellungen wird fortgesetzt. Sechs Schiffe mit je 7100 TEU werden im Januar für den Dienst Europa – Südamerika Ostküste geordert. Sie werden als SANTA-Klasse bei Daewoo Shipbuilding + Marine Engineering Co. Ltd. in Korea gebaut werden und im Laufe des Jahres 2011 zur Ablieferung gelangen. Zwei weitere Neubauten mit jeweils 4600 TEU werden ebenfalls dort gebaut.

An Bord der MONTE ROSA feiert Kapitän Niels Callsen am 2. Februar sein 50-jähriges Dienstjubiläum bei der Hamburg Süd. Damit ist er der Mitarbeiter mit der längsten Firmenzugehörigkeit in der Geschichte der Reedereigruppe. Der Startschuss für diese einzigartige Karriere war am 2. Februar 1957 gefallen, als Niels Callsen im Alter von 15 Jahren als Decksjunge auf der RAVENSBERG anmusterte und ihn seine erste Reise für die Levante-Linie ins Mittelmeer führte.

Voraussetzung für das weitere Wachstum ist die Markt- und Kostenführerschaft

Angesprochen von Medienvertretern auf die Hapag-Lloyd AG, die zwischenzeitlich als Übernahmekandidat ins Gespräch gekommen war, erklärt Dr. August Oetker, dass die Oetker-Gruppe kein Interesse daran habe, sich an TUI oder deren Reedereitochter Hapag-Lloyd zu beteiligen. »Entweder machen wir etwas richtig oder gar nicht. Auf keinen Fall wollen wir in die Rolle eines freundlichen Aktionärs schlüpfen«, hält er fest. Auch die Übernahme von Hapag-Lloyd käme nicht in Frage, unterstrich er: »Das Gebilde ist seit der Übernahme von CP Ships zu groß, das übersteigt unsere Mittel.« In der Containerschifffahrt sei seine Gruppe mit der Reederei Hamburg Süd inzwischen so gut aufgestellt, dass sie es auch mit Branchenriesen aufnehmen könne. Voraussetzung dafür seien allerdings Markt- und Kostenführerschaft. Beides könne Hamburg Süd im Kernmarkt Südamerika für sich

beanspruchen. Das Schifffahrtgeschäft soll auch weiter kräftig wachsen. »Mindestens so stark wie der Markt, wo wir schon die Kostenführerschaft haben, überproportional dort, wo das noch nicht der Fall ist,« legt Oetker das Ziel fest. Die Reederei werde aus heutiger Sicht auch in der Lage sein, ihre Investitionen aus dem Cash flow zu finanzieren und langfristig das Renditeziel der Gruppe zu erzielen.

Bei dieser Gelegenheit erklärt Dr. August Oetker auch, warum er von der so viel beschworenen »Fokussierung auf das Kerngeschäft« nichts hält. Diese Vorgabe für börsennotierte Kapitalgesellschaften hält er für eine Mode, die von den Banken aus Eigeninteresse kreiert worden sei. »Die verdienen doch daran, dass Unternehmen auseinander genommen und neu zusammengesetzt werden.« Für ihn liege der klare Vorteil weiterhin in der Diversifizierung, weil

2007

Begleitet von großen Demonstrationen und teilweise gewalttätigen Ausschreitungen findet in Heiligendamm an der Ostsee ein G 8-Gipfeltreffen statt.

Die im Jahr 2007 gebauten sechs Containerschiffe der BAHIA-Klasse (3752 TEU, 610 Reefer-Anschlüsse), die seitdem im Asien-Südamerika Ostküstendienst (ASIA) der Hamburg Süd fahren, werden sukzessive in den Asien-Zentralamerika/ Südamerika Westküsten-Verkehr (ASPA) eingefädelt. Den Anfang macht die BAHIA CASTILLO, die am 6. Mai erstmals den Hafen von Valparaiso anlief.

Um den künftigen dringenden Bedarf an Schiffsoffizieren zu sichern, werden Studienbeihilfen vergeben

sie einen Risikoausgleich gewähre. Das gelte für den gesamten Oetker-Konzern, wie auch gleichermaßen für die Hamburg Süd-Gruppe als dessen überaus geschätzten Teil.

Ab dem Wintersemester 2007/2008 gewährt die Hamburg Süd eine Studienbeihilfe, um künftig den dringenden Bedarf an Schiffsoffizieren zu sichern. Studierende des Fachbereichs Nautik und/oder Schiffsbetriebstechnik an einer deutschen Fachhochschule und an der Maritime University in Stettin werden ab dem vierten Semester maximal zwei Jahre lang mit monatlich 250.- Euro unterstützt. Das Stipendium wird gewährt, wenn ein Notendurchschnitt von 2,0 im dritten Semester erreicht wird. Die Stipendiatinnen und Stipendiaten müssen sich in einem Studienvertrag verpflichten, nach ihrem FH-Abschluss als nautischer/technischer Offizier mindestens zwei Jahre für die Hamburg Süd-Gruppe zu fahren. Bei Nichterfüllung der Vorgabe muss für jeden Monat, den der Arbeitsvertrag früher endet, der Förderbetrag von 250.- Euro zurückgezahlt werden.

Am 18. November vergeben die Deutsch-Brasilianischen Handelskammer und der Deutsche Industrie- und Handelskammertag die Auszeichnung »Deutsch-Brasilianische Persönlichkeit 2007«. Auf deutscher Seite wird Dr. Klaus Meves, Sprecher der Geschäftsführung der Hamburg Süd geehrt, auf brasilianischer Seite Hans Prayon, Aufsichtsratsvorsitzender des Textilunternehmens Cia. Hering und ehemaliger deutscher Honorarkonsul in Blumenau. Die feierliche Abendveranstaltung findet im Rahmen der Deutsch-Brasilianischen Wirtschaftstage mit mehreren hundert geladenen Gästen, darunter Bundeswirtschaftsminister Michael Glos, im Teatro Carlos Gomes in Blumenau im brasilianischen Bundesstaat Santa Catarina statt. Dr. Meves hebt in seiner kurzen Dankesrede die Bedeutung Brasiliens für die Reedereigruppe hervor, in der er auch darauf hinweist,

Preisträger und Gratulanten auf der Bühne des Teatro Carlos Gomes im brasilianischen Blumenau:
(v.l.) Dr. Rolf-Dieter Acker, Präsident der Deutsch-Brasilianischen Industrie- und Handelskammer, Dr. Klaus Meves, Bundeswirtschaftsminister Michael Glos und Luiz Henrique da Silveira, Gouverneur des Bundesstaates Santa Catarina.

dass »in Brasilien heute mehr Mitarbeiter der Reedereigruppe arbeiten, als in der Zentrale In Hamburg«.

Als erster Nachbau einer zweiten Serie von vier Neubauten der erfolgreichen 5552-TEU-MONTE-Klasse, die dann insgesamt zehn Schiffe umfasst, wird am 30. November von der Daewoo Werft in Okpo/Korea die MONTE TAMARO übernommen. Der Neubau ist als Ausbildungsschiff eingerichtet, auf dem der Offiziers-Nachwuchs der Reederei auf seine bevorstehenden Aufgaben vorbereitet wird. Alle zehn Schiffe der MONTE-Klasse werden ab April 2008 gemeinsam mit der Maersk Line im Südamerika Ostküsten – Asien/Afrika-Dienst eingesetzt.

Mit Wirkung vom 1. Dezember werden folgende Liniendienste der italienischen Costa Container Lines S.p.A. (CCL) übernommen:
- Westliches Mittelmeer – Südamerika Ostküste
- Südamerika Ostküste – Karibik und Mexiko
- Westliches Mittelmeer – Südamerika Nordküste und Karibik
- Italien – Türkei und Griechenland

Das Investitionsvolumen des Jahres übertrifft
noch einmal alle vorangegangenen

- Italien – Algerien sowie
- Italien – Syrien, Libanon und Ägypten.

Mit einem Ladungsvolumen von rund 360 000 TEU hat CCL im Jahr 2006 einen Umsatz von 440 Mio. Euro generiert. Die Hamburg Süd übernimmt ebenfalls die CCL-Organisation einschließlich der etwa 430 Mitarbeiter in Italien und den Agenturen in Europa, Mittel- und Südamerika. Ebenso übernommen werden die vertraglich bestehenden Kunden-, Charter- und Leasing-Verträge, Terminal- und Stevedoring- sowie Agentur- und Service-Provider-Verträge. Darüber hinaus übernimmt die Hamburg Süd die Containerflotte von CCL,

die aus 22 gecharterten Einheiten mit einer Gesamtstellplatzkapazität von 35 000 TEU besteht. Die etablierte Marke Costa Container Lines wird fortgeführt.

Das Investitionsvolumen des Jahres in Höhe von ca. 600 Mio. Euro übertrifft noch einmal alle vorangegangenen. Es ist das umfangreichste, das die Reederei in ihrer Geschichte innerhalb eines Jahres getätigt hat. Größter Einzelposten waren dabei die Schlusszahlungen für sechs neue Containerschiffe, die unter deutscher Flagge in Fahrt gebracht worden sind. Erheblich wurde auch in die Beschaffung neuer Container, vor allem Kühlcontainer, investiert.

Die CALA PANTERA gehört zu den 16 Charterschiffen von Costa Container Lines (CCL), die die Hamburg Süd zusammen mit den Liniendiensten der italienischen Reederei zum 1. Dezember 2007 übernimmt. Das Schiff wird im Dienst zwischen Mexiko/Zentralamerika/Karibik und der Südamerika Ostküste eingesetzt.

Viele Neubauten, viele Taufen

Die große Anzahl der Neubaubestellungen hat zur Folge, dass Schiffstaufen, auf deren Zelebrierung das Unternehmen schon immer sehr viel Wert gelegt hat, nun praktisch in immer kürzeren Zeitabständen zu erleben sind. Nachfolgend nur eine Auswahl dieser für jede Reederei immer sehr wichtigen Ereignisse beispielhaft für alle anderen.

Die Taufe der BAHIA LAURA vollzog auf der Daewoo-Werft in Okpo/Korea (DSME) Eva Graumann (2.v.l.), Leiterin der Abteilung Öffentlichkeitsarbeit der Reederei. Dieses ist insofern bemerkenswert, weil bei der Wahl dieser Taufpatin erstmals mit einer Tradition gebrochen wurde. Darauf wies Ottmar Gast als Mitglied der Geschäftsführung (rechts im Bild) hin: »Sie alle kennen unsere lange Tradition, dass die Mitglieder unserer Eigentümerfamilie Oetker Taufpatinnen unserer Schiffe sind. Davon machen wir heute eine Ausnahme. In Hamburg und Bielefeld sind wir übereingekommen, dass die BAHIA LAURA von Eva Graumann getauft werden soll. Sie kennen sie alle sehr gut. In den vergangenen sechs Jahren haben sie und ihr Team nicht weniger als 18 Taufen organisiert, und das mit einem Engagement und einer Perfektion, die sich in Worten kaum ausdrücken lässt. Ich freue mich, dass wir uns mit ihrer Wahl zur Taufpatin heute bei Ihnen bedanken können. Sie haben es verdient, die Flasche ›Henkell Trocken‹ einmal selbst zu zerschmettern.« Was dann auch gekonnt geschah.

Dr. Irma Gold-Kunisch (Bildmitte), Ehefrau von Dr. Rolf Kunisch, Mitglied des Beirates der Oetker-Gruppe, taufte ebenfalls in Korea die BAHIA NEGRA als mittlerweile zwölften Neubau, der in Okpo für die Hamburg Süd gebaut worden ist. „Weitere 18 Schiffe der MONTE-, RIO-, SANTA- und BAHIA-Klasse mit Stellplatzkapazitäten zwischen 4600 und 6300 TEU werden von DSME und ihrer Tochtergesellschaft DMHI in Rumänien noch für uns gebaut", unterstrich Joachim A. Konrad als Mitglied der Hamburg Süd-Geschäftsführung bei dieser Gelegenheit.

Marén Schröder, Tochter von Dr. Ernst F. Schröder, persönlich haftender Gesellschafter der Dr. August Oetker KG, taufte in Okpo die RIO DE LA PLATA. Sie gehört mit einer Stellplatzkapazität von 5900 TEU und 286 Metern Länge zu den größten der bis dahin für die Hamburg Süd-Gruppe gebauten Schiffe.

und immer wieder ist es schön

Ein ganz besonderes Schauspiel erlebten die rund 130 Taufgäste der CAP PALLISER am Nachmittag des 3. Februar 2008: ein selten zelebriertes Maori-Ritual des Meeresvolkes (»Moana«) von Tauranga auf Neuseeland. Die Zeremonie bestand aus einem Willkommensgruß (»Pouwhiri«) und einer Herausforderung (»Wero«). Die Begrüßung erfolgte durch die Stammesältesten (»Kaumatua«) der drei ortsansässigen Stammeslandbesitzer (»Iwi«) als Vertreter des Meeresvolkes. Anschließend sang eine Maori-Älteste das einführende Ruflied (»Karanga«) und es folgten wunderschöne Willkommenslieder (»Waiatas«), die von versammelten Vertretern des »Moana« vorgeführt wurden. Bei der zeremoniellen Herausforderung wurde ein Farn auf den Boden gelegt, den Dr. h.c. August Oetker aufnahm und damit zeigte, dass die Besucher in friedlicher Absicht gekommen waren.

Ein Maori-Krieger bei der traditionellen Herausforderung.

Carol Teys, Ehefrau von Allan Teys, Chairman der Teys Group of Companies, einem der größten Kunden der Reedereigruppe in Australien, taufte in Brisbane, Australien, die CAP PASLEY. Dr. Klaus Meves, Sprecher der Geschäftsführung der Hamburg Süd, versäumte es bei seiner anschließenden Dankesrede nicht, darauf hinzuweisen, dass die Reedereigruppe inzwischen jährlich mehr als 1300 Hafenanläufe in dieser Region bietet.

Zum ersten Mal werden Schiffe für die Hamburg Süd in Neuseeland und Australien getauft

2008 Mit Wirkung vom 1. Januar wird die Marke »FANZL Fesco Australia New Zealand Liner Services« durch die Marke »Hamburg Süd« ersetzt. Damit wird das Bestreben um ein einheitliches Erscheinungsbild konsequent fortgeführt.

Am 3. Januar stellt sich die MONTE TAMARO (5552 TEU) während ihrer Jungfernreise erstmals in ihrem Heimathafen Hamburg vor. Dieser in Korea erbaute Neubau ist als Ausbildungsschiff eingerichtet und ersetzt in dieser Funktion die inzwischen verkaufte CAP FINISTERRE.

Nach umfangreichen Prototypentests in China und Indonesien hat die Hamburg Süd ihre 40-ft-Flatracks optimiert und sie wesentlich belastbarer als ihre Vorgänger gemacht. Sie sind in der Lage, bis zu 45 000 kg Schwergut aufzunehmen.

Für zehn Auszubildende stehen an Bord Unterbringungs- und Schulungsräume zur Verfügung, für deren Ausstattung die Reederei zusätzlich 450 000 USD investiert hat.

Zum ersten Mal in ihrer Geschichte tauft die Reederei ein neues Schiff in Neuseeland. In Tauranga erhält das zu einer Serie von fünf baugleichen 1819-TEU-Containerschiffen gehörende den Namen CAP PALLISER. Der Neubau ist, wie seine Schwesterschiffe, von der Reederei Claus-Peter Offen gechartert und wird im Liniendienst der Hamburg Süd zwischen Asien und Australien/Neuseeland eingesetzt. Wenige Tage später wird im australischen Brisbane ein Schwesterschiff auf den Namen CAP PASLEY getauft.

Columbus Shipmanagement, eine Hamburg Süd-Tochter, erhält am 27. Februar vom Germanischen Lloyd die Zertifizierung »GL Excellence – 5 Stars«. Damit belegt das Unternehmen einen zuverlässigen Schiffsbetrieb und dokumentiert die Einhaltung überdurchschnittlicher Sicherheits- und Qualitätsstandards.

Von der koreanischen Daewoo Werft in Okpo übernimmt die Hamburg Süd am 2. April mit der RIO DE LA PLATA ihr bislang größtes Containerschiff. Dieser Neubau ist der erste einer Serie

Taufe der RIO DE LA PLATA: (v.l.) Dr. Ernst F. Schröder (persönlich haftender Gesellschafter der Dr. August Oetker KG), Kapitän Michael Zanker, Taufpatin Marén Schröder, Dr. Klaus Meves (Sprecher der Geschäftsführung der Hamburg Süd) und Claus-Philipp Rüppell.

Hamburg Süd (China) ist mit insgesamt 100 Mitarbeitern in sieben Standorten in der VR China vertreten

von sechs 5900-TEU-Schiffen mit jeweils 1365 Kühlcontaineranschlüssen. Mit einer Länge von 286 Metern ist die RIO-Klasse genau eine Bay länger als die MONTE-Klasse mit 5552 TEU. Nach einer kurzzeitigen Einfädelung in den Asien – Südamerika-Ostküstendienst der Reederei kommt die RIO DE LA PLATA wie ihre nachfolgenden Schwesterschiffe im Europa – Südamerika-Ostküstendienst der Gruppe zum Einsatz. Sie lösen Schritt für Schritt die bislang dort verkehrenden MONTE-Schiffe ab, die danach den Dienst zwischen Asien und der Ostküste Südamerikas wahrnehmen.

Hamburg Süd und Maersk Line bieten ab Ende Mai/Anfang Juni mit einem Vessel Sharing Agreement einen gemeinsamen wöchentlichen Dienst zwischen Australien/Neuseeland und der Ostküste Nordamerikas an. Jeder Partner stellt sechs 2800-TEU-Schiffe mit jeweils 530 Kühlcontaineranschlüssen. Dieser neue Dienst ersetzt die Teilstrecke des bestehenden »Trident«-Service der Hamburg Süd zwischen Australien/Neuseeland und der US-Ostküste sowie den Maersk Line Oceania Service. Die Teilstrecke des »Trident«-Service zwischen Europa und der US-Ostküste bleibt bestehen und wird weiterhin von der Hamburg Süd abgedeckt.

Ebenfalls im Mai startet der neu strukturierte EPIC-Service (Europe Pakistan India Consortium) von Hamburg Süd und Hapag-Lloyd. Er verbindet Nordeuropa mit dem Mittelmeerraum, dem Mittleren Osten, Pakisten sowie Indien und bietet unter anderem den einzigen Direktdienst von Europa nach Karachi. Eingesetzt werden sechs 4200-TEU-Schiffe, davon zwei von der Hamburg Süd.

Mit Wirkung zum Juni hat das Kommunikationsministerium der VR China der Hamburg Süd genehmigt, das Netzwerk eigener Büros an wichtigen Verkehrsknotenpunkten des Landes weiter auszubauen. Nach Gründung der Hamburg Süd (China) im Jahr 2005 in Shanghai ist die Reedereigruppe nun auch mit eigenen Büros in Guangzhou, Ningbo, Qingdao, Shenzhen, Tianjin und Xiamen vertreten. Insgesamt 100 Mitarbeiterinnen und Mitarbeiter sind an diesen Standorten im Einsatz. Damit hat die Hamburg Süd in nur 18 Monaten ihre Präsenz durch ein umfassendes Netzwerk an Büros signifikant erweitert. Diese schnelle Entwicklung spiegelt sich auch in den Liniendiensten der Reedereigruppe wider, die jede Woche zahlreiche Verbindungen zwischen China, Südamerika, Südafrika, Australasien und dem indischen Subkontinent anbietet.

2008

In Beijing finden die Olympischen Sommerspiele statt.

Die RIO DE LA PLATA geht in Dienst. Sie und ihre Schwesterschiffe der RIO-Klasse sind die bisher größten Containerschiffe in der Unternehmensgeschichte der Hamburg Süd.

Im Intermodalverkehr setzt die Hamburg Süd auf umweltschonende Verkehrsträger – wie hier beim »Kaffeezug« von Hamburg nach Bremen.

Mit der im Juni vorgelegten neuen, 48 Seiten starken Umweltbroschüre unterstreicht die Hamburg Süd einmal mehr die hohe Bedeutung und Aufmerksamkeit, der sie dieser immer wichtiger werdenden Problematik in ihrem Betrieb beimisst.

Reedereisparte wird 2008 der größte Umsatzbringer der Oetker-Gruppe

Bei der Vorlage des Jahresberichtes der Oetker-Gruppe Ende Juni in Bielefeld betont deren persönlich haftender Gesellschafter, August Oetker, noch einmal, dass eine Übernahme der Reederei Hapag-Lloyd, deren geplanter Verkauf seitens der TUI öffentlich diskutiert wird, kein Thema sei. Die zum Konzern gehörende Hamburg Süd könne auch ohne Zukäufe wachsen. Sie habe von allen Geschäftsbereichen

Mit der MONTE AZUL wird der erste Neubau
aus Rumänien übernommen

die höchsten Zuwachsraten. In das Reedereigeschäft wolle die Oetker-Gruppe auch weiter
investieren: Die Ausgaben für Schiffe und Container würden sich in den Jahren 2008 bis 2011
auf rund 1,7 Mrd. Euro belaufen.

Als zweiter Nachbau einer zweiten Serie von
insgesamt zehn Schiffen der 5552-TEU-MONTE-
Klasse ist am 10. September auf der Werft von

Daewoo-Mangalia Heavy Industries (DMHI) die
MONTE AZUL getauft worden. Für die Hamburg
Süd ist dies der erste Neubau und damit auch
die erste Schiffstaufe in Rumänien. Nach ihrer
Ablieferung wurde die MONTE AZUL in den Dienst
zwischen Asien, Südafrika und der Ostküste
Südamerikas eingefädelt.

Die in Rumänien gebaute
MONTE AZUL wird
im Dienst zwischen
Asien, Südafrika und der
Ostküste Südamerikas
beschäftigt.

Anhang

Personen- und Schiffsregister

Quellen-verzeichnis

Geschäftsberichte, Pressemitteilungen und sonstige Veröffentlichungen der Hamburg Süd

Handbuch der Schiffahrtsgesellschaften und Reedereien, Berlin 1929

Schifffahrtszeitschriften »Hansa«, »Transportdienst« und »Schiff & Hafen«, div. Jahrgänge

Die deutsche Handelsflotte, div. Jahrgänge

Benz, Wolfgang: Deutsche Geschichte seit 1945, München 1999

Cooper, James; Kludas, Arnold, Rein, Joachim: The Hamburg South America Line, The World Ship Society, 1989

Boer, Friedrich: Alles über ein Schiff und seine Ladung, 4. Aufl., Freiburg im Breisgau 1962

Fenchel, Kapitän a.D. L. (Nordische Bank- und Handels-Kommandite Sick & Co.: Die Deutschen Schiffahrtsgesellschaften, Hamburg 1920

Hagenbeck, Lorenz, Den Tieren gehört mein Herz, Gütersloh 1955

Harenberg Verlag: Was geschah am…?, Dortmund 1996

Hochhaus, Karl-Heinz, Deutsche Kühlschiffahrt (1902 – 1995), Bremen 1996

Industrie- und Handelskammer zu Lübeck, Handels- und Schiffahrtsverträge der Hansestadt Lübeck in der ersten Hälfte des 19. Jahrhunderts, Lübeck 1978

Kaegbein, Dr. Aug. (Hrsg): Schiffahrt und Schiffbau Deutschlands und des Auslandes, Handbuch 1914, Hamburg 1914

Kaesen, Karl Heinz, Volkrodt, Uwe: Die Geschichte der Hamburg Süd, unveröffentlichtes Manuskript, Köln/Hamburg ca. 1983

Kludas, Arnold: Vergnügungsreisen zur See Bd. 1, Hamburg 2001

Kludas, Arnold: Die Schnelldampfer der Hamburg Süd, Hamburg 1996

Kludas, Arnold: Die Geschichte der deutschen Passagierschiffahrt Bd.I – V, Hamburg 1986 – 1990.

Mathies, Otto: Hamburgs Reederei 1814 – 1914, Hamburg 1924

Meyer-Marwitz, Bernhard: Hamburgs Weg zum Welthafen, Hamburg 1960

Rolin, Commodore: Mein Leben auf dem Ozean, Hamburg 1934

Schmelzkopf, Reinhart: Die deutsche Handelsschiffahrt 1919 – 1939, Oldenburg/Hamburg 1974

Seiler, Otto: Südamerikafahrt, Herford 1992

Seiler Otto J.: Aug. Bolten, Wm. Miller's Nachfolger, 200 Jahre hamburgische Seeschifffahrt, Hamburg 2001

Stödter, Rolf: Am Tor zur Welt, Hamburg 1979

Stödter, Rolf: Schicksalsjahre deutscher Seeschifffahrt, Herford 1982

Wendt, Herbert: Kurs Südamerika, Bielefeld 1958

Witthöft, Hans Jürgen: Kurs Levante, Herford 1989

Witthöft, Hans Jürgen: Die Mega-Carrier kommen, Hamburg 2004

Witthöft, Hans Jürgen: Deutschland maritim, unveröffentlichtes Manuskript

Wölfer, Joachim: Cap Arcona, Herford 1977

Die Fotos und Abbildungen stammen aus den Archiven bzw. Sammlungen der Hamburg Süd und des Autors. Außerdem stellten dankenswerterweise A. Kludas 2, die BLG 1, die MOV 2 und Hagenbeck 3 Illustrationsbeiträge aus ihren Beständen zur Verfügung. Nicht bei allen Fotos konnten die Inhaber der Bildrechte ermittelt werden. Es wird daher freundlich um Kontaktaufnahme gebeten.